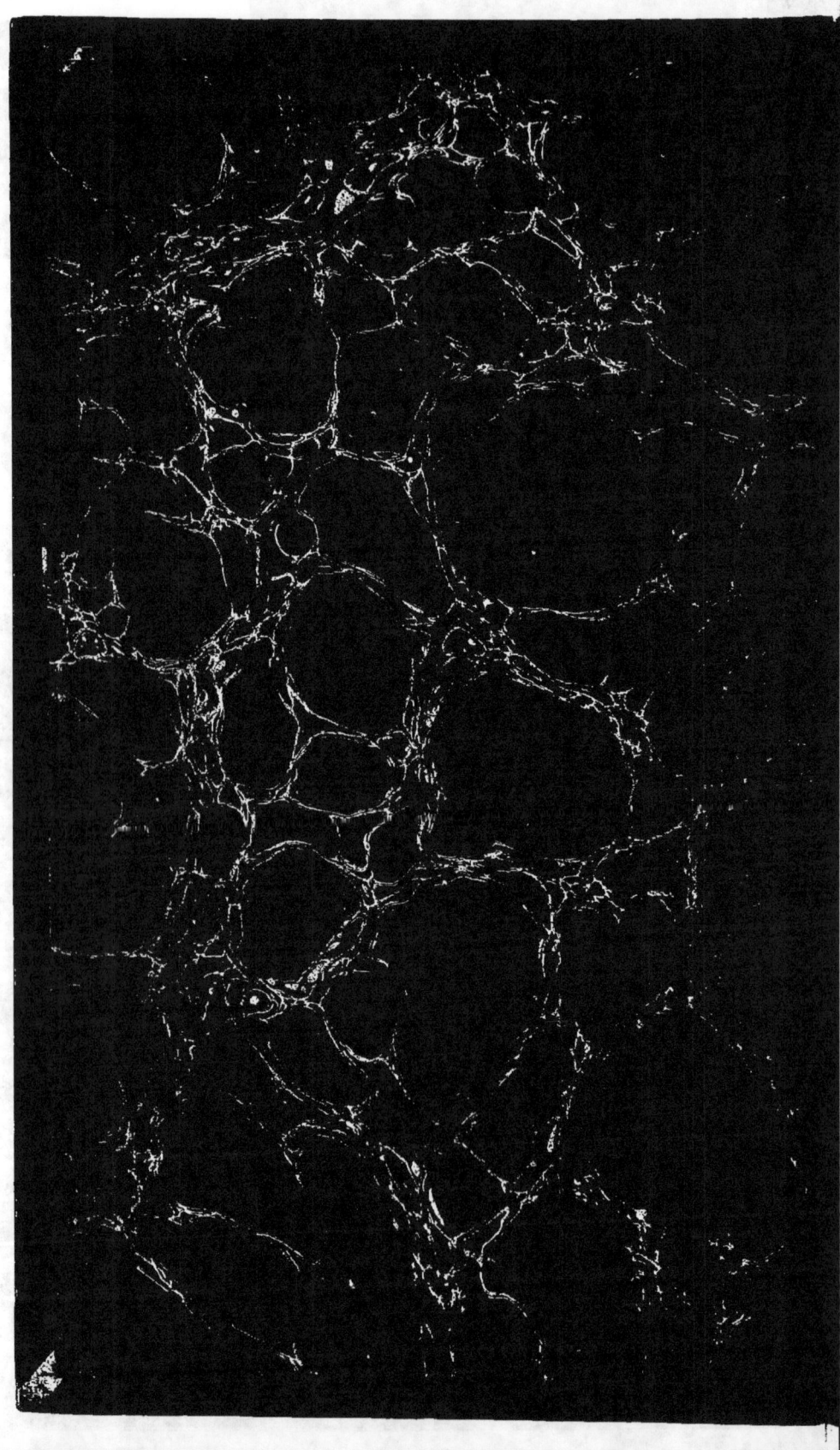

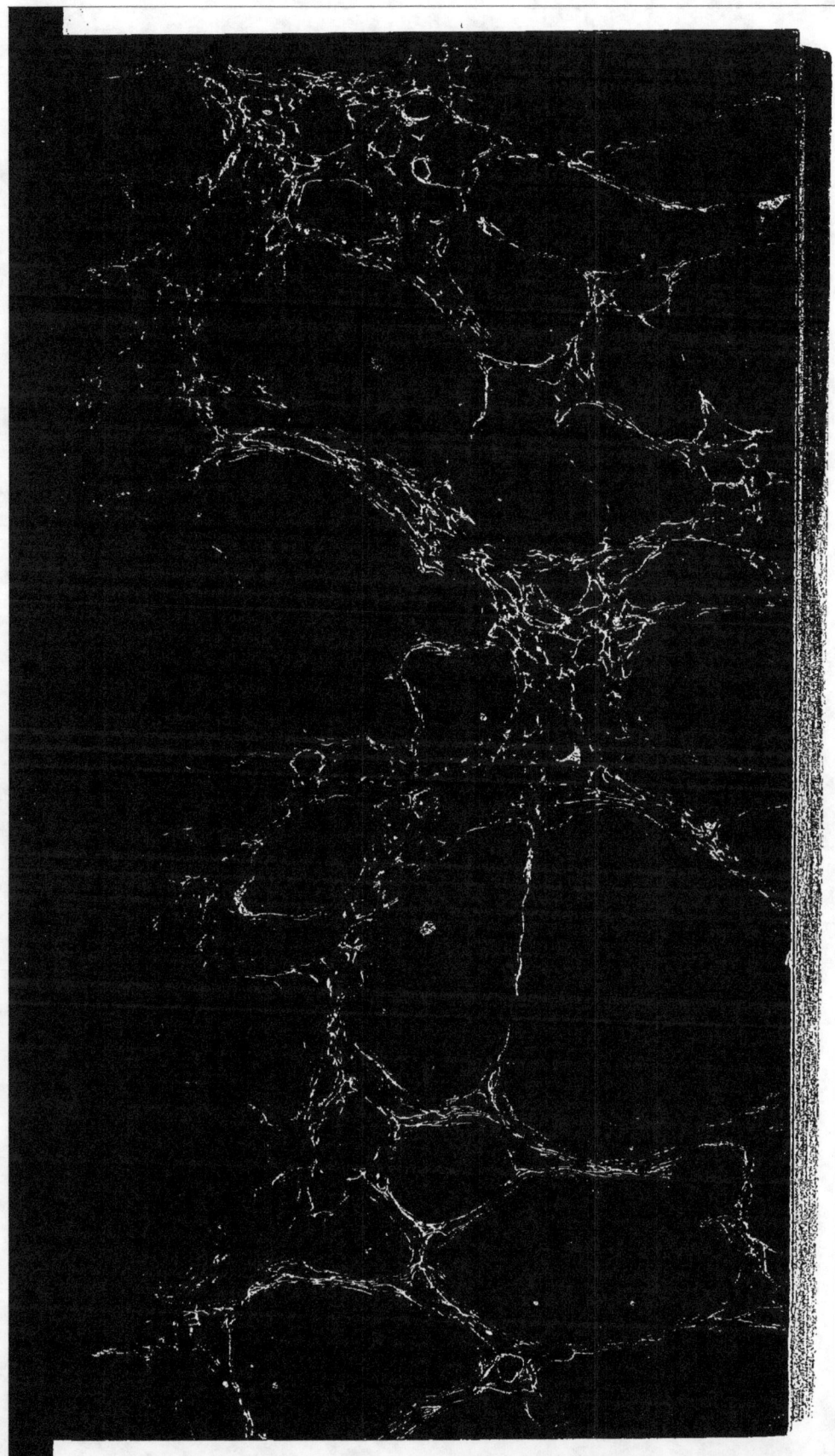

V
©

ARCHÉOLOGIE

RELIGIEUSE.

APPROBATION

DE MONSEIGNEUR L'ÉVÊQUE DE RENNES.

Ayant pris connaissance d'un ouvrage intitulé : *Résumé du Cours d'Archéologie professé au grand Séminaire de Rennes*, contenant un exposé des principes généraux d'archéologie et une description des monuments religieux de notre diocèse, nous avons trouvé ledit ouvrage éminemment propre à donner aux ecclésiastiques les connaissances spéciales et nécessaires pour la conservation ou la restauration des édifices sacrés, et nous nous faisons un devoir de le recommander de tout notre pouvoir à nos chers coopérateurs dans le saint ministère.

† G. *Évêque de Rennes.*

Façade méridionale de la Cathédrale de Dol.

RÉSUMÉ

DU

COURS D'ARCHÉOLOGIE

PROFESSÉ AU SÉMINAIRE DE RENNES,

SUIVI

DE NOTICES HISTORIQUES ET DESCRIPTIVES SUR LES PRINCIPAUX MONUMENTS RELIGIEUX DU DIOCÈSE ;

Ouvrage spécialement destiné à répandre les connaissances nécessaires pour la conservation et la restauration des édifices et objets d'art consacrés au culte ;

Par M. J. BRUNE,

DIRECTEUR DU SÉMINAIRE.

RENNES,

ANCIENNES LIBRAIRIES VATAR ET JAUSIONS,

RUE ROYALE, 10.

1846.

AVANT-PROPOS.

Lorsque nous avons entrepris ce travail uniquement destiné à nos élèves, nous n'avons point eu la prétention d'ajouter à une science déjà très-avancée par les travaux des hommes savants et habiles qui l'ont créée. Tout notre but a été d'exposer d'une manière claire et précise les notions les plus indispensables, les principes généraux, et d'en faire l'application à notre architecture locale, afin d'offrir à nos élèves un résumé de nos leçons et des exemples tirés des monuments qu'ils ont sous les yeux et dont un jour ils auront la garde et le dépôt.

A peine initié nous-même depuis quelques années aux études archéologiques, nous avons cru plus prudent et plus sûr de suivre les traces que nous ont laissées les maîtres de la science, que de chercher à frayer une voie nouvelle, au risque d'égarer avec nous ceux que leur confiance et le désir d'apprendre engagent à nous suivre dans une région encore peu fréquentée. Nous nous sommes donc mis avec eux à la suite des explorateurs plus expérimentés, et à l'aide des lumières qu'ils ont répandues sur la route, nous avons fait remarquer les points saillants, les divisions principales, et les caractères distinctifs qu'ils ont eux-mêmes signalés. Les leçons savantes et pleines d'intérêt de M. de Caumont, les ingénieuses interprétations de l'iconographie chrétienne de M. Didron, les recherches érudites et les descriptions fidèles de M. Raoul-Rochette dans son tableau des catacombes de Rome, enfin les travaux précieux des membres du comité historique des arts et monuments, dont M. le ministre de l'instruction publique a bien voulu nous envoyer la collection, nous les avons analysés, résumés et simplifiés, afin d'en donner la substance à nos élèves, et de leur communiquer, selon les intentions de notre vénérable évêque, des notions indispensables pour la conservation et la restauration de nos édifices religieux.

Pour appuyer les principes sur des exemples particuliers à notre pays, nous avons voulu visiter avec soin tout ce que notre diocèse présente de plus intéressant sous le rapport de l'art religieux; depuis trois ans nous employons nos moments de loisir à rechercher les églises qui, dans leur ensemble ou leurs détails, dans leur architecture ou leur décoration, méritent le plus d'attention. Ici nous avons pris des notes, là des dessins et des plans, et c'est le résultat de ces excursions et de ces études qui forme l'essai de statistique monumentale que nous joignons au manuel et l'Atlas, dont nous pourrons mettre quelques exemplaires à la disposition du public. Ainsi on pourra se rendre compte des caractères de notre architecture et des différences qu'elle peut offrir avec celle des autres provinces. De plus, nous avons relevé et décrit les objets d'art que possèdent les églises dont nous n'avons pas donné de notices particulières, ou qui ne sont pas signalés dans ces notices.

Enfin un membre distingué de la société archéologique de Rennes, M. Godefroy Jouaust, a bien voulu nous communiquer un exposé des notions générales de la numismatique, et une planche des types les plus ordinaires, au moyen desquelles on pourra reconnaître la valeur historique des médailles et monnaies bretonnes qu'on recueille assez fréquemment sans y attacher d'importance, faute de savoir les apprécier, ou qu'on laisse perdre, quoique parfois elles soient susceptibles de jeter un grand jour sur les points les plus obscurs de notre histoire.

Nous n'avons pas besoin de réclamer pour notre travail l'indulgence des lecteurs ; la plupart de ceux qui, en dehors de notre maison, voudront bien en prendre connaissance, savent que la nature et la multiplicité de nos occupations n'ont dû nous laisser que des instants courts et sans suite, pendant lesquels on peut à peine joindre et exprimer avec ordre quelques idées.

L'approbation flatteuse que Mgr l'Evêque a daigné nous accorder est pour nous un encouragement et une récompense que nous étions loin de croire avoir mérités ; du moins elle nous fait espérer que le produit de nos faibles efforts ne sera pas sans utilité pour le clergé dont nous avons l'honneur de faire partie : il verra dans cette haute recommandation un témoignage de l'intérêt que son chef éclairé porte à des études jusqu'ici trop négligées, et pourtant assez dignes d'occuper au moins les instants libres que peuvent laisser des devoirs et des travaux plus importants.

Dans les excursions que nous avons faites pour visiter les nombreuses églises du diocèse, nous avons contracté plus d'une dette de reconnaissance envers MM. les ecclésiastiques des paroisses, qui partout nous ont accueilli avec une extrême bienveillance, et dont plusieurs nous ont communiqué de précieux renseignements. Nous les prions de recevoir ici l'expression sincère de nos remercîments et de notre gratitude.

ERRATA.

Malgré tout le soin que nous avons mis à la correction des épreuves, quelques fautes typographiques nous sont échappées ; nous relevons les suivantes qui nous semblent graves :

Page 114, dans le titre, au lieu de *1400 à 1500*, lisez *1500 à 1400*, comme à la page 97.

Page 255, ligne 15, au lieu de *galbe*, lisez *gable*.

Page 362, ligne 16, au lieu de *chaque jour*, lisez *quelque jour*.

ARCHÉOLOGIE

RELIGIEUSE.

CHAPITRE PRÉLIMINAIRE.

BUT, UTILITÉ, PLAN ET DIVISION DE CE COURS.

S'il n'y avait à s'occuper d'archéologie que des hommes légers et frivoles qui embrassent avec ardeur tout ce qui a quelque apparence de nouveauté et d'intérêt, et qui saisissent avec empressement tout ce qui peut donner quelque variété à leurs occupations comme à leurs plaisirs, on pourrait, on devrait même détourner les jeunes élèves du sanctuaire d'un genre d'étude qui absorberait inutilement une partie du temps précieux qu'ils passent au Séminaire. Mais quand on voit des hommes graves, savants et recommandables sous tous les rapports, y consacrer les instants que leur laissent des fonctions importantes ou des études plus sérieuses; quand on voit surtout des prélats dignes de la plus haute estime établir des cours d'archéologie pour leurs jeunes lévites, assister aux leçons avec un intérêt marqué, se proposer quelquefois de diriger eux-mêmes ces cours, on ne saurait douter qu'il n'y ait dans cette étude autre chose que le plaisir de satisfaire une vaine curiosité; il faut croire qu'il y a surtout pour le clergé un but d'utilité réelle.

Or ce but paraîtra évident à quiconque réfléchit tant soit peu, et sait quelle est aujourd'hui la position du prêtre au milieu du monde. Il ne lui suffit plus maintenant de se présenter avec la simplicité et même les vertus de son caractère, pour commander à beaucoup d'hommes le respect et l'estime dont il a besoin pour exercer sur eux l'heureuse influence qu'il doit avoir. Il faut qu'il fasse preuve de science, qu'il ait au moins des notions exactes sur ce qui fait le sujet des études communes à tous les hommes d'une certaine classe, et qu'il ne soit pas condamné à un silence qui tournerait au détriment de la religion, en faisant sourire de pitié des écoliers qu'il pourrait à si peu de frais obliger à le regarder comme leur maître. Ce que nous disons ici des sciences en général, nous le dirons en particulier de l'archéologie; et ne fût-elle, comme elle l'est en effet pour un grand nombre, qu'une récréation agréable, une étude de circonstance et de mode, il ne faudrait pas encore que le prêtre y restât étranger.

Mais elle doit être pour lui autre chose qu'un engoûment passager; elle doit tendre à compléter ses connaissances en histoire, en liturgie, en discipline ecclésiastique, car elle présente pour tout cela des ressources qu'on ne trouverait pas ailleurs, des traits de lumière et des témoignages authentiques et frappants qui confirment et quelquefois révèlent des faits de la plus haute importance.

De plus, elle l'initie à l'histoire de l'art, elle lui en fait observer les progrès, la perfection, la décadence, elle lui en donne le goût, lui apprend à en apprécier les œuvres, et à n'être pas dupe d'une foule d'industriels qui, avec beaucoup plus de verbiage et de jactance que de talent et de savoir, en imposent facilement aux simples et aux personnes dénuées de connaissances en fait d'art.

Enfin elle lui rend plus chers et plus précieux les monuments sacrés dont il est le gardien naturel; elle lui inspire un nouveau zèle pour leur conservation, un goût plus pur pour leur restauration et leur embellissement. Alors il ne démolit plus, sous prétexte de régularité, une portion antique et intéressante de son église; il ne couvre plus de chaux et de badigeon, pour plus grande propreté, des sculptures délicates et gracieuses; il ne brise plus de précieux vitraux pour donner un jour souvent plus propre à distraire qu'à édifier les fidèles; en un mot il agit avec sagesse, avec goût, avec discernement, dans tout ce qui tient à la partie monumentale et de décor du culte religieux dont il est le ministre.

Ajouterons-nous que, dans ses excursions, ses voyages, elle doublera ses plaisirs en lui faisant voir d'un œil plus éclairé, plus appréciateur, les chefs-d'œuvre que d'autres admirent sans doute, mais que lui examine, étudie, et juge avec plus d'intelligence et aussi plus de bonheur; que, là où les autres ne verront rien qui fixe leur attention, souvent lui trouvera des choses du plus grand intérêt.

Ces simples indications suffisent, ce semble, pour justifier l'enseignement de l'archéologie dans les séminaires, et pour faire ressortir le but qu'on s'y propose.

Elles font aussi comprendre déjà que l'archéologie n'est autre chose que l'étude de l'antiquité par les monuments. C'est le sens que présente l'étymologie même du mot. Mais comme les monuments que nous ont laissés les âges anciens sont de différentes sortes et composent des classes distinctes, l'archéologie se partage en différentes branches et prend des noms divers selon les objets qu'elle étudie. Ainsi l'archéologie proprement dite ou monumentale s'applique à l'étude de l'architecture; quand elle recueille les médailles, les classe, les compare pour en tirer des inductions et des témoignages historiques, elle se nomme Numismatique; si elle déchiffre et interprète les anciennes inscriptions, elle prend le nom de Paléographie; enfin on l'appelle Glyptique lorsqu'elle a pour objet la connaissance des pierres fines ornées de gravures et servant d'ornement aux cachets, anneaux, etc.

L'étude de l'archéologie monumentale présentant plus d'intérêt, d'utilité et de facilité pour ceux auxquels nous destinons ce travail, c'est cette branche de la science dont nous essayons d'exposer les principes, cherchant toujours à en faire l'application aux constructions de notre pays, et les appuyant d'exemples qu'on puisse facilement consulter. Nous suivrons cette marche, autant qu'il sera possible, afin de rendre toute pratique une étude qui autrement perdrait une grande partie de son utilité.

Nous diviserons ce cours en trois parties : la première traitera de l'architecture antique ; la seconde, de l'architecture du moyen-âge ; la troisième contiendra une statistique monumentale du diocèse de Rennes, ou du moins des notices historiques et descriptives des principaux monuments anciens de notre pays. Chaque partie sera partagée en divers chapitres, selon l'ordre et l'importance des matières.

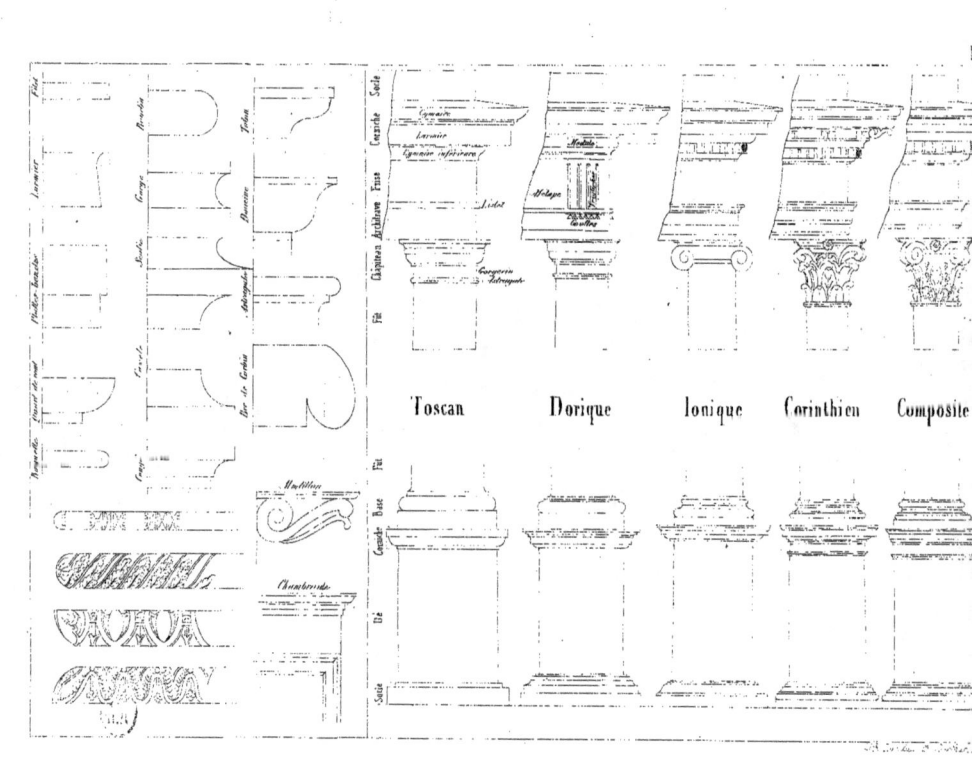

Proportions relatives des Ordres.

PREMIÈRE PARTIE.

CHAPITRE PREMIER.

DE L'ARCHITECTURE GRECQUE ET ROMAINE.

L'architecture, comme tous les arts, comme toutes les créations du génie de l'homme, a eu son état d'enfance et ne s'est développée qu'avec beaucoup de temps et des efforts multipliés. L'Egypte paraît avoir été son berceau comme celui de la plupart des beaux arts. Déjà en effet on trouve dans la symétrie, la régularité et les proportions de ses constructions monumentales, le germe de cette architecture admirable que les Grecs développèrent ensuite avec tant de succès, et qu'ils ont transmise à tous les peuples civilisés. Sans remonter à son origine ni la suivre dans ses progrès, nous la prendrons à sa perfection chez les peuples de la Grèce et de Rome, et nous en exposerons brièvement les principes.

Nous commençons par ces notions sur l'architecture grecque, parce qu'elles nous serviront dans l'étude de tous les autres genres d'architecture.

Nous parlerons d'abord des divers ordres grecs et romains, puis des moulures les plus usitées dans la décoration de leurs monuments.

DES ORDRES.

On appelle *ordre* (Pl. I et II) l'arrangement des diverses parties saillantes disposées d'après des proportions fixes, pour composer une ordonnance régulière.

Un ordre se divise en trois parties, et se compose d'un *piédestal*, d'une *colonne* et d'un *entablement*. Ces parties ont reçu le nom de membres. Chaque membre se divise en trois parties, ainsi qu'il suit :

1.er membre ou piédestal. { Base. Dé. Corniche.

2.e membre ou colonne. { Base. Fût. Chapiteau.

3.e membre ou entablement. { Architrave. Frise. Corniche.

Quelquefois on supprime le premier membre ou piédestal, et le fût de la colonne repose simplement sur une plinthe ou socle servant de soubassement.

Les ordres employés par les Romains étaient au nombre de cinq :

Le Toscan.
Le Dorique.
L'Ionique.
Le Corinthien.
Le Composite.

Le dorique, l'ionique et le corinthien étaient originaires de la Grèce; les deux autres avaient pris naissance en Italie. De là les expressions d'*ordres grecs* et d'*ordres latins*.

Toutes les colonnes régulières diminuent d'un sixième de leur diamètre inférieur, à partir du tiers du fût jusqu'au chapiteau.

Dans les ordres toscan, dorique, ionique et corinthien, la colonne a des proportions différentes; celles du corinthien et du composite sont les mêmes. Voici le tableau de ces proportions, d'après Vignole :

La hauteur de la colonne est pour l'ordre			son diamètre inférieur.
	Toscan,	de 7 fois	
	Dorique,	de 8 fois	
	Ionique,	de 9 fois	
	Corinthien,	de 10 fois	
	Composite,	de 10 fois	

Les piédestaux et les entablements diffèrent aussi de proportions dans les quatre premiers ordres (Pl. II). En général, le piédestal a le tiers de la hauteur de la colonne, et l'entablement le quart.

On appelle *module* une mesure de convention, qui sert d'échelle pour dessiner les ordres. Cette mesure est toujours la moitié du diamètre inférieur de la colonne.

Le module se divise en 12 parties pour le toscan et le dorique, et en 18 parties pour l'ionique, le corinthien et le composite.

Les distances ou vides compris entre les colonnes s'appellent *entre-colonnements*. Voici, d'après les architectes modernes, la largeur des entre-colonnements, suivant les ordres.

Le dorique   de 5 modules 1/2.
L'ionique   de 4   *id*.   1/3.
Le corinthien de 4   *id*.   2/3.

DES MOULURES.

Les principales moulures (Pl. I) employées dans la composition des ordres sont :

Les *filets* ou *listels*, moulures étroites dont la saillie doit égaler la hauteur.

Les *larmiers*, moulures larges et saillantes placées dans les corniches.

Les *plates-bandes*, moulures larges et plates ayant peu de saillie.

Le *quart de rond*, moulure convexe formée du quart de la circonférence.

La *baguette*, moulure saillante, demi-ronde et étroite.

Le *tore* ou *boudin* est une baguette de grosse dimension.

La *gorge*, moulure semi-circulaire, en creux.

La *scotie*, moulure en creux.

Le *cavet*, ou quart de rond en creux.

Le *congé*, qui diffère peu du cavet.

Le *talon*, moulure demi-creuse et demi-saillante, composée d'un quart de rond et d'un cavet.

La *doucine*, moulure, semblable au talon, mais disposée en sens inverse.

L'*astragale*, moulure composée d'une baguette et d'un filet réunis.

L'*ove*, moulure évidée en forme d'œuf.

Denticules, très-petits modillons carrés sans ornements.

Les *modillons*, membres d'architecture plus considérables que les denticules, servant à soutenir ou à orner une corniche.

Les *consoles*, modillons plus considérables servant à soutenir une corniche et ordinairement ornés. Quand la console est simple et sans ornements, on lui donne le nom de *corbeau*.

Les *cannelures*, moulures verticales creusées en demi-rond dans le fût d'une colonne ou d'un pilastre. Dans l'ordre dorique les cannelures sont moins profondes que dans les autres ordres ; le toscan ne les admet jamais.

Les *volutes*, enroulements en spirales des chapiteaux ioniques ou corinthiens.

Le *tailloir*, pierre plate et carrée qui couronne les chapiteaux des colonnes.

Le *pied droit* ou *jambage* est la partie d'une porte, d'une fenêtre ou d'une arcade, qui s'élève à plomb.

L'*imposte*, assise de pierres en saillie, et souvent ornée de moulures, qui termine le pied droit et lui sert de couronnement.

L'*archivolte*, moulures qui décorent le cintre d'un portique ou d'une arcade quelconque, et qui viennent poser sur l'imposte ou les chapiteaux.

Le *fronton*, espèce de couronnement triangulaire dont l'angle supérieur a en élévation le quart de la longueur du fronton. L'intérieur entre la bordure des moulures, se nomme *tympan*.

Les *acrotères*, petits piédestaux sur lesquels on place des vases ou autres ornements, au milieu ou aux extrémités d'un frontispice.

Le *linteau*, pièce de bois ou de pierre placée horizontalement sur les jambages d'une porte ou d'une fenêtre.

Les *chambranles*, moulures qui bordent ou

encadrent les portes et les fenêtres; souvent on met au-dessus une corniche qui prend le nom de *couronnement*.

Stylobate, piédestal continu ou soubassement qui supporte les colonnes et s'étend dans toute l'étendue de l'édifice.

Si l'on désirait connaître plus à fond la composition des ordres, on pourrait consulter l'ouvrage de M. de la Gardette, sur les règles d'architecture, d'après Vignole. Nous indiquerons seulement ici ce qui caractérise les ordres et les distingue les uns des autres.

Le *toscan*, le plus simple des ordres et aussi le plus solide, est conséquemment placé au rez-de-chaussée des édifices. La hauteur de sa colonne est de quatorze modules. Le chapiteau, dont la hauteur est d'un module, se compose d'un gorgerin, d'un quart de rond et d'un tailloir.

Le *dorique*, ainsi appelé, dit-on, du nom de Dorus, prince d'Achaïe, qui fit élever un temple de cet ordre à Junon. Ce qui le distingue surtout du précédent, c'est que la frise de l'entablement est ornée de triglyphes, partie saillante sur laquelle sont creusées deux cannelures triangulaires et deux demi-cannelures sur les côtés. Au-dessus des triglyphes, la plate-bande qui les surmonte forme une saillie que l'on nomme *mutule*. Au-dessous, se trouvent de petites découpures qu'on appelle *gouttes*. Souvent, l'intervalle qui se trouve entre les triglyphes est orné de sculptures, et on lui donne le nom de *métope*.

L'*ionique*, plus gracieux que les deux premiers, ne comporte qu'une frise unie. Son chapiteau est composé d'un quart de rond, d'où partent deux volutes en spirale, bordées par une astragale; des oves décorent souvent le quart de rond formant le centre de ce chapiteau.

Le *corinthien* est le plus riche et le plus élégant des ordres. Son entablement est orné de denticules et de modillons. Son chapiteau est garni de deux rangs de feuilles d'acanthe. Huit volutes en forment les angles, et deux autres volutes plus petites occupent sur chaque face le centre du chapiteau. La frise est quelquefois ornée de bas-reliefs. La base de la colonne et le piédestal sont plus ornés de moulures que les précédents.

Le *composite* est semblable au corinthien pour les proportions. Son chapiteau imite le corinthien par ses feuilles d'acanthe, et l'ionique par ses volutes.

Les *pilastres*, qui sont des colonnes plates et

peu saillantes, suivent les mêmes règles que les colonnes, si ce n'est qu'ils ne diminuent jamais de diamètre à leur partie supérieure. Ils se placent derrière les colonnes et quelquefois ils en tiennent lieu.

CHAPITRE II.

ANTIQUITÉS CELTIQUES.

Nous placerons ici, en suivant l'ordre chronologique, deux chapitres sur les antiquités celtiques et gallo-romaines, quoique notre but principal soit l'architecture religieuse, parce que notre département contient encore un grand nombre de vestiges de ces anciens monuments, et qu'il n'est pas inutile d'en connaître la valeur historique.

Notre Bretagne habitée autrefois, comme une grande partie de l'Europe, par l'antique nation des Celtes, a plus qu'aucune autre province conservé les monuments qu'on leur attribue et qu'on nomme pour cela monuments celtiques ou druidiques. Tous, composés d'éléments informes et grossiers, décèlent une ignorance profonde des règles de l'art, et n'étonnent que par la bizarrerie de leur construction et quelquefois la difficulté qu'on a dû rencontrer à rassembler et à superposer d'énormes blocs de pierre qu'on aurait peine aujourd'hui à déplacer au moyen des machines les plus ingénieuses et les plus puissantes. Un certain respect, on peut dire même un culte superstitieux dont ces monuments ont été long-temps l'objet, les a préservés de la destruction, autant que la solidité de leurs matériaux. Aujourd'hui encore, on retrouve dans les noms qu'on leur donne de *grottes aux fées*, de *maisons de Gargantua*, et dans certaines vertus surnaturelles qu'on leur attribue, les idées merveilleuses que les populations y ont partout attachées.

On pense généralement que plusieurs de ces pierres quelquefois gigantesques servirent d'idoles, que d'autres furent élevées à la mémoire des grands hommes ou en souvenir d'événements importants, que d'autres enfin, par leur réunion et la disposition qu'elle présentent, furent employées à l'immolation des victimes. Les plus habiles cependant n'affirment rien et ne donnent leurs opinions que comme des probabilités et des conjectures. Ces opinions, du reste, sont fondées sur ce que l'on sait des usages et des croyances religieuses de ces peuples barbares.

Quoi qu'il en soit de la destination de ces

monuments singuliers, nous allons en indiquer les noms et les formes principales, et citer ceux du département que nous connaissons et qui présentent quelque importance.

MENHIRS OU PEULVANS, PIERRES LEVÉES, PIERRES FICHES.

Les menhirs (1) sont des pierres brutes d'une forme allongée, implantées verticalement en terre. Leur hauteur est plus ou moins considérable et quelquefois, par une bizarrerie singulière, elles sont plantées de manière que l'extrémité la plus volumineuse est en haut. Cela n'est cependant pas ordinaire dans notre pays.

Le plus considérable menhir de notre département est celui de Carfantin, près Dol (V. l'Atlas). C'est un bloc de granit, de forme à peu près conique, s'élargissant un peu vers le milieu. Sa hauteur est de 9 m. 30 cent. et sa circonférence la plus considérable de 8 m. 25 centim. Les fouilles que l'on a pratiquées autour de ce monolithe n'ont produit aucun résultat, si ce n'est de faire reconnaître qu'il s'enfonce dans le sol à une grande profon-

---

(1) Dans la langue celtique, le mot *men* signifie pierre, et *hir* long. De même, *peul* veut dire pilier, et *vaen* ou *maen* pierre.

deur. Le champ où il se trouve est appelé de temps immémorial *Champ-Dolent*, et la tradition du pays est qu'une grande bataille a eu lieu dans cet endroit. Sa destination était-elle de rappeler le souvenir de cet événement? C'est ce qui paraîtrait le plus probable.

Dans la commune d'Iffendic, se voit aussi une énorme pierre plantée que l'on regarde généralement comme monumentale et qui rentre dans la classe des peulvans, quoiqu'elle ne présente pas absolument la même forme. Elle est plus plate que ronde, et affecterait plutôt une forme pyramidale que conique. Elle s'élève à une hauteur de 4 m. environ ; sa face principale présente à la base une largeur de 2 m. 30 c. d'épaisseur. C'est un mélange de schiste rouge et de quartz.

A l'extrémité de la commune de Pléchâtel, tout près du bourg de Pancé, s'élève, sur un terrain inculte et pierreux, un menhir de quartz blanc, en forme de cône assez régulier. Il a près de 4 m. de haut, sur 5 m. 50 c. de circonférence à la base.

Un quatrième que nous avons trouvé dans la commune de Champeaux, près Vitré, présente à peu près les mêmes dimensions que le précédent, mais sa forme est carrée, et ce n'est qu'à son sommet qu'il prend une forme conique. Il est aussi de quartz blanc mêlé de schiste gris.

Nous pourrions encore en citer d'autres qui ne sont pas moins considérables que ces derniers, mais ces exemples suffisent pour notre but. Quelques-uns ne sont que posés à terre et présentent des formes très-irrégulières. M. de Caumont leur donne le nom de *Pierres posées* et en fait une classe à part, quoiqu'il leur suppose la même destination. Nous en possédons un assez grand nombre de cette espèce dans les communes de Saint-Just et de Langon. (Voyez les notices de ces deux communes dans la troisième partie.)

PIERRES BRANLANTES.

Les pierres branlantes sont, comme leur nom l'indique, des blocs placés sur d'autres de manière à ne reposer que sur un point saillant et en équilibre, en sorte qu'on peut les faire mouvoir facilement sans les renverser. On croit qu'elles servaient aux prêtres à en imposer à la multitude en attribuant à leur mouvement d'oscillation la vertu de faire connaître des secrets ou les volontés de la divinité. Nous ne pensons pas qu'il s'en trouve aucune dans notre département.

TRILITHES OU LICHAVENS.

On appelle trilithe la réunion de trois pierres dont une repose horizontalement sur deux autres plantées verticalement. C'était, dit-on, une sorte d'autel d'oblation.

Il paraît qu'il existait, il y a peu d'années encore, un monument de cette sorte dans la commune de Vern, près Rennes. Mais il a été complètement détruit.

DOLMENS.

Les dolmens (1) ou autels druidiques se composent d'un nombre variable de pierres, mais toujours dans une disposition qui présente à peu près la même forme.

Les plus simples sont formés d'une large pierre aplatie, ordinairement allongée, et reposant comme une table sur trois ou quatre autres plantées en terre ou simplement posées sur le champ et lui servant de pieds.

D'autres plus compliqués présentent un plus grand nombre de pierres verticales soutenant une table aussi plus étendue et de plusieurs morceaux.

Les dolmens un peu étendus ont toujours une ouverture à l'une des extrémités.

(1) *Dol*, en celtique, signifie table, et *men*, pierre.

Il en existe dont la table est appuyée seulement d'un côté par deux supports, et repose de l'autre sur la terre. On les nomme imparfaits.

L'inclinaison que présente quelquefois la table des dolmens et des cavités et rigoles qu'on y a observées assez souvent, ont fait penser que ces monuments devaient être des autels d'immolation. Le sang des victimes s'écoulait au moyen de cette pente et de ces excavations pratiquées dans la pierre. D'autres ont cru y voir des tombeaux, à cause des découvertes que l'on a faites quelquefois d'ossements, d'armes et autres instruments de bronze, de pierre, etc., ou du moins on a supposé que les victimes étaient ensevelies sous l'autel même du sacrifice.

Il n'est pas rare de trouver de ces autels dans notre département, mais presque tous sont en ruines; les pierres servant de supports sont plus ou moins déplacées, et la table est souvent tombée en dedans ou en côté des deux lignes parallèles qu'elle recouvrait. Du moins on en retrouve encore facilement la forme première. Nous citerons particulièrement ceux de Langon, Saint-Just, et celui de Pléchâtel que l'on rencontre à peu de distance du menhir décrit plus haut.

ALLÉES COUVERTES.

On donne ce nom à de longues galeries dont les murs sont formés de pierres plantées l'une auprès de l'autre, et recouvertes d'un espèce de toit horizontal, formé de pierres plus aplaties, mais grossièrement ajustées comme les premières.

Ce sont de véritables dolmens, mais d'une dimension extraordinaire, et qui les fait classer à part. On leur donne la même destination qu'aux dolmens ordinaires.

La seule que nous ayons dans notre pays, se trouve dans la commune d'Essé, et porte le nom de *Roche-aux-Fées*. C'est une des plus considérables de France, et nous n'en voyons citer qu'une seule dont les dimensions soient plus grandes, celle de Bagneux, à la porte de Saumur.

La nôtre (V. l'Atlas), a plus de 18 m. de longueur. Elle se divise à l'intérieur en deux parties. La première pièce occupe à peu près le quart de la longueur, et la seconde est partagée d'un côté en quatre cases ou alcôves, par trois grandes pierres plates plantées en travers. La largeur d'un bout à l'autre varie de 3 à 4 m. Le toit est assez élevé pour qu'on puisse facilement y marcher sans incliner la tête; souvent même, il s'y est tenu des danses très-nombreuses. L'une des pierres qui forment la toiture n'a pas moins de 6 m. de longueur, et présente vers le milieu une épaisseur de près de 2 m.

La pierre qui compose ce prodigieux monument est un schiste rougeâtre qui a dû être tiré d'une carrière, distante au moins d'une lieue; et les blocs sont généralement si considérables qu'il a fallu des efforts de géants pour les transporter.

CROMLECKS.

On appelle ainsi des enceintes en pierres brutes plus ou moins volumineuses. La plupart sont circulaires, quelquefois ovales, d'autrefois elles forment un demi-cercle, ou encore un carré long.

Il en existe qui présentent des ouvertures vers les quatre points cardinaux, avec des avenues de pierres alignées sur ces entrées; Souvent, au centre, s'élève un bloc plus considérable, ou même un dolmen.

Il y a aussi des enceintes de mêmes formes mais en terre mêlée de petits cailloux. Ces enceintes tant en pierres qu'en terre sont quelquefois très-étendues et souvent entourées de plusieurs cercles ou rangs de pierres.

On suppose qu'elles servaient de temples, de tribunaux et de lieux de réunion pour les assemblées des notables de la nation. La disposition que l'on remarque dans quelques-unes, a fait penser aussi qu'elles pouvaient servir aux Druides à démontrer, dans leurs leçons d'astronomie, la position des astres.

Nous ne connaissons dans le département de monument de cette sorte qu'à Saint-Just. (Voyez la notice de cette commune.)

ALIGNEMENTS.

On nomme ainsi une réunion de pierres plantées ou posées sur le sol, quelquefois sur une seule ligne, mais plus souvent sur deux ou plusieurs parallèles, formant des espèces d'avenues plus ou moins régulières.

On suppose, mais sans données certaines, que ces alignements servaient comme les cromlecks aux grandes assemblées, ou encore à marquer le lieu de sépulture des guerriers morts au combat.

Il n'est pas rare encore de trouver des pierres groupées sans ordre apparent et en plus ou moins grand nombre. Il serait difficile d'en indiquer la destination, quoiqu'il soit évident, pour les personnes exercées, qu'elles ont été placées ainsi de main d'homme et dans un but quelconque. (Voyez la notice de Saint-Just et de Langon.)

Si l'on trouve sur quelques pierres druidiques des figures tracées en creux ou en reliéf, comme des croissants, des cercles, etc., ce sont de rares exceptions, et il serait très-possible que ces figures eussent été tracées postérieurement à la construction des monuments eux-mêmes.

TUMULUS.

On distingue une dernière sorte de monuments gaulois dont la destination semble plus certaine que celle des autres, ce sont ceux que l'on nomme *tumulus*, *barrows* ou *galgals*. On a donné ces noms à des éminences factices que l'on rencontre dans divers pays, et que l'on a surtout étudiées en Angleterre. Elles sont faites de terre et de pierres et présentent des formes assez variées. Il y en a d'arrondies et environnées d'un fossé; d'autres sont allongées et plus larges à une extrémité qu'à l'autre. Les unes sont élevées en forme de cône, d'autres sont plus aplaties, quelquefois elles affectent la forme de cloches. Sous ces amas de terre et de pierres, on a souvent trouvé des cellules et des couloirs formés avec de grandes pierres disposées comme dans les dolmens et les allées couvertes. Presque toujours ces souterrains contenaient des ossements ou des cendres qui ont fait reconnaître d'une manière certaine que ces monuments n'étaient que des tombeaux antiques, et une foule d'objets d'origine gauloise attestent la simplicité des mœurs ou les idées superstitieuses de ces peuples. Ainsi leurs notions grossières sur l'immortalité de l'âme les portaient à enterrer avec leurs morts les mets dont ils étaient plus friands, et l'on a trouvé, près de la tête des squelettes, des vases de terre cuite qui ont dû contenir cette sorte de viatique inutile. Par suite des mêmes idées, on enfouissait avec eux une partie des animaux et des objets qui leur avaient appartenu. C'est ce qui explique pourquoi on retrouve des ossements de chien, de cheval, ou d'autres animaux domestiques, des poignards et des hachettes en silex ou en bronze, des pointes de flèches, des anneaux, des épingles en bronze, des ornements en or ou en pierres de couleur, des colliers d'ambre, de jais, de verre, de corne, etc.

Il existe bien dans quelques localités de notre département de petits monticules que l'on pourrait prendre pour des tumulus celtiques, mais comme on n'y a fait aucunes fouilles, il serait peut-être téméraire de les classer sur la simple apparence parmi ces monuments.

Il faut éviter aussi de confondre avec les tumulus certaines buttes de terres que l'on a élevées dans le moyen-âge, dans le voisinage de nos places fortifiées et de nos résidences féodales. Ce sont ordinairement des restes de fortifications qui n'ont rien de commun avec les monuments que nous venons de décrire, ou les insignes d'un droit seigneurial.

Si l'on désirait de plus amples détails sur les monuments gaulois que possède la Bretagne, on pourrait lire avec intérêt l'ouvrage de l'abbé Mahé sur le Morbihan et ceux de M. de Fréminville sur le Morbihan et le Finistère.

CHAPITRE III.

ANTIQUITÉS GALLO-ROMAINES.

Pendant l'occupation romaine, nos ancêtres apprirent de leurs vainqueurs les arts qui jusque là leur avaient été inconnus. Des édifices plus solides et plus réguliers s'élevèrent de toute part; les villes se fortifièrent de murailles construites avec plus d'art et à l'aide de matériaux mieux choisis; des voies publiques, admirablement tracées et solidement établies, procurèrent des communications faciles et sûres entre les divers points de stations, entre les différentes peuplades et des extrémités les plus reculées, aux centres principaux. Ce fut pour une grande partie des Gaules et pour la Bretagne en particulier l'ère de la civilisation.

Cependant, ces monuments de l'époque gallo-romaine, quoique bâtis avec plus d'habileté, plus de soin que les ouvrages des Celtes dont nous avons parlé dans le chapitre précédent, ne sont pas parvenus jusqu'à nous en aussi grand nombre ni aussi complets; dans notre pays surtout, c'est à peine si l'on en retrouve quelques traces. Il est vrai que moins vite et moins long-temps que les autres provinces, la Bretagne fut soumise à la domination romaine, et que plus que d'autres peut-être, elle a été le théâtre de guerres fréquentes au milieu desquelles un grand nombre de monuments anciens ont dû périr et se renouveler sous des formes nouvelles. Nous ne dirons donc que peu de mots des antiquités de cette époque dont nous avons à peine quelques exemples à citer.

VOIES ROMAINES.

Les grandes voies romaines suivaient des lignes droites autant que le permettaient les lieux qu'elles traversaient; elles se prolongeaient préférablement sur les plateaux, afin d'éviter les terrains marécageux; mais, s'il se rencontrait une rivière, elles se continuaient au moyen de ponts et de gués pavés.

Outre les routes qui conduisaient d'une ville à une autre, il y en avait qu'on appelait, comme aujourd'hui, vicinales, *viæ vicinales*, et qui établissaient des communications entre les différents villages et entre les bourgades et les villes.

Les routes importantes et construites avec soin se composaient de quatre couches. La première ou la plus profonde était formée de pierres de différentes dimensions posées à plat, et quelquefois cimentées avec du mortier; c'était le *stratumen*.

La seconde, nommée *ruderatio*, était un lit de pierres concassées, d'une dimension bien moins considérable que les premières.

La troisième, appelée *nucleus*, se composait de chaux remplie de débris de tuiles pulvérisées ou de sable mêlé avec de la terre glaise.

Enfin la dernière couche, ou la *summa crusta*, était un pavé à peu près semblable à celui de nos rues, ou bien un lit de cailloux et de gros sable fortement tassé.

Mais il est évident que ce système complet n'était pas toujours suivi, à cause des frais immenses qu'il nécessitait, et qu'on ne devait l'employer que dans les routes très-fréquentées ou dans les lieux où la nature du sol demandait une plus grande consolidation. Le plus souvent on n'employait qu'une ou deux de ces couches, selon le besoin.

La largeur ordinaire de ces routes était de quinze à vingt pieds.

Plusieurs voies romaines ont été signalées dans le département, par exemple aux environs de Bécherel, de Feins, de Romazy, de Plélan, etc. Elles sont ordinairement reconnaissables, même dans les terrains labourés, à une élévation assez sensible du sol sur une ligne droite et souvent très-étendue. Les vestiges que nous avons été à lieu de voir ne présentent guère qu'un large sillon composé de terre et de petites pierres. Au reste, ces routes refaites à différentes reprises ont dû nécessairement changer beaucoup dans le mode de leur construction, et il est bien difficile aujourd'hui d'y reconnaître le système romain. Quelques-unes portent le nom de la duchesse Anne, parce qu'elles furent réparées sous son règne en beaucoup d'endroits de la Bretagne.

Les distances étaient marquées le long de ces chemins par des bornes milliaires, à partir des villes principales jusqu'aux extrémités de leur territoire. De là ces expressions fréquentes dans les auteurs : *ad primum, secundum, tertium lapidem.*

Les inscriptions placées sur ces colonnes n'indiquaient d'abord que le nombre de milles compris d'un lieu à un autre; mais depuis Auguste, on y ajouta le nom et les titres des consuls et des empereurs.

On conserve dans l'église de Saint-Gondran, comme support d'un bénitier, une colonne cylindrique, haute de trois pieds environ, sur laquelle se lit l'inscription suivante :

<pre>
      C PIO
      ESVVI
     O TETR
     ICO NO
     BIL CAES
       C R
</pre>

On la lit ainsi : *Caro pio Esuvio Tetrico nobilissimo Cæsari, civitas Rhedonensis.* Quoique cette inscription n'indique pas, comme les pierres milliaires, la distance d'un lieu à un autre, cependant elle donne, par sa forme et sa hauteur, une idée assez juste des bornes dont nous parlons; et si, comme nous le pensons, elle est assez profondément enfoncée dans la terre, peut-être le chiffre marquant le nombre des milles se trouve-t-il sur la partie enfouie. Cependant on nous a assuré qu'on avait fait creuser au pied de la colonne, sans rien découvrir de plus (1).

On sait que chez les Romains le mille se composait de mille pas, et la lieue gauloise de quinze cents pas.

Outre les pierres milliaires, on élevait encore assez souvent le long des routes, et surtout dans les carrefours, des tours pleines, rondes ou carrées, affectant la forme pyramidale. Elles étaient le plus souvent destinées à marquer les confins d'un territoire; et on les consacrait à Mercure, divinité protectrice des voyageurs.

On trouvait aussi de distance en distance des mansions où l'on entretenait des chevaux pour le service des courriers. Les préposés se

(1) Une voie romaine, conduisant de Rennes à Corseul, passait sur le territoire de Langouet, Saint-Gondran, Saint-Méloir-sous-Hédé; un grand nombre de pièces de cuivre à l'effigie de Tetricus, empereur des Gaules en 268, ainsi qu'une épée à poignée d'or et quelques autres objets ont été découverts à peu de distance de cette même voie; la pierre en question pourrait donc être une colonne votive élevée par la cité de Rennes à Tétricus, et posée en son honneur sur la voie de Rennes à Corseul. (*Renseignements fournis par M. l'abbé Fouquet, vicaire de Gévezé.*)

nommaient *mancipes*. Les simples relais placés à des intervalles plus rapprochés que les mansions s'appelaient *mutationes*.

DIFFÉRENTS APPAREILS (1) USITÉS DANS LES CONSTRUCTIONS.

Les édifices importants comme les temples, les arcs de triomphe, etc., étaient construits en belles pierres de taille de deux, trois et quelquefois quatre pieds de largeur, sur un, deux ou trois pieds d'épaisseur, placées par assises égales et reliées entre elles par des coins de bois ou des crampons de fer. C'est ce que l'on nomme *grand appareil*.

Dans les constructions moins considérables, on employait les pierres de *petit appareil* qui présentent extérieurement une surface carrée de trois à quatre pouces. Le centre du mur offre alors un massif de moëllons irréguliers noyés dans un lit de ciment.

Assez ordinairement on remarque dans ces murs de petit appareil des rangs de briques superposées au nombre de deux, trois, quatre ou cinq, et placés à des intervalles différents. Ces bandes qui se prolongent horizontalement

---

(1) On entend par appareil la dimension régulière des pierres taillées, et formant le parement extérieur des murs.

d'un bout à l'autre du mur avaient pour but de consolider les diverses assises de petites pierres, et de donner une certaine variété à l'aspect extérieur des murailles.

Il est à remarquer que ces briques, aussi bien que les pierres, sont séparées les unes des autres par une couche très-épaisse de mortier dans lequel elles semblent comme incrustées. Du reste, ce mortier composé de chaux et de tuiles pilées ou de sable, s'est tellement durci, qu'il fait corps avec la pierre, et présente la même solidité.

Cette forme de construction s'est continuée fréquemment jusqu'aux premiers siècles du moyen âge.

Nous citerons comme exemple de petit appareil les murs presque entiers de la chapelle Sainte-Agathe à Langon (Voir la notice de cette paroisse), et une portion de mur dans le cimetière de Saint-Méen contigu à l'église (V. la notice de Saint-Méen).

L'appareil moyen tient le milieu entre les deux précédents, et se compose de pierres taillées de dimensions variables, mais souvent reliées les unes aux autres comme dans le grand appareil.

On a aussi fait usage quelquefois comme ornement d'un quatrième appareil qu'on nomme réticulé (*opus reticulatum*), ou maçonnerie maillée, parce que les pierres soigneusement taillées, et de grandeur égale, étaient placées de manière que les jointures formaient des lignes se coupant diagonalement, et simulaient ainsi les mailles d'un filet.

PAVÉS.

Les pavés dans l'intérieur des édifices présentaient en petit les différentes couches et la solidité des voies publiques ; les plus remarquables cependant étaient ceux que l'on faisait en mosaïques : ils se composaient de petits fragments cubiques de diverses couleurs et incrustés dans une espèce de mastic, de manière à dessiner des figures variées, des losanges, des cercles, des triangles, etc., quelquefois des figures d'animaux ou des formes humaines. On y employait le plus souvent le calcaire blanc, la pierre bleue, le grès rouge, le marbre et la terre cuite.

PEINTURES MURALES.

La surface intérieure des murs était décorée de peintures à fresque, c'est-à-dire étendues sur le mortier frais, et consistant habituellement en bandes de diverses couleurs, dessinant des panneaux ornés eux-mêmes de petits bouquets de fleurs grossièrement tracées. Les couleurs ordinairement étaient le rouge, le jaune clair, le vert d'eau, le gros bleu et le blanc.

Quelquefois aussi des pierres polies et de couleurs variées étaient employées pour former des corniches et des moulures d'encadrement.

HYPOCAUSTES OU CALORIFÈRES.

Pour échauffer les bains et les habitations ordinaires, on établissait en dehors des maisons ou dans des caves de larges fourneaux dont la chaleur se répandait au moyen de tuyaux en terre cuite dans les différents appartements. Le rez-de-chaussée était chauffé d'une manière particulière. On établissait un pavé élevé sur de petits piliers de briques, assez distants les uns des autres pour laisser à l'air chaud une libre circulation, et cette chaleur se communiquant d'abord au pavé, puis à toute la salle, on y jouissait d'une température aussi chaude qu'on le désirait.

TUILES DE TOITURE.

Les maisons étaient couvertes de tuiles de deux formes différentes, les unes plates, plus longues que larges et relevées de chaque côté dans le sens de la longueur ; elles s'engageaient l'une sur l'autre de manière à procurer un écoulement sûr dans toute la hauteur du toit. Chaque ligne de ces premières tuiles était reliée à la suivante par d'autres tuiles courbes semblables à nos faîtures, ayant pour but d'empêcher l'infiltration des eaux pluviales dans les jointures des tuiles plates. De plus, celles-ci étaient pourvues d'entailles qui servaient de point d'arrêt à leur extrémité et qui les empêchaient de descendre trop bas les unes sur les autres.

Il paraît que tout cet assemblage de tuiles reposait sur une couche de ciment ou d'argile supportée elle-même par une charpente en bois.

POTERIES.

On a trouvé dans les ruines de maisons de cette époque des vases en terre cuite de formes très-variées et fort élégantes. Souvent ces vases sont ornés de ciselures et de dessins gracieux.

La poterie rouge est la plus soignée et paraît avoir été destinée aux usages de la table. Il y en a aussi de grise et de noire. Dans tous les musées et beaucoup de collections particulières on peut en voir des échantillons.

SÉPULTURES.

Dans les cimetières gallo-romains, on trouve deux modes d'ensevelissement, comme chez les Celtes. Le premier consistait à brûler les corps et à en déposer les cendres dans une urne, ordinairement en terre cuite, que l'on renfermait dans un sépulcre plus ou moins monumental, selon la dignité et le rang du défunt. Le second était le même qui se pratique encore aujourd'hui, et auquel il paraît qu'on revint généralement dès que l'influence du christianisme se fit sentir en Gaule. On déposait le corps étendu dans un cercueil ordinairement en pierre en forme d'auge, et recouvert d'une pierre plate ou relevée en dos d'âne. Près de la tête on plaçait, chez les païens, un vase en terre contenant des aliments, et dans la bouche du mort des pièces de monnaie. On retrouve quelquefois dans ces tombeaux de petites fioles en verre, qu'on a nommées lacrymatoires, parce qu'on a supposé qu'elles avaient reçu les larmes des parents et amis; des armes et des instruments propres à la profession de chacun.

Quelquefois encore à cette époque on a élevé des tumulus sur la tombe des personnages illustres. En Alsace, par exemple, dit M. de

Caumont, un très-grand nombre de tumulus paraissent du iv.ᵉ siècle; dans quelques-uns de ceux qui ont été nivelés, on a trouvé, près des squelettes, des médailles de Décence avec le monogramme du Christ.

BAINS.

L'usage des bains, si général chez les anciens peuples, surtout chez les nations méridionales, s'introduisit aussi en Gaule pendant l'occupation romaine. Aussi retrouve-t-on les ruines d'un grand nombre d'édifices consacrés à cet usage partout où il a existé des villes ou des stations romaines.

Les plus considérables se nommaient *Thermæ*, et étaient destinés au public. Dans ces grands établissements, il se trouvait, en outre des bains proprement dits, des salles, des portiques, des jardins destinés à des exercices littéraires ou gymnastiques.

Les autres, de moindre importance ou appartenant à des particuliers, se nommaient *lavacra* ou *balnea*. Ceux-ci même se composaient toujours de plusieurs pièces destinées les unes aux bains froids, les autres aux étuves, d'autres aux bains chauds, aux parfums dont on se faisait frotter, et elles portaient des noms appropriés à l'usage auquel elles servaient.

On a cru trouver à Montfort-sur-Meu des ruines de bains romains, mais il ne paraît pas que cette découverte soit réelle. Dans la commune de Bréal on a aussi découvert dernièrement des ruines romaines, qui pourraient avoir été un édifice consacré aux bains. Rien cependant ne confirme bien positivement cette opinion.

CAMPS.

Les camps romains, d'après les descriptions des anciens auteurs et les vestiges qui se retrouvent en beaucoup de lieux, étaient ordinairement carrés, souvent plus longs que larges, et les angles étaient parfois arrondis. L'enceinte se composait d'un fossé assez peu profond, et d'un retranchement en terre haut d'un mètre au moins. Des portes s'ouvraient sur chaque côté du carré; c'est-à-dire que le fossé et la palissade étaient interrompus dans ces endroits pour laisser une entrée dans l'intérieur; mais pour la rendre plus difficile en cas d'attaque, on reportait le même travail de défense en avant de chaque entrée, de manière à obliger les ennemis de présenter le flanc aux soldats de l'intérieur, lorsqu'ils cherchaient à pénétrer dans l'enceinte du camp. L'intérieur était divisé régulièrement par des allées à peu près comme une ville, et chaque corps de troupe avait son quartier. La tente du général était située au milieu, en face de la porte principale et du côté de l'ennemi.

Quoiqu'on ait découvert dans le département des vestiges d'enceintes fortifiées, nous ne croyons pas que nulle part on ait bien constaté la présence d'un vrai camp. La plupart du temps, ces enceintes présentent trop peu de développement pour avoir pu contenir un corps de troupes même peu nombreux.

CHAPITRE IV.

CATACOMBES DE ROME.

Rien de plus digne de notre attention et de notre intérêt que l'étude des catacombes de Rome. Rien, au point de vue archéologique, qui puisse mieux satisfaire la pieuse curiosité d'un catholique et surtout d'un prêtre.

Pendant les trois siècles de persécutions que le christianisme eut à parcourir dès sa naissance, il fut impossible aux fidèles d'élever aucun monument durable et qui soit, même en ruines, parvenu jusqu'à nous. Des édifices particuliers servirent d'abord de temples, et ceux qu'on éleva spécialement pour les assemblées chrétiennes furent à différentes reprises détruits, relevés et renversés de nouveau, selon que la tempête se ralentissait ou redevenait plus furieuse.

Mais des lieux qui demeuraient comme inaccessibles aux persécuteurs, que leur profondeur et des ténèbres continuelles dérobaient aux regards de la foule, des souterrains qui ne semblaient destinés qu'à l'ensevelissement des morts, et dont on s'éloignait avec une sorte d'horreur; ces lieux demeurèrent à l'abri des perquisitions de la tyrannie, et servirent d'asile aux premiers disciples du Dieu crucifié. Ce fut donc comme le berceau de l'Eglise, et c'est là qu'on retrouve les cendres de ses martyrs, les premiers autels de son sacrifice, la confession de ses vieilles croyances écrite, peinte et sculptée sur les murs de ces sombres galeries, ou sur les sarcophages qui contiennent encore les membres précieux de ses saints. C'est là qu'on est ramené, en suivant la chaîne des traditions catholiques, et qu'on en retrouve le premier anneau fixé au tombeau des apôtres. Jetons donc d'abord un coup d'œil rapide sur l'aspect général que présentent les catacombes; ensuite nous en examinerons les détails les plus intéressants.

ASPECT GÉNÉRAL DES CATACOMBES.

Des souterrains immenses ceignent la ville de Rome de tous côtés et sur l'une et l'autre rive du Tibre, en sorte qu'on peut dire qu'au dessous de l'antique capitale du monde règne une autre Rome souterraine, non moins grande et non moins curieuse que la première. Ces excavations profondes et étendues doivent leur origine à l'extraction d'une espèce de tuf ou sable volcanique, appelé pouzzolane, dont le sol se compose et qu'on employa pendant des siècles à la construction des édifices. Pour faciliter le travail et conduire les matériaux à la surface, on pratiqua peu à peu des sentiers et des chemins qui ont quelquefois plus d'un mille de longueur, et qui, se croisant à différentes distances, forment des carrefours et des places assez spacieuses. Dans certains endroits le jour y pénétrait par des ouvertures pratiquées verticalement en forme de puits, dont le but était aussi de servir à extraire le sable. Mais le plus souvent on devait recourir à la lumière des lampes.

Ce fut dans les profondeurs de ces vastes cryptes, que les chrétiens à qui on ne permettait pas d'exercer leur culte à la face du soleil, allèrent chercher un abri pour célébrer les saints mystères, et s'exhorter en commun à sacrifier leurs droits de citoyens, leurs fortunes, leur liberté et leur vie à la foi nouvelle qu'ils avaient embrassée. Des ouvriers employés aux travaux de ces carrières dont ils connaissaient toutes les profondeurs, tous les détours et les circuits, servirent de guides à la foule de ceux qui s'y réfugièrent. Des premiers ils avaient reçu la lumière de la foi; car, à Rome comme ailleurs, les pauvres et les petits furent évangélisés avant les savants et les riches; et ces humbles manœuvres exercèrent au milieu de la nouvelle société une sorte de sacerdoce (1) dont la fonction consistait à préparer aux chrétiens, dans les catacombes mêmes, des lieux de réunion et de prière et des tombeaux pour les martyrs. Plusieurs sont représentés sur les murs avec le titre de *fossores* et munis des instruments nécessaires à leur emploi.

A mesure que l'on avait besoin d'une tombe pour ensevelir quelque chrétien mort sur le lieu du martyre ou des suites de son supplice, on creusait une espèce de niche dans le tuf,

---

(1) L'auteur de l'écrit *De septem Gradibus Ecclesiæ* attribué à saint Jérôme, donne comme le premier titre de sacerdoce, conféré aux ministres sacrés, celui de *fossor*.

et l'on y déposait les restes du défunt. Plusieurs rangs superposés de ces niches sépulcrales *(loculi)*, se voient le long des murs latéraux qui bordent les chemins. Dans des salles assez spacieuses on trouve des tombeaux élevés sur le sol même, et dont on se servait comme d'autel; on y célébrait les agapes et les repas à l'occasion de l'anniversaire de la mort de certains martyrs. Des siéges taillés dans le tuf et placés sous une espèce de conque ou de grande niche, étaient destinés aux prêtres dans les cérémonies. Des fontaines et des citernes paraissent avoir servi de baptistères; et une foule de lampes suspendues à la voûte ou placées sur des fragments de marbre ou sur des briques que l'on scellait en saillie sur la paroi des murs éclairaient les cérémonies et les assemblées des fidèles.

« Il faut avoir vu les catacombes, dit M.
» Raoul-Rochette, les avoir parcourues avec
» un guide intelligent, ou seul avec ses sou-
» venirs, pour se faire une idée de l'impres-
» sion qu'elles produisent. Plusieurs des routes
» qui s'y prolongent et qui s'y croisent dans
» tous les sens, ont un mille et plus de lon-
» gueur; dans celles dont les parois latérales
» n'ont pas été dépouillées de tous leurs anciens
» ornements, l'imagination n'a véritablement

» aucun effort à faire pour croire qu'on s'y
» promène dans une ville immense, entière-
» ment peuplée de morts. De loin en loin, des
» carrefours, des espèces de places publiques
» qui se présentent avec des monuments d'un
» ordre plus élevé, ou d'un volume plus con-
» sidérable, quelquefois même avec de petits
» temples, modèles primitifs des églises chré-
» tiennes, avec des puits ou des citernes, ajou-
» tent à l'illusion que cause l'aspect de ces cités
» souterraines; la silencieuse horreur qui y
» règne rend les idées qu'on y reçoit aussi pé-
» nétrantes, aussi profondes que ces retraites
» mêmes que s'était creusées, dans les entrailles
» de la terre, une religion proscrite et persé-
» cutée (1) ».

Quoiqu'il soit constant que certaines por-

---

(1) Saint Jérôme (*in Ezechiel*, ch. xl) décrit ainsi les catacombes : « Dum essem Romæ puer, et liberalibus studiis eru-
» direr, solebam cum cœteris ejusdem ætatis et propositi,
» diebus dominicis sepulcra apostolorum et martyrum cir-
» cuire, crebròque cryptas ingredi quæ in terrarum profunda
» defossæ et utràque parte ingredientium per parietes habent
» corpora sepultorum, et ita obscura sunt omnia, ut prope-
» modum propheticum illud compleatur : *descendunt in infer-*
» *num viventes;* et raró desuper lumen admissum horrorem
» temperet tenebrarum, ut non tàm fenestram quàm foramen
» dimissi luminis putes. Rursumque pedetentim proceditur, et
» cœca nocte circumdatis illud virgilianum occurrit : *horror*
» *ubiquè animos, simul ipsa silentia terrent.* »

tions des catacombes étaient consacrées à l'ensevelissement d'une partie de la population romaine, avant que les chrétiens s'y établissent, et qu'ils y choisissent leurs sépultures autour des tombeaux de leurs martyrs, il ne faut pas en conclure avec quelques auteurs protestants, que les reliques que l'Eglise en a retirées pour les exposer à la vénération des fidèles, sont les restes abominables de scélérats condamnés au dernier supplice, et dont on jetait les cadavres dans les carrières avec ceux de la plus vile populace, sans se donner la peine de les brûler, selon la coutume alors en vigueur; car si aujourd'hui encore on connaît le nom et l'emplacement de ces fosses communes, on peut croire qu'ils n'étaient pas ignorés, à plus forte raison, des premiers chrétiens, et qu'ils prirent assez de soin des corps de leurs frères pour ne pas les confondre avec les ossements immondes des païens et surtout des suppliciés.

D'ailleurs nous allons voir bientôt que les peintures, les sculptures, les inscriptions et les divers ornements qu'on a retrouvés dans ces lieux sacrés et sur les sarcophages des martyrs, ont toujours été un moyen sûr de discerner les cadavres chrétiens des autres, et mêmes les restes des martyrs de ceux des simples fidèles.

Mais avant de passer à ces détails, nous ferons remarquer comment on retrouve, dans la disposition intérieure des catacombes, dans les usages et cérémonies du culte qu'on y célébrait, l'origine des formes primitives de nos anciennes églises, et de plusieurs usages traditionnels parvenus jusqu'à nous. Ainsi l'abside ou tribune des basiliques chrétiennes rappèle l'enfoncement ménagé dans plusieurs de ces salles ou lieux de prières des catacombes que l'on appelait *cubicula*. Cette place était réservée, comme l'abside, au pontife et aux prêtres. L'autel placé au milieu et qui n'était que le tombeau d'un martyr, se retrouve dans l'autel principal de nos églises. Dans les basiliques primitives, et généralement jusqu'au xiii.ᵉ siècle, on élevait cet autel au-dessus d'une crypte contenant elle-même un autel sous lequel on plaçait les reliques de quelque martyr et que l'on appelait du même mot usité dans les catacombes *confessio*, *memoria* ou *titulus*. De même les chapelles qui entourent le chœur et s'étendent le long des nefs de nos églises sont une imitation des sépulcres et des petits monuments groupés autour du tombeau principal d'un martyr illustre. L'usage de se faire enterrer dans les églises remonte encore à cette coutume des premiers fidèles de choisir leur sépulture auprès des restes des martyrs, afin d'avoir part aux prières des assemblées pieuses qui se tenaient dans ces lieux sacrés. L'usage enfin des lampes et des cierges sur l'autel où l'on célèbre les saints mystères, doit probablement son origine aux lampes et aux flambeaux dont on se servait dans ces catacombes, pour se procurer de la lumière et aussi pour honorer les restes des saints.

La forme ordinaire des autels, qui autrefois était celle d'une table et qui affecte maintenant encore celle d'un tombeau, rappelle évidemment les tombeaux primitifs des martyrs servant à offrir le saint sacrifice et à célébrer les repas communs des assemblées chrétiennes.

Remarquons encore que c'est une règle immuable de la liturgie catholique de déposer toujours, même dans les autels portatifs, des reliques authentiques de martyrs.

PEINTURES DES CATACOMBES.

La voûte des chambres et des grands tombeaux, et les niches de grandes dimensions où étaient placés les sarcophages, étaient couvertes de peintures appliquées sur un enduit de stuc. Il est remarquable que la plupart du temps les ornements et décorations des monuments étaient empruntés à l'art antique, et se composaient de figures et de motifs usités dans les sépultures païennes. Ainsi des fleurs en abondance, des génies nus et ailés tenant des guirlandes, des victoires avec leurs palmes, des animaux symboliques ou imaginaires, terminés quelquefois en feuillages, comme on en retrouve dans l'architecture grecque et romaine, des figures en buste, renfermées dans des couronnes et ressemblant à des portraits destinés à rappeler les personnes ensevelies dans ces monuments; enfin, une foule d'arabesques, d'enroulements et de dessins qui ne distingueraient nullement les tombeaux chrétiens de ceux que le paganisme avait ornés. La raison de cette imitation de l'art antique est que les artistes chrétiens, généralement peu habiles, trouvaient plus aisé de reproduire des modèles qu'ils avaient sous les yeux, que d'inventer un nouveau système de décoration, et qu'ils se contentaient de copier les anciens motifs de décor, chaque fois qu'ils n'avaient rien de manifestement contraire aux idées et aux croyances chrétiennes. Ils adoptèrent ainsi tout ce qui, dans l'iconographie païenne, correspondait à leur foi, par exemple, tous les symboles de l'apothéose, du bonheur des âmes dans une autre vie, de la résurrection future des corps.

Mais, en outre, ils eurent leurs images propres et caractéristiques de leur foi, ou représentant leur situation actuelle. Ainsi quelques-unes rappellent la célébration des agapes, d'autres des *fossores* occupés à creuser de nouveaux souterrains et éclairés par d'autres personnages tenant des lampes à la main. Ils entremêlent des scènes de l'ancien Testament avec celles du nouveau; souvent les circonstances principales de l'histoire de Jonas; des enfants dans la fournaise; de Daniel dans la fosse aux lions; l'arche de Noé flottant sur les eaux du déluge, et s'arrêtant enfin sur la cime de la montagne où Dieu donne au patriarche le signe de son alliance et la promesse du pardon; le sacrifice d'Abraham; Job assis à terre, etc.; puis le Christ sur les genoux de sa mère, recevant les présents des trois mages; assis au milieu des docteurs; environné de ses disciples; accompagné de saint Pierre et de saint Paul; multipliant les pains; guérissant le paralytique; rendant la vue à l'aveugle; ressuscitant Lazare; en bon pasteur, comme il était représenté souvent, au rapport de Tertullien, sur le pied des calices dont on se servait alors.

Tous ces sujets empruntés à l'ancien et au nouveau Testament, ainsi que plusieurs autres évidemment chrétiens, tels que des figures de personnes agenouillées et priant les bras étendus, sont d'un dessin très-incorrect et grossier qui prouve ce que nous disions tout-à-l'heure; que les peintres chrétiens, sentant la faiblesse de leur talent, au lieu d'adopter de nouveaux types, s'attachaient à reproduire les anciens autant qu'il leur était possible de les approprier aux croyances nouvelles; et que, lorsqu'ils étaient obligés d'inventer eux-mêmes pour représenter des scènes ou des objets exclusivement propres au christianisme, ils laissaient apercevoir toute l'infériorité de leur talent et la décadence où commençaient déjà à tomber les arts libéraux.

Nous ferons remarquer ici que cette foule de peintures chrétiennes, servant à décorer les temples d'alors et les monuments funéraires, dès les premiers siècles du christianisme, forment un argument sans réplique contre les accusations si souvent répétées par les protestants et les iconoclastes de tous les âges, contre l'usage de l'Eglise catholique d'honorer les images du Christ et des saints, et d'en faire un ornement pour les lieux de prières.

Elles nous donnent en outre l'explication la plus naturelle du fameux canon trente-sixième du concile d'Elvire (1), qui ne peut pas avoir pour but de défendre le culte des saintes images, mais seulement de les peindre sur les murs de peur que, dans des moments de persécution, elles ne soient exposées à la profanation. On dut, en effet, par précaution, peindre sur des panneaux de bois les sujets religieux que l'on présentait aux regards des fidèles pour exciter leur dévotion, et que l'on pouvait de cette manière enlever à volonté, et soustraire à l'impiété des persécuteurs. On pense que de là est venu l'usage des diptyques et des tableaux à volets que l'on retrouve dans tout le moyen âge.

SARCOPHAGES, SCULPTURES, INSCRIPTIONS, OBJETS DIVERS TROUVÉS DANS LES CATACOMBES.

La forme et l'ornementation des sarcophages chrétiens rappellent encore l'art antique et les ouvrages païens; ce qui s'explique de la même manière que pour les peintures dont nous venons de parler. Les premiers fidèles ne firent aucune difficulté de se servir des productions des artistes anciens et de reproduire leurs œuvres, lorsqu'il ne s'y trouvait rien d'opposé à leurs croyances. Il y a plus, ils

---

(1) Placuit picturas in ecclesiâ esse non debere, ne quod colitur et adoratur in parietibus depingatur. *(Conc. Elib.)*

employèrent souvent, dans une autre intention et au profit de leur foi, des formes et des images symboliques usitées dans le paganisme pour exprimer des idées différentes ; ou bien en leur conservant le même sens lorsqu'il était d'accord avec leurs propres principes.

Ainsi, sur les faces extérieures d'un sarcophage, ou coffre de pierre servant à contenir les restes de leurs personnages illustres, ils firent sculpter des ornements employés dans les siècles précédents par les artistes païens ; et dans les compartiments, ils firent représenter des scènes bibliques ou des figures allégoriques indiquant divers points de la croyance catholique.

Parmi les symboles les plus fréquents et dont plusieurs étaient en usage avant le christianisme, on remarque la figure d'un cheval qui vient de terminer une course et qui porte une palme sur la tête ; un navire qui vogue en pleine mer, et un phare indiquant le port où il va trouver le repos et la sécurité ; ou simplement une ancre avec le monogramme du Christ, le tout pour figurer la carrière que parcourt ici-bas le chrétien, et le salut qu'il trouve enfin dans les mérites du Sauveur. Le paon, image de l'apothéose ; le phénix, symbole de l'éternité ; la colombe, de la pureté et de la fidélité, etc., furent également reproduits fréquemment. Mais la figure du poisson est l'emblême le plus remarquable peut-être et le plus souvent gravé, peint et sculpté sur les monuments de Rome souterraine. « Le poisson, dit M. Raoul-Rochette, était devenu, dans les premiers siècles de l'Eglise, une sorte de tessère chrétienne, d'un usage universel, à raison de la circonstance toute fortuite qui faisait que le mot grec ΙΧΘΥΣ, *poisson*, offrait par les cinq lettres dont il se compose, les lettres initiales des mots Ιησους Χριστος Θεου Υιος Σωτηρ, qui signifient *Jésus-Christ, Fils de Dieu, Sauveur*. Grâce à cette circonstance, le nom aussi bien que l'image du poisson, était devenu une sorte de signe phonétique, propre à exprimer toute une série de mots consacrés. »

Dans beaucoup de sarcophages, on a trouvé les squelettes enveloppés de tissus brochés d'or, et environnés de divers objets qui, de leur vivant, avaient servi à leur ameublement, à leur toilette ou à leurs plaisirs; ainsi des cachets, des anneaux, des bracelets, des miroirs, des jouets d'enfants, etc.

Les tombeaux, moins importants sous le rapport de l'art, recouverts d'une simple pierre et renfermant, pour l'ordinaire, les dépouilles mortelles de personnes de la classe du peuple, ne sont pas moins curieux à cause du caractère de simplicité, de foi et de confiance en Dieu qui se révèle dans les inscriptions et les ornements dont ils sont revêtus. Dans un langage qui fourmille de fautes et de la plus basse latinité, on ne rencontre pas un cri de vengeance contre leurs ennemis, pas une plainte qui décèle les passions populaires.

Voici quelques inscriptions que nous avons extraites du livre si intéressant intitulé : *Roma subterranea*, traduit de l'italien de Bosio par Arringhi :

FELICISSIMO FILIO DULCISSIMO INNOCENTIÆ ET DULCEDINI FILIO, PARENTES FECERUNT.

PLACIDUS TANDEM IN COELO QUIESCIT.

MARIUS ADOLESCENS DUX MILITUM QUI SATIS VIXIT DUM VITAM PRO CHRISTO CUM SANGUINE CONSUMPSIT, IN PACE TANDEM QUIEVIT. BENEMERENTES CUM LACRYMIS ET METU POSUERUNT.

CORPUS HUMO ANIMAM CHRISTO PATRONI DEDISTI
NAM JUSTÆ MENTES FOVENTUR LUCE CELESTI
SIDEREASQUE COLUNT SEDES MUNDOQUE FRUUNTUR
TU DULCIS FILI MEMOR HINC ASPICE NOSTRI.

Quelquefois on gravait sur ces dalles tumulaires les instruments propres à la profession ou au métier du défunt, ou encore des objets dont le nom avait quelque rapport avec le sien. Ainsi une ancre et des poissons font allusion au nom d'une femme nommée *Maritima;* l'image d'une petite truie accompagne l'épitaphe d'une autre appelée *Porcella;* celle d'un dragon sur la pierre d'un *Dracontius*, et beaucoup d'autres semblables, sont des traits de ce système phonétique si généralement en faveur chez les anciens.

Le monogramme du Christ, composé des deux premières lettres du mot grec χριστος, alliées l'une à l'autre de différentes manières, se voit sur tous les monuments et sur tous les objets pour ainsi dire des catacombes.

Enfin, parmi les objets curieux et importants que l'on retrouve dans ces tombeaux, il faut remarquer ces vases ordinairement de verre et teints de sang qui sont le signe le plus certain du martyre. Car les palmes, dont beaucoup de sarcophages et de pierres tumulaires sont ornés, ne présenteraient pas seules la même garantie, attendu qu'elles ont été employées quelquefois comme le symbole de la victoire remportée par le chrétien sur les vices et les mauvaises passions, et la récompense de ses vertus dans le séjour de la gloire.

CHAPITRE V.

DES PREMIÈRES ÉGLISES ET DE L'ARCHITECTURE CHRÉTIENNE JUSQU'AU V.ᶜ SIÈCLE.

Lorsqu'après trois siècles de persécutions, il fut permis aux chrétiens de paraître au grand jour et d'élever publiquement l'étendart de leur foi, ils s'empressèrent de construire des temples et de se choisir des lieux de réunions en rapport avec la majesté de leur culte et la multitude des croyants. Constantin et l'impératrice Hélène y contribuèrent de tout leur pouvoir, et, sans parler des deux temples principaux qu'ils firent bâtir, l'un à Constantinople, l'autre à Jérusalem, on voit par le témoignage des historiens qu'ils firent restaurer, dans toute l'étendue de l'empire, les églises primitives ruinées pendant les persécutions, et permirent aux évêques de disposer des temples païens qui pourraient être appropriés aux besoins du nouveau culte, et même de certains autres édifices publics qu'on appelait *basiliques* ou maisons royales. « Les basiliques, dit
» M. de Caumont, servaient à la fois de tribu-
» naux et de bourses de commerce. On s'y
» réunissait pour parler d'affaires ; quelques-

» unes pouvaient aussi contenir des étalages
» de marchandises comme nos halles ou nos
» bazars. » En général, on les préféra aux
temples païens, parce que l'on regardait ceux-
ci comme souillés par l'usage auquel ils
avaient servi, et que leurs dimensions et ordonnance étaient moins propres que celles des
basiliques au culte chrétien.

L'intérieur des basiliques présentait, en
effet, des distributions parfaitement convenables aux cérémonies et aux usages de l'Eglise.
Ainsi deux rangs de colonnes ou de pilastres
divisaient tout l'intérieur de l'édifice en trois
parties inégales dans le sens de la longueur.
La nef principale, qui était au centre, était
occupée en partie par les marchands, les plaideurs, en partie par le peuple. Les plaideurs
et les curieux se plaçaient aussi à droite et à
gauche, dans les nefs latérales.

A l'extrémité des trois galeries dont nous venons de parler, il y avait un espace réservé
exclusivement aux avocats, aux greffiers et aux
autres officiers de la justice, et qui se terminait par un enfoncement circulaire placé en
face de la galerie centrale, et appelé *tribune*
ou *abside*. C'était dans cet hémicycle que se
trouvaient les siéges du président et des juges.

Il ne fut donc pas difficile d'adapter les cérémonies religieuses à la disposition de ces édifices. L'évêque ou le prêtre célébrant, entouré des prêtres qui l'assistaient, se plaça au fond de l'abside sur un siége *(cathedra)* qui s'élevait au-dessus des bancs adossés au mur circulaire et occupés par les prêtres; de là il présidait l'assemblée et se rendait facilement à l'autel qui était situé à peu près à l'entrée de l'hémicycle.

L'espace réservé entre les nefs et la tribune, ou abside ou *presbyterium*, et enclos au moyen d'une espèce de balustrade en pierre qui lui fit donner d'abord le nom de *cancellum*, fut appelé plus tard *chœur*, parce qu'il était spécialement destiné aux chantres et aux ecclésiastiques de second ordre.

En avant de l'autel, on plaça une chaire que l'on appela *ambon*, dans laquelle on montait de deux côtés différents, et où on lisait l'épître et l'évangile.

Les nefs étaient occupées par le peuple, les hommes à droite et les femmes à gauche. Une partie de la nef centrale était réservée aux catéchumènes qui ne pouvaient assister qu'à une partie de l'office, et qui se retiraient, au moment indiqué, dans l'*atrium* ou vestibule qui précédait l'entrée de l'église. C'est dans cet *atrium*, que l'on a appelé depuis *porche*, que se trouvait ordinairement la fontaine baptismale. Quelquefois aussi elle occupait un édifice à part, construit dans le voisinage de l'église, et qu'on appelait *baptistère*. Cet édifice était quelquefois de forme polygonale, mais plus souvent circulaire.

On peut remarquer déjà combien il y a de rapport entre nos églises actuelles et les anciennes basiliques, et comment celles-ci sont réellement le type primitif qu'on s'est attaché à reproduire dans tous les temps; surtout si l'on observe que, de bonne heure, on apporta au plan de ces anciens temples la seule modification essentielle qu'on y remarque, c'est-à-dire l'élargissement du chœur ou *transept*, de manière que cette partie figurât avec la nef principale la forme d'une croix.

Quoique cette forme fût celle de la plupart des églises des premiers siècles, cependant on en construisit plusieurs en rotonde. Celle, par exemple, que l'impératrice Hélène fit bâtir à Jérusalem sur le Saint-Sépulcre, était de forme circulaire. Mais il paraît que ce plan était particulièrement suivi pour les églises dont on faisait des chapelles funéraires.

Nous possédons dans la paroisse de Langon une chapelle qui pourrait remonter à l'établissement du christianisme dans ce pays, et dont la forme rappelle exactement celle des basiliques, si ce n'est qu'elle n'a qu'une seule nef, et que ses dimensions sont plus resserrées. Nous en donnerons une description particulière dans la troisième partie. (Voyez aussi l'Atlas.)

Nous terminons ici cette première partie, nous réservant de parler plus en détail des autels, tombeaux, baptistères des différents âges, dans un chapitre spécial qui trouvera sa place naturelle à la fin de la deuxième partie.

DEUXIÈME PARTIE.

Moyen âge.

Les architectes employés par les successeurs de Constantin, imbus encore des traditions de l'art grec, et en même temps guidés par les modèles d'architecture romaine, créèrent un nouveau style qui tenait du génie oriental et du génie occidental; on l'a nommé pour cela *romano-byzantin*.

Ce qui le caractérise principalement, c'est l'introduction des voûtes en coupole ou hémisphériques, dans les grands édifices, et des arcades en plein cintre reposant immédiatement sur les chapiteaux des colonnes ou des piliers.

Chez les Grecs et chez les Romains, leurs imitateurs, on ne construisit de voûtes cintrées et en coupole que rarement et seulement dans des monuments de petite dimension, et les colonnes étaient toujours reliées entr'elles par un entablement rectiligne. Mais il semble que la pensée chrétienne ne pût se trouver à l'aise sous ces plafonds antiques, et que, tendant sans cesse à s'élever vers les cieux, elle exigeât plus d'élévation dans les édifices consacrés à la méditation et à la prière; elle voulut que la voûte du temple semblât céder aux efforts de sa voix et aux accents de ses cantiques. La forme de la croix, adoptée généralement dans la construction des églises, demandait d'ailleurs qu'au point d'intersection de ses membres, il s'élevât une voûte arrondie portée, avec ses pendentifs, sur les points anguleux des transepts, de la nef et du chœur. C'est ce qui produisit les coupoles centrales, toujours d'un si grand effet.

Le temple de Sainte-Sophie, reconstruit par Justinien, au vi.^{e} siècle, fut regardé comme le type de ce nouveau genre d'architecture, et servit de modèle à la plupart des basiliques chrétiennes de cette époque.

Cette nouvelle ère d'architecture s'étend depuis le ve siècle jusqu'à la moitié du xiie, et comme on distingue dans cette longue période des modifications et des caractères assez variés, on la divise en trois époques : la première comprend les ve, vi.^{e}, viie, viiie, ixe et xe siècles; la seconde le xie, et la dernière le xii.^{e}

CHAPITRE PREMIER.

ARCHITECTURE ROMANE OU BYZANTINE PRIMORDIALE.

De l'an 400 à l'an 1000.

Il reste si peu de monuments authentiquement antérieurs au xie siècle, qu'il est comme impossible de tracer avec précision l'histoire de l'art pendant le cours de cette période. Nous devons nous borner à des généralités que nécessite le défaut de renseignements. Du reste, la décadence des arts qui suivit celle de l'empire, et les invasions fréquentes et destructives des peuples du nord ne durent pas manquer de produire de fâcheux résultats pour l'architecture. Dans notre pays, en particulier, les Normands détruisirent, au ixe et au xe siècle, toutes nos églises et nos abbayes, tellement qu'il serait difficile de citer un seul monument qui soit antérieur au xie siècle, si l'on n'excepte la chapelle Sainte-Agathe de Langon.

Voici donc les caractères généraux des monuments religieux de cette époque :

Le *plan des églises* fut, à partir du vi.^e siècle, peu différent de celui que nous avons déjà indiqué ; seulement le chœur s'allongea progressivement, et les autels se multiplièrent. En Orient, la nef principale fut réduite à la même longueur que les autres membres de la croix ; de là vient la distinction de *croix grecque* et *croix latine*.

L'*appareil* des murs le plus souvent employé est celui que nous avons appelé *petit appareil romain*, consistant en petites pierres cubiques de deux à quatre pouces de surface, et soutenues fréquemment de rangs de briques placés horizontalement et séparés, comme chaque pierre, par une couche épaisse de mortier de chaux et de sable ou de tuile pilée.

Les *colonnes* étaient généralement massives, et quelquefois sans chapiteaux. Des piliers carrés en tinrent souvent lieu et supportèrent les voûtes non moins lourdes et surbaissées.

Les *fenêtres*, toujours cintrées, étaient d'une assez petite dimension, et n'offraient aucun ornement à l'extérieur. Seulement le cintre qui les couronnait était quelquefois composé de pierres d'appareil, séparées par deux ou trois briques accolées.

Les *portes*, cintrées comme les fenêtres, étaient aussi simples et aussi dépourvues d'ornement. Presque toujours le tympan était en petit appareil simple ou réticulé, ou bien il portait l'image de la croix ou quelque autre bas-relief.

Les *arcades* entre la nef et les bas-côtés n'offraient pour ornement que des pierres symétriques, quelquefois séparées les unes des autres par des briques, comme nous l'avons dit des fenêtres. Mais la grande arcade formant l'entrée de l'abside était ordinairement plus ornée. On l'appelait *arcade triomphale*, parce qu'elle ressemblait à un arc de triomphe.

Les *voûtes* en pierres étaient alors extrêmement rares; la charpente qui soutenait le toit demeurait à nu, et les plafonds, lorsqu'on en faisait, étaient presque tous en bois. Il n'y avait ordinairement de voûte qu'à l'hémicycle de l'abside.

Les *tours*, très-rares avant le VIII.ᵉ siècle, attendu qu'on ne fit guère usage de cloches que vers le V.ᵉ siècle, et qu'elles ne furent que plus tard d'un volume assez considérable pour nécessiter l'érection d'édifices particuliers, étaient ordinairement carrées et terminées par une toiture pyramidale obtuse à quatre pans.

Les *décorations intérieures* contrastaient avec la simplicité extérieure, au moins dans les églises de quelque importance. Des marbres précieux et quelquefois couverts de peintures recouvraient les murs; des mosaïques formées de petits cubes en émail opaque de différentes couleurs et dorés décoraient les absides, les coupoles et les murs latéraux. Les tableaux ainsi exécutés en mosaïques ou les peintures à fresque représentaient le Christ, les apôtres ou d'autres personnages, tantôt sous leur forme véritable, tantôt sous des formes emblématiques.

Ainsi le Sauveur est souvent figuré par un agneau élevé sur un tertre, et auquel rendent hommage douze autres moutons représentant les apôtres.

L'agneau seul avec la croix représente Jésus-Christ.

Le bon pasteur, portant un de ses agneaux sur ses épaules et s'appuyant sur sa houlette, est encore une représentation du Christ, chef de la société chrétienne, très-fréquemment reproduite à toutes les époques du moyen âge.

Les quatre emblêmes des Evangélistes indiqués dans l'Apocalypse, l'ange, l'aigle, le lion et le bœuf, se voient aussi très-fréquemment.

Plusieurs autres animaux que nous avons signalés dans les peintures des catacombes reparaissent aussi dans l'iconographie du moyen âge. Les colombes sont prises comme symbole de la pureté et de la douceur chrétiennes; le paon et le phénix sont l'emblême de l'immortalité de l'âme et de la félicité éternelle ; les cerfs et les daims qui viennent se désaltérer à une fontaine, sont l'image des chrétiens aspirant aux eaux vivifiantes (1).

De riches tentures, quelquefois brochées d'or, étaient suspendues aux balustrades qui entouraient le sanctuaire, autour de l'autel, aux arcades des nefs, aux portes même.

Enfin les boiseries, les poutres, les balustrades, les lambris en marbre étaient souvent revêtus de lames de métal, plus ou moins riche, au moins dans les églises décorées par la munificence des papes et des souverains.

Pendant cette première moitié du moyen âge et encore long-temps après, les évêques et les abbés étaient presque toujours les architectes de leurs églises ; et nous savons, par le témoignage des historiens, que le clergé, alors dépositaire de la science, l'était aussi des beaux arts. Beaucoup de couvents étaient des écoles remplies de littérateurs et d'artistes distingués. Grégoire de Tours cite plusieurs de ses prédécesseurs comme étant d'habiles sculpteurs, peintres et architectes.

(1) M. de Caumont et M. Didron.

CHAPITRE II.

ARCHITECTURE ROMANE SECONDAIRE.

De l'an 1000 à l'an 1100.

Nous devons, avant d'indiquer les caractères propres à la seconde période romane, faire observer que cette classification des divers styles d'architecture, admise généralement par les personnes versées dans l'étude de l'archéologie, ne peut pas être cependant regardée comme rigoureuse, en sorte qu'on doive toujours attribuer à l'époque indiquée les monuments construits dans le style de cette époque. Il est évident qu'on n'a jamais pu se concerter partout à la fois d'une manière tellement unanime que l'on ait partout abandonné en même temps un genre particulier pour en adopter un nouveau, et que bien des raisons ont dû contribuer, selon les lieux et les ressources dont on pouvait disposer, à développer ou à ralentir les progrès de l'art. Et lorsque nous serons en présence de deux édifices dont l'un appartient à un style moins avancé que l'autre, nous nous donnerons de garde de prononcer absolument que celui-ci est d'une date postérieure à celui-là, parce qu'il serait très-facile de se méprendre complètement et de commettre une erreur peut-être d'un demi-siècle.

Quoi qu'il en soit, il est certain qu'au XIe siècle l'architecture acquit des développements notables, et qu'il s'opéra dans les arts un mouvement de progrès et de perfection qu'on n'aurait pu soupçonner au siècle précédent. En effet, l'opinion si généralement répandue alors que la fin du monde devait arriver en l'an 1000 de notre ère, avait tellement suspendu toutes les entreprises et arrêté les projets, que le génie ne s'exerçait plus à rien de ce qui pouvait passer à la postérité, et que l'on ne s'occupait plus que des intérêts éternels. Aussi trouve-t-on beaucoup d'actes de donations faites à cette époque, motivés sur cette raison que le monde n'ayant plus que peu d'années d'existence, il était inutile de conserver des biens qui ne seraient d'aucune utilité à personne, et qu'il valait mieux en user présentement pour obtenir des prières plus profitables que tout le reste.

Lors donc que cette terreur fut dissipée, il y eut comme une réaction subite et très-avantageuse à tous les arts. Les grands, les évêques, les abbés, les princes s'empressèrent de reconstruire leurs châteaux, leurs abbayes, leurs palais et leurs cathédrales.

De plus, les pèlerinages en Orient devenus plus fréquents, et les croisades qui mirent l'Occident en communication avec l'Asie et la Grèce, eurent encore une grande influence sur la marche de l'architecture dans l'Europe occidentale. Chacun de retour dans son pays voulut reproduire quelque chose des merveilles qu'il avait admirées dans ses courses lointaines, et ce fut alors que le style byzantin, avec ses décorations inventées par le génie oriental, s'implanta en France, en Allemagne, en Angleterre, et enrichit la simplicité de nos constructions romanes de tout le brillant de ses ornements pleins de variété, de finesse et de capricieuses conceptions.

Mais, hâtons-nous de l'avouer, notre Bretagne n'eut pas une large part dans cette riche acquisition; du moins les monuments de cette époque qui subsistent dans le département sont si simples, si sévères, on peut dire si pauvres, qu'il semble que nos pères ont tenu à conserver dans leurs édifices toute la gravité et la rudesse de leurs mœurs antiques. Il est vrai que notre isolement du reste de la France, et plus encore la nature de nos matériaux qui résistent avec tant d'obstination au ciseau du sculpteur, ont dû contribuer beaucoup à nous retenir en-dehors du progrès général qui s'opéra presque partout dans ce siècle de véritable renaissance pour les arts comme pour la civilisation européenne.

Nous trouverons donc rarement l'occasion de signaler, dans nos monuments, les caractères propres à la seconde période du style romano-byzantin. Cependant nous en ferons un exposé succinct pour donner une idée des progrès de l'architecture au xi.ᵉ siècle, et mettre nos élèves à lieu de les reconnaître lorsqu'ils les rencontreront ailleurs.

Forme des églises. Le plan général des églises des xi.ᵉ et xii.ᵉ siècles fut à peu près le même qu'aux siècles précédents. On ajouta dans quelques-unes deux absides latérales dans les murs orientaux des transepts, et faisant face à l'ouverture des bas côtés. Ces absides servaient de sacristie et de trésor. Aussi, voyons-nous que les sacristies de la plupart de nos anciennes églises sont de construction plus récente, et en-dehors du plan primitif. (V. les églises de Tremblay, de Livré, les ruines de l'abbaye de Saint-Sulpice-des-Bois, etc.)

Souvent les bas côtés se prolongent parallèlement au chœur au-delà des transepts, et quelquefois tout autour de l'hémicycle de l'abside. Ce pourtour du chœur s'appelait *deambulatorium*.

Dans les grandes églises, on garnit les bas côtés du chœur de chapelles qui produisirent un grand effet en rayonnant autour du sanctuaire, et dont la distribution en nombre impair dut avoir, selon plusieurs antiquaires, une raison mystique.

Cryptes. On a continué, dans les grandes églises romanes, d'établir des chapelles souterraines sous le chœur et quelquefois sous les ailes. Cet usage a duré autant que le style roman.

Appareils. Le petit et le moyen appareil romain se continuent généralement; l'appareil réticulé décore quelquefois les frontons, et celui qu'on nomme *en feuilles de fougères* ou *en arête de poisson (opus spicatum)*, est très-fréquent, dans nos églises rurales. On le retrouve surtout au côté nord de la nef, toujours mieux conservé que le côté du midi. Nous avons remarqué dans plusieurs églises des environs de La Guerche une imitation de ce genre d'appareil pratiqué sur le parement des pierres au moyen d'entailles faites à la pointe du marteau. Cet appareil consiste en ce que les pierres plates et allongées sont inclinées alternativement un rang à droite et l'autre à gauche (Voyez-en un exemple à Bazouges-sous-Hédé, et dans beaucoup d'autres lieux). Notre moëllon schisteux se prêtait facilement à ce genre d'appareil.

Contreforts. Dans le xi.ᵉ siècle, les contreforts sont encore peu saillants et ressemblent à de simples pilastres. Dans notre pays surtout on en voit encore de semblables, au xii.ᵉ siècle. Cependant nous trouvons à l'abside de l'église de Guignen des demi-colonnes servant de contreforts et supportant sur leurs chapiteaux des cintres qui forment des arcades pleines.

Ornements. Les moulures et ornements employés à la décoration des archivoltes, des arcades, des fenêtres, des corniches et des murs sont en grand nombre dans les grandes églises des pays où la nature de la pierre a présenté des ressources à l'habileté des ouvriers; mais dans le nôtre où le granit est la seule pierre de taille en usage, on n'en trouve que rarement.

Nous en donnerons cependant la nomenclature, ayant soin d'indiquer les lieux où nous en avons rencontré quelques vestiges.

Les principales moulures du style roman, sont (Pl. III) :

1.° *Les étoiles.* Elles n'ont que quatre branches et se placent sur un ou plusieurs rangs. Le portail de l'église d'Arbresec en fournit un exemple (V. l'Atlas).

2.° Le *zig-zag* ou *chevron brisé* qui peut être double, triple, quadruple, etc.

3.° La *frette* est un tore disposé de manière à imiter des créneaux, formant les trois côtés d'un carré ouvert alternativement en-dessus et en-dessous. On la nomme frette crenelée rectangulaire, dans ce cas.

Si le carré qu'elle dessine n'est pas parfait, elle s'appelle diminuée, et si au lieu d'un carré, elle forme un triangle, elle prend le nom de triangulaire.

4.° Les *losanges enchaînés* forment une suite d'anneaux en forme de losanges engagés les uns dans les autres.

5.° Le *labyrinthe* ou *dessin grec* qui se reproduit encore aujourd'hui ne se trouve que dans les édifices les plus ornés du XIIe siècle.

6.° Les *billettes* sont des bouts de tore, séparés l'un de l'autre à une distance à peu près égale à leur longueur (V. à l'Atlas le portail de l'église de Rannée).

7.° Les *nébules* se composent d'un tore placé de manière à former des ondulations régulières.

8.° Les *moulures prismatiques* sont composées de prismes disposés en faisceaux.

9.° Les *hachures losangées* consistent dans des entailles en forme de losange.

10.° Les *têtes de clou* ressemblent à des têtes de clou incrustées à égales distances.

11.° Les *câbles* offrent exactement l'image d'un gros câble.

12.° Les *torsades*, plus élégantes que les câbles, sont cependant de la même forme, si ce n'est que très-souvent elles sont ornées d'une bandelette perlée.

13.° Le *damier* se compose de petits carrés alternativement en creux et en relief.

14.° Les *besans* sont des disques semblables à de grandes pièces de monnaie placées sur plusieurs rangs.

15.° Les *têtes saillantes* sont des têtes d'hommes ou d'animaux en relief, qui ornent le plus souvent les modillons au-dessous des corniches.

16.° Les *têtes plates* offrent des masques ou figures grimaçantes comme les modillons, mais beaucoup moins en relief. On les voit sur les archivoltes des portes et des fenêtres.

17.° Les *entrelacs* sont des galons ou des bandelettes qui se croisent et sont souvent unis par des nœuds.

18.° Les *moulures godronnées* sont celles qui présentent une surface cannelée en relief.

19.° Les *enroulements* sont des tiges contournées et renfermant une fleur dans leur contour.

20.° Les *rinceaux*. On donne ce nom à un

arrangement de feuillages décorant un panneau de boiserie, une frise ou un fût de colonne.

Beaucoup d'autres ornements employés aux XI.ᵉ et XII.ᵉ siècles n'ont point encore reçu de noms particuliers.

Quelquefois le plein des murs a été décoré d'ornements en forme de rosaces, ou de moulures en imbrications, losanges, nattes et entrelacs, surtout dans l'intérieur des églises. Les grandes surfaces extérieures étaient plus souvent ornées d'arcades simulées, soit avec des colonnes engagées, soit avec de simples pilastres. Ces décorations s'appellent *arcatures*.

Colonnes. Les colonnes deviennent généralement plus élancées, plus grêles et d'une grosseur uniforme dans toute toute leur hauteur. Cela tient à ce que déjà elles ne sont plus le support même des arcades et des voûtes, mais l'accessoire et l'ornement des piliers qu'elles entourent en faisceau.

Souvent, dans le XII.ᵉ siècle et à la fin du XI.ᵉ, le fût des colonnes se couvre de zig-zags, de galons, de losanges, de feuilles imbriquées, de dessins alvéolaires, etc., d'un effet très-riche et très-varié. Nous ne pourrions guère en citer d'exemples que dans certains porches antiques de la ville de Dol.

Bases des colonnes. On en trouve de deux sortes, l'une qui ressemble beaucoup à la base attique des ordres grecs, et l'autre qui est formée d'un simple chanfrein ou d'un tore aplati qui répond à la base toscane.

Piédestaux. En général, les piédestaux sont peu élevés, et se réduisent à un socle peu ou point orné de moulures.

Chapiteaux. Les chapiteaux du xie siècle sont encore d'une grande simplicité. Souvent ils sont ornés sur chaque face d'une large feuille palmée, et d'autres semblables se recourbant en volutes sous les angles du tailloir (V. l'Atlas, pl. XIII, un chapiteau de cette forme). Beaucoup d'autres sont ornés de bandelettes croisées qui leur donnent la forme d'une corbeille (V. l'église de Guignen). Plus tard, et surtout au xiie siècle, les chapiteaux se composent de crosses végétales et de feuillages contournés et bordés de perles.

Enfin on trouve un grand nombre de chapiteaux historiés, c'est-à-dire sur lesquels on s'est plu à représenter des scènes de l'histoire sainte, des légendes de saints, des représentations des mystères de la foi. Souvent aussi on y a sculpté des personnages fantastiques et des animaux mêlés à des enroulements et des rinceaux; quelquefois même des obscénités

(V. un chapiteau mutilé sous la tour de l'église Saint-Melaine de Rennes).

Fenêtres. Les fenêtres offrent une archivolte, soit simple, soit ornée des moulures du temps, et supportée par des colonnes ou des pieds-droits. Elles sont de différentes dimensions, mais toujours d'une grandeur moyenne.

Les fenêtres des étages supérieurs étaient quelquefois géminées, c'est-à-dire diposées deux à deux et quelquefois encadrées dans un cintre d'un plus grand diamètre.

Dans nos églises rurales, les fenêtres sont presque toujours très-étroites, en forme de meurtrières, et s'élargissant seulement à l'intérieur pour y répandre une faible lumière.

Dans les grandes églises de cette époque on trouve aussi des fenêtres réunies trois à trois; alors celle du milieu, plus haute que les autres, est ordinairement seule ouverte.

On retrouve encore au XI.ᵉ siècle les fenêtres rondes, ou en œil-de-bœuf, placées ordinairement dans les pignons, et qui, dans le siècle suivant s'élargissant d'une manière prodigieuse, se divisèrent au moyen de meneaux en forme de colonnettes rayonnant du centre vers la circonférence, et prirent le nom de *roses* (V. à l'Atlas celle de Paimpont).

Portes. Au commencement du XI.ᵉ siècle, et

plus tard encore dans notre pays, les portes conservent une grande simplicité. L'archivolte, ornée de quelques moulures et souvent tout unie, repose sur de simples pilastres, ou sur une ou deux colonnes tout au plus de chaque côté (V. à l'Atlas, pl. VII, le portail de l'église de Hédé).

Dans le XII.ᵉ siècle, il n'en fut pas ainsi : les portes devinrent les portions les plus riches d'ornementation et de sculpture des édifices religieux. Les archivoltes se multiplièrent en faisant retraite l'une sur l'autre, et formèrent de nombreuses voussures auxquelles correspondait un égal nombre de colonnes, et que bientôt on orna de figures en relief.

Le tympan des portes est alors décoré de quelque bas-relief. Tantôt on y représente la figure du saint patron, tantôt Notre-Seigneur entouré d'anges ou des symboles des Evangélistes, tantôt le jugement dernier, etc. (1).

Porches. Les principales portes étaient précédées d'un porche de dimensions très-variables. Dans la primitive église, il servait à abriter les catéchumènes pendant les saints

---

(1) Il ne faut pas s'attendre à trouver rien de semblable dans notre pays : la dureté de notre granit a toujours obligé nos constructeurs à être sobres de sculptures.

mystères. Plus tard on y a célébré les exorcismes et les cérémonies qui précèdent le baptême; et dans beaucoup de lieux, on en a fait une espèce de tribunal, où l'on rendait la justice au nom du roi et des seigneurs.

Arcades. On remarque dans les édifices de la seconde et de la troisième période romane des cintres qui ne présentent pas un demi-cercle parfait. On leur a donné le nom *d'arcs en anse de panier*, pour indiquer leur forme surbaissée.

D'autres excèdent, au contraire, les dimensions du demi-cercle, et on les nomme *arcs en fer à cheval*.

Toutes les autres arcades qui conservent la forme régulière d'une demi-circonférence, sont dites *en plein cintre* (Pl. III).

Travées. Dès le xi.ᵉ siècle, on établit au-dessus des grandes arcades qui font communiquer la nef avec les collatéraux, une galerie ouverte par d'autres petites arcades rangées ordinairement trois à trois dans l'intervalle de deux piliers, et que les antiquaires anglais ont appelée pour cela *triforium*. Au-dessus de ce triforium est l'étage des grandes fenêtres qui éclairent la nef et qui prend le nom de *clerestory*. Cette ordonnance de trois ordres superposés se retrouve dans les siècles suivants. Or, c'est cette ordonnance, considérée d'un pilier à l'autre, que nous appelons *travée*.

Voûtes. La grande difficulté que l'on éprouva toujours à construire les voûtes d'une grande portée, fit que beaucoup d'églises romanes n'ont point été voûtées ou ne l'ont été que postérieurement à leur construction. Cependant on employa dès lors le moyen dont on s'est si souvent servi depuis; on divisa les voûtes par parties carrées, et l'on dirigea la pression sur les points présentant une plus grande résistance, comme les piliers et les massifs de colonnes. C'est ce qu'on nomme *voûtes d'arête*. On consolida ces voûtes, surtout au XII.ᵉ siècle, au moyen d'arceaux en pierre de taille conduits en lignes diagonales et ornés de moulures dans le style du temps; d'abord de grosses nervures en *boudins*, puis des moulures plus délicates et plus fleuries à mesure que le genre devient lui-même plus orné et plus riche. Quelquefois les points d'intersection des arceaux sont ornés de fleurons formant clef de voûte.

Tours. Elles furent peu élevées dans le commencement du XI.ᵉ siècle; mais bientôt on y ajouta plusieurs étages, et on orna leurs murs d'arcades simulées et de fenêtres ordinairement réunies par des colonnes courtes et massives (V. à l'Atlas, la tour centrale de l'église de Redon).

La plupart de ces tours étaient de forme carrée, et se terminaient par une pyramide obtuse en pierre ou en charpente, quelquefois aussi par un toit à double égoût. Quand on multiplia les tours pour ajouter à la beauté de l'édifice, on en plaça deux à la face occidentale et la troisième sur le transept. Cette tour centrale devint plus tard l'élément merveilleux de ces lanternes qui fixent si justement l'attention dans les églises des XIII.°, XIV.° et XV.° siècles.

Il nous reste peu de ces vieilles tours romanes; nous ne pouvons guère indiquer, après celle de Redon, que celle de l'église de Livré (V. la note sur cette église).

CHAPITRE III.

TROISIÈME ÉPOQUE DE L'ARCHITECTURE ROMANO-BYZANTINE.

Nous avons indiqué, dans le chapitre précédent, les caractères qui appartiennent à l'architecture religieuse du XI.° et du XII.° siècle. Il était difficile de les séparer, puisqu'ils conviennent également à l'une et à l'autre période, selon les lieux et les ressources des différentes contrées. Mais il en est qui sont plus particuliers au xii.ᵉ siècle, et que nous devons maintenant exposer.

Bas-reliefs et statues. C'est particulièrement au xii.ᵉ siècle que les figures se multiplient dans les monuments religieux ; et si ces sculptures ne sont pas exemptes de défauts, du moins elles présentent beaucoup plus de correction que dans les siècles précédents.

La plupart du temps, les mêmes sujets se reproduisent à la même place et à peu près de la même manière dans beaucoup d'églises ; ainsi, par exemple, dans le tympan des portes principales, on voit, comme nous l'avons déjà dit, le Sauveur entouré des Evangélistes, ou bien exerçant ses terribles fonctions de juge. D'autres fois, assis sur un siége élevé, et appuyant ses pieds sur une espèce de tabouret à jour *(scabellum)*, il reçoit les hommages de deux anges, qui tantôt sont debout, agitant des encensoirs, et tantôt à genoux, dans l'attitude de la prière. Quelquefois le Christ a les mains étendues ; quelquefois il tient d'une main un livre, tandis que de l'autre il bénit à la manière grecque, c'est-à-dire les deux derniers doigts repliés en dedans.

Au-dessous du Christ, on trouve souvent

une ligne de petits personnages représentant les douze apôtres.

Les archivoltes qui encadrent le tympan sont aussi ornées de figures qui rappellent les vieillards de l'Apocalypse, entourant le trône de Dieu, et tenant à la main des instruments de musique et des fioles, *ou des coupes de parfums qui sont les prières des saints* (1).

Avec la scène du jugement dernier se trouve représentée la résurrection générale, où l'archange saint Michel et Satan se disputent les âmes pesées dans la balance de la divine justice.

Rarement on retrouve le Christ en croix avant le xiii.ᵉ siècle.

Les autres sujets plus souvent traités à cette époque sont :

L'Annonciation.

La Visitation.

La naissance de Jésus-Christ et l'adoration des mages.

Le massacre des innocents.

La Cène.

Le sacrifice d'Abraham.

On commence aussi, dans le xii.ᵉ siècle, à décorer les parois latérales des portes et les

---

(1) Apoc. ch. iv et v.

galeries des façades de statues de grande dimension. Ce sont ordinairement des rois, des évêques, des personnages de l'ancien Testament. Ces statues sont généralement raides et allongées. Les draperies manquent de jeu et de mouvement, mais déjà on y aperçoit une naïveté, une originalité et une manière franche qui annoncent les progrès que fera le statuaire dans les deux siècles suivants (1).

Un caractère très-important en iconographie chrétienne, et que l'on remarque déjà fréquemment dans les xie et xiie siècles, c'est un ornement dont les peintres et les sculpteurs ont entouré la tête et quelquefois tout le corps des saints ou des personnes divines. Vulgairement on le nomme *gloire* ou *auréole*; mais il est désormais convenu parmi les antiquaires qu'on donne spécialement le nom d'auréole à cette sorte d'enveloppe lumineuse dont tout le corps est entouré, et qui, le plus souvent, se termine par une bordure affectant une forme elliptique. On a désigné cette forme par les expressions *vesica piscis*, *vessie de poisson*, ou *de forme d'amande*. L'ornement de la tête s'appelle *nimbe*, et l'auréole et le nimbe réunis se nomment *gloire*.

(1) Souvent, autour des grands portails, on a représenté les douze signes du zodiaque.

« Le nimbe, dit M. Didron, est analogue à
» la couronne pour la signification ; mais il en
» diffère essentiellement pour la position, si
» ce n'est pour la forme. La couronne est ronde
» et le nimbe est presque toujours circulaire ;
» mais la première se place horizontalement
» sur la tête, que le second environne verti-
» calement. »

On trouve quelquefois des nimbes triangulaires, carrés ou composés de trois ou plusieurs jets lumineux. De plus, ils sont ou simples ou crucifères (1). Simples, ils désignent la sainteté, la grandeur, le mérite, et ils se donnent à la Vierge, aux Anges et aux Saints. Crucifères, ils désignent la divinité, et ne s'accordent qu'à la représentation des personnes divines. Le Père, représenté ordinairement par une main sortant d'un nuage ; le Fils, sous la forme humaine, et le Saint-Esprit, sous celle d'une colombe.

La lutte entre la vertu et le vice est figurée de différentes manières ; quelquefois, c'est un homme aux prises avec deux monstres qu'il écarte avec effort ; d'autres fois on représente les vertus sous la forme de femmes armées de

---

(1) On entend par nimbe crucifère celui dans l'intérieur duquel se dessine une croix grecque.

pied en cape, et enfonçant une épée à deux tranchants dans la gueule d'animaux fantastiques et hideux.

Les vertus et les vices qu'on a le plus souvent mis en opposition sont :

La sobriété opposée à la luxure.

La générosité à l'avarice.

La concorde à la fureur.

La charité à l'envie.

La pudeur à la débauche.

La foi à l'idolâtrie.

Les reptiles et surtout les serpents étaient considérés comme l'emblème du vice; aussi voyons-nous, dans un grand nombre de légendes de nos saints, qu'ils ont vaincu d'horribles serpents, ce que l'on représente en plaçant sous leurs pieds quelque figure monstrueuse.

Les sirènes, qu'on a regardées comme le symbole de l'âme chrétienne régénérée par le baptême, se voient reproduites sur un grand nombre de chapiteaux.

Des sibylles se voient aussi comme figure de la vertu prophétique (1).

Toutes ces sculptures étaient souvent rele-

---

(1) Durand, évêque de Mende, donne une explication assez détaillée des divers symboles usités dans le moyen âge, dans son *Rationale divin. officior.* liv. 1, ch. III.

vées par l'éclat des couleurs dont on les décorait. Les figures en relief se détachaient sur un fond de couleur différente, et les vêtements et draperies étaient peints et dorés. Quelquefois le fût des colonnes était peint en rouge, tandis que le chapiteau l'était en vert. Les voûtes étaient presque toujours de couleur bleu de ciel.

On décorait encore les murs de peintures à fresque, qui ont disparu presque partout, usées par le temps, et plus souvent encore anéanties sous d'épaisses couches de chaux et de badigeon.

Mais ce qui distingue surtout l'architecture romane de la troisième époque et ce qui lui a fait donner le nom d'*époque de transition*, c'est l'introduction d'une nouvelle forme dans les arcades. Jusque-là les portes, les fenêtres et les voûtes avaient été construites en cintre; de ce moment, elles prirent la forme de l'ogive, ou du moins on voit l'ogive paraître dans beaucoup d'églises du xii.ᵉ siècle, non pas encore dans toutes les parties de l'édifice simultanément, mais alternant avec le plein cintre, et lui disputant pour ainsi dire l'empire. Ainsi le portail, comme à l'église d'Antrain, conserve la forme cintrée, et déjà les arcades du transept et la voûte qui le surmonte affectent la forme aiguë. D'autres fois les arcades de la nef sont ogivales, et les fenêtres que l'on voit au-dessus sont en plein cintre.

C'est à cette époque que paraît une espèce de moulure que nous n'avons pas encore indiquée, et dont on peut voir un exemple au portail de l'église d'Antrain; elle imite des dents de scie, ce qui lui en a fait donner le nom (V. l'Atlas).

On appelle l'ogive *arc en tiers-points*, lorsque les centres des deux portions de cercle qui la composent sont pris à la base de l'arcade, ou si l'on veut à ses deux extrémités inférieures. C'est la plus régulière et la plus commune, mais ce n'est pas, peut-être, la plus gracieuse.

Une autre forme d'ogive que l'on trouve dans quelques endroits usitée dans des constructions antérieures au règne de l'ogive, est celle dont les centres sont pris en-dehors de son contour et lui donnent plus d'élancement et une pointe plus aiguë. On la nomme *ogive romane*; mais nous n'en connaissons point d'exemples dans notre pays.

La forme la plus ancienne probablement est celle qui offre ce qu'on peut appeler un plein cintre brisé, dont les arcs ont leurs centres placés en-dedans de son contour et quelquefois si près l'un de l'autre, qu'il faut l'examiner avec beaucoup d'attention pour apercevoir la brisure qui la distingue du plein cintre roman, et fait plutôt pressentir la forme ogivale qu'elle ne la caractérise. La porte principale de l'église de Rannée en fournit un exemple. L'archivolte ornée de billettes conserve la forme cintrée, et l'ouverture de la porte est un plein cintre brisé. Les arcades ogivales de l'église d'Antrain, quoique plus caractérisées, ont encore cependant quelque chose de cet évasement qui disparaît complètement dans le style ogival (V. différentes ogives, pl. III).

Deux autres ogives ont encore été usitées dès le xii.^{c} siècle : c'est l'ogive lancéolée, formée de deux arcs, dont la courbure se prolonge jusqu'au-dessous de la ligne des centres; et l'ogive surhaussée, dont les arcs dépassent, comme ceux de la précédente, la ligne des centres, mais en prenant une direction parallèle. On peut voir un exemple de la première dans les fenêtres de la nouvelle chapelle des Missionnaires à Rennes, et de la seconde dans plusieurs parties de l'intérieur de la cathédrale de Dol.

Assez fréquemment, à la même époque, on

trouve des arcades trilobées (1) soit en plein cintre soit en tiers-point.

Les rosaces en trilobes ou trèfles et les quatre feuilles apparaissent aussi dès lors pour l'ornementation des murs, des pignons, etc.

On pense que la forme ogivale fut adoptée d'abord pour les voûtes, attendu qu'elle présente plus de facilité pour l'exécution et plus de solidité dans les édifices de grandes dimensions. La poussée est moins considérable et l'affaissement des arcs moins fréquent que dans les voûtes cintrées. Les fenêtres prirent ensuite la même forme, et enfin les portes principales.

C'est ce passage successif des formes romanes à celles du style gothique ou ogival remarqué dans un grand nombre de monuments du xii.ᵉ siècle, qui a fait donner à cette époque le nom de période de transition, ce qui doit s'entendre surtout chez nous de la seconde moitié du xii.ᵉ siècle et du commencement du xiii.ᵉ

Il est probable que l'élévation considérable qu'on donnait dès lors aux édifices religieux conduisit à l'adoption de l'ogive et de tout

---

(1) On nomme arcade trilobée celle dont l'intérieur est divisé par trois arcs imitant une découpure en trèfle (Pl. III).

l'ensemble du style dont elle est le caractère et l'élément principal, comme plus en rapport avec ces proportions élancées que l'on adoptait partout, et qui semblaient aux architectes catholiques mieux répondre aux idées chrétiennes et au symbolisme de leur culte.

Dire maintenant à quelle époque précise le style ogival a prévalu et s'est établi comme système d'architecture, serait bien difficile; diverses opinions partagent les hommes les plus versés dans l'étude du moyen âge, et chacune est soutenue par des raisons qu'il n'est pas aisé de réfuter. Mais ce que l'on enseigne généralement, c'est que, dès le XIIe siècle, on construisit un bon nombre d'églises dans le style appelé depuis gothique, et que dans le siècle suivant ce style atteignit toute sa perfection. C'est là du moins le résultat des recherches consciencieuses faites au sujet d'un très-grand nombre de monuments, dont on est parvenu à constater la date positive par des documents historiques.

Cependant, comme il reste toujours de l'incertitude à cause de l'état d'enfance et d'imperfection où est encore la science archéologique, il faut se défier des assertions fondées uniquement sur l'inspection des monuments, et dans l'absence de preuves écrites et authentiques, il faut rester dans une certaine réserve quand il s'agit d'assigner une époque précise à un édifice de ce genre (1).

D'ailleurs, pour rapporter à une même époque tous les édifices du même style et présentant les mêmes caractères, il faudrait supposer que tous les architectes se sont entendus à la fois pour se conformer à un même système d'architecture, et opérer dans le même moment une immense révolution dans l'art de bâtir, ce qui n'est pas soutenable. Il faudrait de plus faire abstraction de toutes les raisons d'économie, d'habitude, de préjugé, de convenance qui pouvaient tantôt porter à l'adoption de la nouvelle école, tantôt à la continuation de l'ancienne. Il est vrai que nos anciennes chroniques, ainsi que tous les monuments historiques du temps, font mention d'un nombre considérable d'églises et de monastères reconstruits à cette époque où l'enthousiasme pour les croisades avait excité dans tous les esprits une nouvelle ardeur, un besoin irrésistible d'entreprendre de grandes choses, et de consacrer à l'honneur de la religion, non seu-

---

(1) Voyez le savant mémoire de M. l'abbé Delamare, vicaire général de Coutances, sur la cathédrale de cette ville; et la notice de la cathédrale de Saint-Malo.

lement la force des armes, mais toutes les ressources du génie. Alors on dut se passionner pour une invention architecturale et un genre de construction qui prêtait si bien à l'ardeur de l'imagination et aux conceptions grandioses du génie. Mais il fallut du temps néanmoins pour que le nouveau système fût connu dans toutes les provinces de l'Europe, et comme nous ignorons le centre d'où partit le premier élan et où se firent les premiers essais, il serait difficile de dire par conséquent les points qui reçurent la première impulsion, et où se firent les premiers efforts d'imitation.

Il faut encore observer que, dans beaucoup d'églises, on trouve des portions considérables qui ont été remaniées et reconstruites postérieurement à la fondation primitive, que des ornements d'une époque aussi plus récente ont été ajoutés, et que des parties inachevées dans le principe n'ont reçu leur perfection que long-temps après.

Enfin nous ferons remarquer qu'il ne serait pas toujours sûr de s'en rapporter à une date historique de la consécration d'une église, pour en inférer que cet édifice est de l'époque indiquée, parce que souvent il est arrivé que la consécration d'un temple s'est faite avant son entier achèvement.

Quoi qu'il en soit, nous allons indiquer dans le chapitre suivant les caractères et les transformations du style ogival comme nous avons fait du style roman. Nous diviserons de même en trois époques toute cette remarquable période de l'histoire de l'architecture au moyen âge, en nous conformant aux maîtres dont l'expérience et l'habileté nous ont dirigé jusqu'ici.

La première époque, dite *à lancettes*, s'étend environ de 1180 à 1300.

La seconde, appelée *rayonnante*, de 1300 à 1400.

La troisième, qu'on nomme *flamboyante*, de 1400 à 1550.

CHAPITRE IV.

DU STYLE OGIVAL PRIMITIF.

Depuis 1180 environ jusqu'à 1300.

Au commencement de cette époque, l'architecture nouvelle conserve encore quelque chose de la physionomie de l'ancienne. La sévérité et la simplicité romane n'ont pas encore complètement disparu, elles semblent même s'accroître par l'absence des ornements variés du genre byzantin qui cessèrent presque complètement vers la fin du XII.ᵉ siècle; et ce n'est que dans le cours du XIII.ᵉ que les constructions religieuses atteignent cette légèreté, cette élégance et ces heureuses proportions qui les font préférer à celles de toutes les autres époques.

Voici les caractères les plus saillants de cette architecture.

Forme des églises. Dans les grandes églises du XIII.ᵉ siècle, on remarque que le chœur est plus long que dans les siècles précédents; quelquefois il descend jusqu'à la naissance de la nef, mais le plus souvent il ne commence qu'au-delà des transepts.

Presque toujours il est bordé de chapelles (1) qui forment comme une couronne autour de la tête de la croix. On pense que les architectes, qui visaient à donner aux diverses parties de l'église une forme symbolique, voulurent ainsi représenter la couronne d'épines que portait Notre-Seigneur Jésus-Christ sur la croix.

Le même motif sert à expliquer une déviation souvent très-prononcée de l'axe du chœur par rapport à l'axe de la nef, ordinairement vers le nord. On a voulu, dit-on, figurer ainsi l'inclinaison de la tête du Sauveur mourant.

(1) V. les églises de Dol et de Redon.

Dans quelques grandes cathédrales, le pourtour du chœur, appelé *deambulatorium*, est double, et l'on peut circuler autour du sanctuaire par deux larges allées.

Souvent la chapelle terminale, placée derrière le rond point du chœur, est plus grande que les autres, et ordinairement elle est consacrée à la sainte Vierge, comme si on avait voulu représenter la Mère du Christ soutenant à son trépas la tête de son Fils. D'autres fois, comme à Dol, c'est au saint patron de l'église que cette chapelle est dédiée.

On ne garnissait pas encore de chapelles les bas côtés de la nef. Celles que l'on voit aujourd'hui dans des églises de cette époque n'ont été construites qu'au XIV.ᵉ siècle, ou même plus tard.

Au XIII.ᵉ siècle, comme précédemment, on trouve quelques églises, comme celle de Dol, mais surtout dans les campagnes, dont le chœur se termine par un mur droit percé d'une ou de plusieurs fenêtres, au lieu de prendre la forme sémi-circulaire. Alors, s'il existe des collatéraux, ils se terminent de la même manière par un chevet droit.

Enfin, quelques autres ont la forme absidale, mais au lieu d'être parfaitement circulaire, elle est à pans coupés. On en peut voir un exemple à l'église de Redon et à celle de La Guerche.

Appareils. Les pierres d'appareil employées au XIII.ᵉ siècle sont généralement plus grandes. On ne les disposa plus en *arête de poisson* ni en échiquier.

Contreforts et *arcs-boutants*. Les contreforts qui jusqu'ici sont peu saillants et se terminent à la naissance du toit, prennent désormais une plus grande importance et jouent un plus grand rôle dans l'ornementation et la consolidation des grands édifices. Ce sont de véritables piliers s'élargissant à la base et formant à différents étages des retraites marquées par un larmier, ou par un fronton triangulaire. Placés en saillie en dehors des bas côtés, ils portent des arcs-boutants qui vont buter les massifs sur lesquels portent les retombées des voûtes, et empêchent l'écartement. Souvent il y a deux rangs de ces arcs-boutants jetés avec une hardiesse prodigieuse entre les sommets des contreforts et le mur des grandes nefs (V. le chœur de Redon). Ordinairement les contreforts sont terminés par un clocheton de forme quadrangulaire ou octogone, ou bien par un fronton aigu soutenant un toit à double égout.

Les arcs-boutants servent encore de canaux

pour l'écoulement des eaux pluviales qui s'écoulent dans des espèces d'aqueducs pratiqués dans l'épaisseur de ces arcs et sont rejetées au-delà des murs par des conduits saillants que l'on nomme *gargouilles*.

Cette ceinture de piliers-butants qui entourent nos grandes églises, et dont les pinacles et clochetons en dominent les toits, leur donne un aspect original et en même temps gracieux qui surprend et étonne quand on n'y est pas accoutumé.

Ornements. « Une grande révolution s'opéra,
» dit M. de Caumont, au XIII.ᵉ siècle, dans
» l'ornementation architectonique : au lieu de
» palmettes, de feuilles grasses perlées, de
» galons plus ou moins riches, empruntés à la
» flore ou à la décoration orientale, on se mit
» au XIII.ᵉ siècle à imiter les végétaux indi-
» gènes : le sculpteur y trouva d'immenses
» ressources ; il reproduisit les types nouveaux
» avec une grande habileté, *et la flore murale*
» *du* XIII.ᵉ *siècle présente au monumentaliste*
» un intéressant sujet d'études. »

Parmi les feuillages qui décorent les chapiteaux et les murs des édifices religieux de cette époque, on remarque surtout les feuilles de *vigne*, de *chêne*, de *vigne sauvage* et de *rosier*. D'autres imitent plus ou moins des fleurs de *pensées*, le feuillage des *renoncules*, etc.

La feuille de *trèfle*, n.° 1 (1), est la plus commune et se reproduit dans mille et mille circonstances ; on en voit de deux espèces, à feuilles arrondies, et à feuilles lancéolées.

Les *quarte-feuilles*, n.° 2, aussi très-souvent employées, comme décorations des frises, des balustrades, etc., diffèrent des trèfles en ce qu'elles ont quatre lobes ou pétales au lieu de trois. On nomme *fleurons crucifères* les quarte-feuilles à pétales lancéolées, n.° 3.

Il faut distinguer des fleurons toujours sculptés en relief, les *rosaces* qui présentent un nombre indéterminé de lobes arrondis, mais évidés en creux, n.° 4. La nouvelle chapelle du séminaire de Rennes, *où l'on a mêlé des ornements gothiques au style grec, auquel elle appartient essentiellement*, en offre des exemples dans ses trois pignons.

Les *crochets*, n.° 5. On remarque fréquemment le long des frontons, sous les corniches et même autour des chapiteaux, un ornement appelé *crochet*, et qui a pour caractère, dans la première période du style ogival, d'être allongé et terminé par un épanouissement qui figure ou un petit fleuron, ou un enroulement

---

(1) V. la pl. IV selon les numéros

en forme de *crosse*, ce qui lui en a fait donner le nom par quelques archéologues.

Arcatures, n.º 6. On nomme ainsi une série d'arcades, ordinairement de petites dimensions, simulées ou à jour, employées déjà dans le style roman, et renouvelées, mais avec la forme ogivale, dans le style gothique.

Les *dais* surmontent le plus souvent les niches destinées à recevoir des statues, et forment des couronnements en saillie, ne tenant que d'un côté au mur qui les soutient. Ils présentent ordinairement de petits frontons aigus sur leurs différentes faces.

Balustrades ou *chéneaux*. Presque toujours les murs des bas côtés et des nefs sont couronnés de balustrades en pierre, qui ajoutent à la beauté de l'ensemble et dissimulent la naissance des toits. Elles servent en même temps de garde-fous, en sorte qu'on peut circuler autour de l'édifice sans courir le moindre danger. Ces balustrades règnent aussi à l'intérieur, au-dessus des grandes arcades. Quelquefois le faîtage lui-même est décoré, dans toute sa longueur, d'un ornement à peu près semblable. Des arcatures trilobées, des quartefeuilles, composent ordinairement ces sortes de galeries.

Dans les basiliques où l'on remarque trois

rangs de balustrades, le premier est au-dessus des chapelles, le second sur les bas côtés, et le troisième règne autour du grand comble.

Colonnes et *pilastres*. Un des caractères les plus saillants de l'architecture ogivale, est la légèreté et l'élévation prodigieuse des colonnes. Souvent elles s'élèvent d'un seul jet du pavé à la voûte, dont elles vont recevoir sur leurs élégants chapiteaux les arceaux et les nervures. Quelques-unes se détachent entièrement du pilastre qu'elles décorent, comme on peut le voir à la cathédrale de Dol, et se divisent par parties égales au moyen de renflements ou anneaux qui leur ont fait donner le nom de *colonnes annelées*, et qui dissimulent ce que leur grande élévation pourrait avoir de monotone et de disgracieux. Le plus souvent elles sont réunies en faisceau autour du pilier, et l'on en voit qui, au lieu d'être entièrement rondes, présentent une arête mousse ou aiguë très-prononcée (Nous n'en connaissons point dans le diocèse qui offrent cette particularité).

Cependant on voit aussi d'assez grosses colonnes cylindriques, surtout autour du chœur ou dans les doubles collatéraux. Dans ce dernier cas, on en trouve qui n'ont point de chapiteaux, mais qui laissent échapper du sommet de leur fût toutes les nervures de la voûte, qui s'étendent et se déploient comme les branches d'un palmier.

Dans les bas côtés, on voit de légères colonnes espacées le long des murs, et servant à supporter les retombées des voûtes.

Chapiteaux. Nous avons déjà remarqué quels furent les ornements choisis par les architectes de cette époque pour la décoration des chapiteaux ; presque toujours ce sont des feuilles à crochets, souvent disposées sur plusieurs rangs, ou des imitations plus ou moins heureuses de la végétation indigène. Mais ce qui est remarquable, c'est que toujours ces sculptures sont profondément fouillées et d'un relief très-prononcé.

Quelquefois une seule corbeille couronne tout un faisceau de colonnettes groupées autour d'un pilier, et cette disposition, que nous avons surtout remarquée à l'église si curieuse de Saint-Suliac, ne manque ni de grâce ni d'originalité.

Les colonnes d'un petit diamètre ont, pour l'ordinaire, un chapiteau très-caractéristique : il est garni d'un seul rang de feuilles qui se terminent en formant quatre volutes au sommet de la corbeille (V. une fenêtre de la tour de Saint-Méen).

Bases des colonnes. On voit encore des bases de colonnes munies, comme au xii.ᵉ siècle, de feuilles ou appendices qui les rattachent au piédestal. Très-ordinairement le tore inférieur est très-évasé par rapport au tore supérieur, et la gorge ou scotie qui les sépare est creusée de sorte qu'elle forme un petit canal circulaire dans lequel l'eau pourrait séjourner. Les piédestaux sont souvent peu élevés.

Fenêtres. Les fenêtres de la première époque ogivale sont appelées *lancettes*, n.° 7, parce que généralement elles sont étroites et allongées, et ressemblent assez à un fer de lance. Souvent elles sont réunies deux à deux dans une plus grande arcade, et alors on les nomme *géminées*. Dans ce cas, l'espace qui reste entre les deux lancettes et le sommet de la grande arcade est rempli par une ouverture en œil-de-bœuf ou rosace, qui est comme le complément de ce gracieux arrangement.

Assez ordinairement l'intérieur de la fenêtre offre des voussures cannelées, soutenues par des colonnes appliquées sur les parois des ouvertures.

Dans le cours du xiii.ᵉ siècle, les fenêtres commencent à s'élargir; alors elles se divisent au moyen de meneaux qui se terminent à la hauteur de la naissance de l'arcade, et le sommet ou tympan de l'ogive est rempli par plusieurs rosaces à quatre ou cinq feuilles (V. les fenêtres de Dol).

Roses. On a donné le nom de rose à une baie (1) arrondie, de plus grande dimension que les rosaces, et qui sert de fenêtre dans les pignons. Au XIII.ᵉ siècle, elles se composent assez souvent de compartiments en forme d'arcades trilobées, ou de rosaces en trèfles et quarte-feuilles (V. à l'Atlas l'église de Paimpont).

Galeries. Dans toutes les grandes églises de cette époque, il existe des galeries à l'intérieur, au moyen desquelles on peut circuler quelquefois à deux étages différents. La première, que nous avons appelée *triforium*, est presque toujours obscure au XIII.ᵉ siècle, c'est-à-dire sans ouvertures extérieures. C'est surtout au pourtour du chœur que ces galeries sont plus élégantes et plus ornées. La seconde est à la hauteur du *clerestory*, mais elle est plus étroite et sans balustrades.

On voit aussi des galeries extérieures, surtout à la base du fronton triangulaire qui supporte le toit, et au-dessus des fenêtres et des

---

(1) On appèle *baies* toutes les ouvertures pratiquées dans le plein des murs, comme les portes, les fenêtres, etc.

roses qui occupent le centre des façades. Elles forment une colonnade supportant des arcatures, et dans les entre-colonnements on a placé le plus souvent des statues de grandes proportions.

Portes. Les portes les plus simples sont ornées de voussures composées de tores et de gorges profondes, et soutenues par deux ou trois colonnes appliquées sur les parois latérales. Le tympan peut être orné d'un bas-relief ou d'une statue (On peut voir une porte de ce genre à l'abbaye de Montfort, quoiqu'elle nous semble appartenir plutôt au xive siècle qu'au xiiie. Les colonnettes groupées qui reçoivent sur leurs chapiteaux les moulures des voussures sont d'une délicatesse et d'un fini très-remarquables).

Quelquefois une porte se divise en deux au moyen d'un pilastre et d'une colonne servant de piédestal à une statue, et chaque ouverture se termine souvent à son amortissement par un arc trilobé (V. à l'Atlas le charmant porche de Saint-Suliac).

Lorsque le bas-relief surmontant une porte ainsi divisée représentait le jugement dernier, on ne manquait pas de se rappeler le partage des justes et des pécheurs, dont les uns doivent passer à la droite, les autres à la gauche du souverain juge, et l'on préférait toujours entrer à l'église par l'ouverture de droite.

Dans les grandes églises, la façade de l'ouest présente toujours trois portes, deux moins grandes, sous les tours, et une principale au milieu. C'est là qu'on semble avoir réuni toutes les ressources et toutes les richesses de la sculpture; les bas-reliefs représentant à peu près les mêmes sujets qu'au siècle précédent, les médaillons contenant les douze signes du zodiaque, les grandes et petites statues représentant les anges, les patriarches, les apôtres, les martyrs, les vierges, les papes, les évêques, les empereurs et les rois; toutes les grandeurs du ciel et de la terre sont là au portique de nos temples pour rappeler la grandeur du Dieu qui les habite. Il faut des jours entiers pour considérer toutes ces séries de saints et illustres personnages placés au milieu d'une profusion d'ornements variés à l'infini, et dont l'ensemble étonne par sa splendeur et sa magnificence autant qu'il confond l'imagination par la multiplicité de ses détails. Malheureusement nous ne pouvons citer rien de semblable dans notre pays, où la dureté de notre pierre s'est toujours refusée aux caprices et aux conceptions des artistes.

Les portes latérales sont presque toujours

placées à l'extrémité des transepts, et la plupart du temps ce sont ces portes que l'on a abritées et décorées de porches quelquefois plus riches et plus brillants que le portail principal lui-même.

Bas-reliefs et *statues*. Nous avons indiqué déjà les principaux sujets sculptés sur les monuments religieux de la première époque ogivale; nous ajouterons seulement quelques passages du savant M. de Caumont, pour en faire connaître le caractère et le mérite de leur exécution.

« La statuaire, dit-il, fit de grands progrès
» à partir de la fin du XII.ᵉ siècle; on remar-
» que dès la première moitié du XIII.ᵉ, de la
» souplesse et du mouvement dans les poses,
» de l'expression dans les figures.......

» Les statues du XIII.ᵉ siècle, et principale-
» ment celles qui ornent les parois des portes
» et les façades des églises, et qui sont de
» grandeur naturelle, peuvent donner lieu à
» une multitude d'observations importantes
» sur les costumes religieux, civils et militaires
» de l'époque. Si quelques-unes ont encore
» trop peu de vie et de mouvement, il faut
» convenir qu'on en trouve aussi de drapées
» avec beaucoup d'élégance et de hardiesse,
» qui décèlent un talent déjà perfectionné chez
» les artistes.

» D'ailleurs, comme on l'a dit avec rai-
» son (1), *la beauté chrétienne n'est pas la beauté*
» *païenne. Le développement des épaules et de la*
» *poitrine, ces signes caractéristiques de la force*
» *dans le sens le plus physique, ne sont pas les*
» *attributs des saints; et qui n'a étudié que la*
» *statuaire antique, n'est pas suffisamment pré-*
» *paré pour comprendre la statuaire du moyen*
» *âge. Dans la statuaire de l'antiquité, les sens*
» *parlent aux sens; dans la sculpture moderne,*
» *c'est un dialogue pour ainsi dire, entre les*
» *sens et l'esprit : la statuaire grecque produit*
» *en nous un sentiment très-pur, le sentiment*
» *du beau, mais du beau physique; la statuaire*
» *chrétienne développe le sentiment du beau phy-*
» *sique et du beau moral, et plutôt le dernier*
» *que le premier* ».

Voûtes. Les voûtes du XIII.ᵉ siècle sont construites dans le même système que les précédentes, sauf la forme des arcs qui sont disposés en ogives au lieu d'être en plein cintre. Les arceaux qui les divisent en portions carrées et ceux qui traversent diagonalement chaque carré viennent se réunir au niveau de l'entablement qui supporte les grandes fenêtres du clorestory, et s'appuient contre les

---

(1) M. Charles Magnan.

massifs qui séparent ces fenêtres ; en sorte que chacune d'elles se trouve encadrée entre les retombées de chaque portion de voûte.

Les voûtes de cette époque sont généralement construites en espèce de blocage ou de petites pierres d'inégale grandeur noyées dans un solide mortier. Celles de la cathédrale de Dol sont presque entièrement faites avec du calcaire marin très-léger; elles n'ont guère que dix ou douze centimètres d'épaisseur.

Les arceaux seuls sont en pierres de taille; ils sont ornés de moulures arrondies, et les clefs de voûtes présentent des fleurons composés de feuillages dans le genre de ceux des chapiteaux.

Tours. Au XIIIe siècle, les tours de forme carrée sont percées de fenêtres longues et étroites, et ornées de fausses arcades trilobées soutenues de colonnes légèrement engagées. Le plus souvent ces tours sont couronnées par des flèches octogones flanquées à leur base de quatre clochetons. Nous pouvons citer pour exemple la belle tour située en avant de l'église de Redon.

Comme au siècle précédent, on plaça ordinairement deux tours à la façade occidentale, et une troisième sur le point central de la croix. Celle-ci est ouverte par de nombreuses baies qui déversent une abondante lumière dont les rayons n'ont rien que de mystérieux et de religieux, attendu qu'ils partent d'une grande élévation et se répandent avec une merveilleuse douceur dans les vastes contours de l'édifice. En outre de ces trois principales tours on en remarque de moins considérables aux deux côtés des entrées latérales, et quelquefois à la naissance de la courbure du sanctuaire; c'est du moins ce qui a lieu dans plusieurs de nos grandes cathédrales. Toutes ces pyramides qui s'élèvent au-dessus des clochetons, des tourelles et des grandes tours contribuent à donner à tout le monument ce caractère d'élancement qui est propre au style ogival primitif.

Enfin, comme caractère général de l'architecture qui nous occupe dans ce chapitre, nous signalerons la rondeur et le relief prononcé de ses moulures; ce qui les distingue aux regards des personnes tant soit peu exercées des moulures prismatiques ou anguleuses et maigres des époques qui vont suivre.

(V. nos églises du XIIIe siècle, 3.e partie.)

CHAPITRE V.

SECONDE ÉPOQUE DU STYLE OGIVAL, DITE RAYONNANTE.

De 1400 à 1500.

Dès la fin du XIII.ᵉ siècle, l'architecture catholique, inspirée par ce génie puissant de la foi qui enfanta tant de merveilles à cette grande époque, et qui produisit tant d'hommes remarquables dans tous les genres, avait déjà atteint son apogée. Jamais depuis on ne fit rien de plus grandiose et, à la fois, rien de plus gracieux. Au XIV.ᵉ, on ajouta à l'ornementation, on développa différentes parties des basiliques, on vainquit de nouvelles difficultés; mais le caractère grave et religieux, l'heureuse harmonie des proportions, et ce cachet d'originalité qui décèle la pensée neuve et hardie des premiers maîtres, des inventeurs de l'art, tout cela commence à s'effacer, et l'on s'aperçoit que les artistes de cette seconde période, désespérant de mieux faire que leurs prédécesseurs, s'attachent uniquement à reproduire leurs œuvres, tout en leur donnant un air de nouveauté, en y ajoutant quelque chose de leur fonds, et en s'efforçant enfin d'inventer aussi eux quelque chose qui leur soit propre.

Ainsi en est-il de toutes les œuvres de l'homme; il y a une époque, un terme au-delà duquel il ne lui est pas donné de se soutenir. Une fois arrivé à une certaine élévation, il faut qu'il commence à descendre; et après avoir jeté un certain éclat, il faut que son génie commence à pâlir, et quelquefois jusqu'à s'éclipser entièrement.

Ce n'est pas que le XIVe siècle n'ait produit, comme le précédent, de magnifiques édifices religieux; on en cite qui n'ont ni moins de grandeur, ni moins de grâce que les premiers; mais on peut dire que généralement il n'en est pas ainsi, et que s'il y a des monuments de cette époque comparables à ceux de la précédente, c'est parce qu'on s'est conformé aux règles primitives, et que, plus on s'en est rapproché, mieux on a réussi.

Aussi, les modifications introduites dans le cours de cette seconde époque, ne sont pas toujours tellement sensibles qu'on puisse du premier coup d'œil, et sans une grande habitude d'observation, distinguer une construction du XIVe siècle de celles du XIIIe; il y a même souvent tant de rapport entre les caractères de ces deux siècles, qu'il est difficile de ne pas les confondre. Il faut donc encore ici savoir douter quelquefois, et n'émettre un jugement qu'après un examen détaillé, réfléchi et minutieux.

Les indications suivantes aideront à faire cet examen judicieux et à porter un jugement plus sûr; et, après les avoir tracées, nous ferons remarquer, par un exemple particulier à notre pays, comment, avec la connaissance même de ces modifications caractéristiques, on peut encore rester dans l'incertitude, lorsque des données historiques ne viennent pas confirmer l'opinion qu'on croirait devoir adopter tout d'abord. Ce ne sont pas ceux qui savent le plus qui doutent le moins, mais ceux qui, avec une légère teinture de science dont ils sont fiers de faire l'application, n'ont pas assez de modestie pour croire qu'ils puissent se tromper.

Voici les caractères propres au xiv.ᵉ siècle, mais dont quelques-uns, que nous indiquerons à mesure, se trouvent dans quelques édifices de la fin du xiii.ᵉ

Nous avons vu précédemment que, dans la première période ogivale, on entoura le sanctuaire d'une couronne de chapelles, et que déjà celle qui tenait le milieu de l'hémicycle avait quelquefois plus de développement que les autres ; cette dernière observation s'applique particulièrement au siècle que nous étudions, et dans plusieurs endroits on a reconstruit à cette époque, dans de plus grandes dimensions, cette chapelle absidale déjà existante. De plus, on ajouta également aux bas côtés de la nef un rang de chapelles faisant suite à celles du chœur. On en trouve un exemple, quoique dans un style bien différent, à la nouvelle cathédrale de Rennes, en observant encore que, dans cette église, le chœur en est dépourvu.

Ces chapelles furent généralement construites par des particuliers riches, comme *ex voto*, ou pour servir de sépulture à leurs familles, ou bien par des confréries et des corporations. Souvent des inscriptions, gravées sur les murs ou écrites sur les vitraux de ces chapelles, en indiquent l'origine.

Dans ces temps de foi et d'enthousiasme religieux, on réparait de grands crimes par de grandes aumônes, par des constructions pieuses ; et pour des indulgences moins abondantes peut-être qu'aujourd'hui, on contribuait, de sa fortune et de son travail, à l'achèvement et à la décoration des églises et des monastères. On connaît ces compagnies d'ouvriers qui, sous les noms de *logeurs du bon Dieu* et de *francs-maçons*, allaient de villes en villes travailler aux cathédrales et aux abbayes. Alors on visait bien moins à se faire une fortune qu'à expier ses fautes, et à contribuer à la gloire de la religion; on ne *faisait pas du métier*, mais de l'art, et de l'art religieux. Les architectes s'appelaient modestement maîtres maçons, et les maîtres charpentiers étaient d'habiles sculpteurs en bois. On ne tenait pas à voir la fin d'une entreprise pour en jouir, on se contentait d'y avoir contribué pour quelque chose, et on laissait à la postérité le soin de juger l'œuvre et de l'apprécier.

Mais de ce que plusieurs églises sont ainsi garnies de chapelles le long des nefs collatérales, il ne faut pas toujours en conclure qu'elles appartiennent tout entières au xiv.ᵉ siècle; très-souvent ces chapelles ont été construites en sous-œuvre et ajoutées à une église du xiii.ᵉ

Par suite de l'élargissement considérable que l'on donna aux grandes fenêtres de la nef, il fut nécessaire de soutenir plus que jamais des murs qui devinrent réellement à jour. Alors on multiplia les arcs-boutants qui partent des contreforts et viennent fortifier les massifs, entre les fenêtres, où se fait la poussée des voûtes. On peut voir, par exemple, au chœur de Redon, que le même contrefort sert de support à deux arcs superposés. De plus, pour consolider les contreforts eux-mêmes, on les couronna de clochetons plus élevés, ou d'aiguilles reposant sur des bases carrées ou octogones, et on revêtit les angles des ces aiguilles de crochets qui leur donnent plus d'élégance.

Ces crochets, encore rares au XIIIe siècle, se multiplient et se resserrent le long des arêtes des clochetons et des pinacles ; ils se changent même en feuillages recourbés et en épanouissements végétaux d'une grande richesse. Le sommet des pinacles et des frontons de couronnement est décoré d'un fleuron qui s'épanouit en forme de croix.

Le plein des murs est plus souvent décoré d'arcatures subdivisées au moyen de minces colonnettes ou de légers meneaux, et le sommet ou tympan se décore de trèfles gravés en creux ou figurés par des tores peu saillants, ou bien encore de quatre-feuilles inscrits dans un cercle.

Nous avons déjà indiqué l'élargissement des fenêtres du *clerestory* ; c'est en effet à cette époque qu'elles cessent d'être élancées et à *lancettes*, pour devenir plus larges et se décorer de compartiments en forme de trèfles, de quatre-feuilles et de rosaces polylobées. Déjà à la fin du siècle précédent, on trouve de ces grandes et larges fenêtres, mais seulement dans les grands pignons des transepts ou du chevet quand il se termine par un mur droit, comme nous le voyons à Dol. C'est de cette ornementation des fenêtres qu'est venu le nom de *rayonnant* donné au style de cette époque.

Le *triforium* qui, presque toujours, au XIII.e siècle, était une galerie obscure, devient transparent au XIV.e, au moyen de fenêtres correspondant aux arcatures de la galerie.

Les *roses* prennent un plus grand diamètre, et s'enrichissent, comme les fenêtres, d'un plus grand nombre de compartiments dessinés à peu près de la même manière.

Peu de changements se remarquent dans l'ornementation des portes; ce qui paraît plus caractéristique, c'est que le fronton qui les couronne est souvent découpé à jour au lieu d'être plein. Les sujets traités dans les bas-reliefs et les grandes statues sont les mêmes, avec cette différence toutefois qu'en multipliant les personnages, on a été obligé de les réduire à de plus minces proportions, et que, pour soigner plus les détails, on a nui à l'effet général.

Ce manque d'effet se remarque aussi dans toutes les moulures, qui sont ordinairement moins fouillées, moins arrondies, et où l'on n'a pas observé l'opposition des creux et des reliefs qui donnent tant de franchise et de précision aux lignes. On ne trouve plus à la base des colonnes cette profonde scotie qui sépare les deux tores d'une manière si originale et si caractérisée, mais le second tore s'élève au-dessus du premier, et fait pressentir la forme que nous verrons dans le siècle suivant.

Les galeries sont bordées de chéneaux ou balustrades plus compliqués; au lieu de petites arcades en ogives, ou de trèfles et quatre-feuilles formés d'un simple tore, ce sont des quatre-feuilles encadrés dans des cercles plus ou moins multipliés.

Les tours sont presque toujours couronnées d'une balustrade qui entoure la base de la pyramide. Celle-ci prend également un caractère particulier qu'on ne trouve pas au XIII.ᵉ siècle; au lieu d'imbrications et de tuiles festonnées que l'on s'était contenté d'imiter sur ses parois, on y creuse des ouvertures en trèfles, en rosaces, en croix, etc., et l'on garnit de crochets les angles de ce toit devenu à jour.

Telles sont les modifications principales qui distinguent les monuments de la seconde époque ogivale de ceux de la première.

Faisons-en l'application au chœur et à la tour gothique de Redon, nous verrons qu'elles ne suffisent pas pour nous en indiquer la date précise. Nous ignorons si quelque acte ancien mentionne l'époque de ces deux monuments remarquables; mais jusqu'ici nous n'avons pu rien découvrir de positif à ce sujet; nous sommes donc réduits à étudier les caractères que présentent ces constructions et à les comparer à ceux des diverses époques ogivales, pour pouvoir les attribuer à l'une d'elles. Or, nous trouvons tout d'abord un *triforium* transparent, et par suite plusieurs arcs partant des contreforts, pour butter les murs à deux étages différents. Voilà bien des caractères propres au xiv.ᵉ siècle; mais une extrême simplicité règne dans tout l'ensemble, on ne voit pas un chapiteau orné, même des feuillages du style primitif, les moulures sont franches et arrondies, les contreforts sont aussi simples que possible, les fenêtres sont assez étroites, et la chapelle du chevet n'est pas dans des proportions beaucoup plus grandes que les autres, si même elle est plus spacieuse. Dirons-nous donc que le chœur de l'église de Redon est du xiii.ᵉ siècle, ou bien affirmerons-nous qu'il doit être reporté au xiv.ᵉ? Il est évident qu'il serait plus sûr de le placer entre les deux, sans décider la question d'une manière absolue.

De même la tour (celle qui est située en avant de l'église) porte à sa plate-forme une balustrade qui rappèle le xiv.ᵉ siècle, et les arcades et arcatures polylobées qui ornent ses faces latérales, ont bien quelque chose de la manière de ce siècle; mais le toit pyramidal n'est point percé de ces ouvertures que nous venons de décrire, et si les angles portent quelques vestiges de crochets, ces crochets ressemblent à ceux du premier style. La même incertitude existe donc pour la tour que pour le chœur. C'est pour cela que des hommes très-habiles et très-expérimentés ont exprimé des opinions différentes au sujet de ces deux parties de l'église de Redon.

Le petit nombre d'édifices remarquables de notre diocèse, et le défaut d'ornements qu'on remarque presque partout, nous met dans l'impossibilité de citer d'autres exemples du style secondaire pendant la période ogivale. Il paraît que généralement en Bretagne le style primitif s'est continué plus long-temps qu'ailleurs, et que l'on a passé presque subitement des formes adoptées au xiii.ᵉ siècle à celles du xv.ᵉ Nous indiquerons, dans la troisième partie, ce que, dans quelques églises, nous croyons pouvoir attribuer au xiv.ᵉ siècle.

CHAPITRE VI.

TROISIÈME ÉPOQUE DU STYLE OGIVAL, DITE FLAMBOYANTE.

De 1400 à 1550.

Si les modifications apportées au style ogival vers le xiv.ᵉ siècle sont déjà sensibles, celles qui suivirent au xv.ᵉ et au xvi.ᵉ sont évidentes, et il suffit d'avoir des yeux pour les remarquer.

Un des caractères les plus distinctifs de cette troisième époque, et qui lui a fait donner la qualification de *flamboyante*, c'est l'ornementation adoptée pour les fenêtres et pour le sommet des arcades simulées imitant les fenêtres. Ce ne sont plus des compartiments circulaires et rayonnants, mais des nervures contournées en sens divers, et dessinant des flammes ou des cœurs allongés. Les roses de cette époque, si riches, si délicates et si admirablement découpées, reproduisent les mêmes figures dans leurs ravissantes broderies. Les frontons élancés et à jour qui surmontent les portes et se détachent sur les façades sont également évidés dans le même système, qui est réellement celui de l'ornementation de l'époque.

Deux nouvelles formes d'arcades parurent aussi au xv.ᵉ et au xvi.ᶜ siècle (V. pl. IV). C'est d'abord l'arcade à contre-courbure formée de deux arcs convexes placés au-dessous de la ligne des centres, et reprenant presque toujours dans le bas la courbure ordinaire. Le plus souvent cette sorte d'arcade, qui se termine par une pointe très-aiguë, sert de fronton à des portes peu élevées, dont l'amortissement est formé par un arc très-surbaissé. Ensuite l'arcade en accolade ou à talon, composée de quatre arcs, dont deux supérieurs sont à contre-courbures, comme les précédents, mais moins élevés, et les inférieurs à courbures ordinaires. Beaucoup de portes basses et des fenêtres d'édifices civils sont terminées de cette manière au xv.ᵉ et au xvi.ᶜ siècle.

« Une autre baie du xv.ᵉ siècle (instructions
» du comité historique des arts et monuments),
» beaucoup plus fréquente en Angleterre qu'en
» France, est la fenêtre perpendiculaire à
» meneaux purement verticaux jusqu'à leur
» sommet, ou s'y croisant par de simples bi-
» furcations parallèles au contour de l'arcade
» qui, dans ce cas, prend une coupe moins
» surbaissée. » (V. pour cette seconde forme, les fenêtres de l'église de S.-Méen, côté nord.)

Nous trouvons dans nos églises du commencement du xvi.ᵉ siècle des fenêtres dont les nervures dessinent non seulement des cœurs allongés et des flammes, mais des étoiles, des fleurs de lis, des hermines, etc., par exemple, à la chapelle de l'hôpital de Vitré, à l'église de Bais, etc.

Les voussures des portes avaient été quelquefois ornées dans les deux siècles précédents de festons, comme on en peut voir à la façade de la chapelle des Missionnaires de Rennes ; mais dans la dernière période ogivale, ils deviennent très-fréquents, et sont plus compliqués et plus riches.

Les pétales des trèfles et des quatre-feuilles sont désormais terminés par une pointe aiguë plus que mousse.

Les crochets sont toujours composés de feuillages très-épanouis ; ce ne sont plus des feuilles simplement recourbées et plus ou moins découpées, mais ordinairement ce sont des feuilles de chardon, de choux frisés, ou autres expansions végétales, affectant souvent la forme de têtes de dauphins.

Les fenêtres des bas côtés, ainsi que les arcades simulées, sont presque toujours surmontées d'un fronton pyramidal garni de crochets, et se terminant par un bouquet de feuillages frisés ou une croix fleuronnée.

Les contreforts, les pilastres, les portes s'enrichissent de plus en plus de niches, de statuettes, de pinacles découpés, de panneaux à jour, d'arcatures en applications, d'une foule de détails sculptés avec une délicatesse, un soin, une grâce merveilleuse; mais il faut convenir que tous ces détails, toute cette florissante végétation, toute cette ornementation vraiment luxuriante annoncent la décadence de l'art, et sont loin de valoir la pureté des lignes, la sévérité du genre, et la grandeur d'ensemble qu'on admire dans le XIII.ᵉ siècle.

La statuaire n'a pas beaucoup gagné non plus, quoiqu'elle ait beaucoup produit. « Un » assez grand nombre de statues, dit M. de » Caumont, ont été sculptées au XV.ᵉ siècle ; » quelques-unes ne sont pas sans mérite, mais » on remarque dans beaucoup d'autres de » l'incorrection dans le dessin, un travail pré- » tentieux, des draperies contournées, etc. »

On rencontre très-souvent dans notre pays, en bas-relief et surtout sur les vitraux, la représentation de la Trinité ainsi figurée : le Père éternel assis, vêtu en pape, et portant la tiare ou une couronne d'empereur, tient son fils en croix entre ses genoux; le Saint-Esprit est sur sa poitrine, en forme de colombe, ou semble sortir de sa bouche.

Beaucoup de petits bas-reliefs en albâtre furent sculptés pour la décoration des autels. Ils sont généralement peu remarquables sous le rapport du dessin, mais la forme des costumes et certains types symboliques qu'on y retrouve ne sont pas sans intérêt. A l'église de Nouvoitou, on peut voir encore un de ces retables d'autel décoré de la sorte (V. la notice sur cette église).

Un moyen assez sûr de distinguer encore les édifices de la troisième époque gothique, c'est la manière dont les contreforts sont placés aux extrémités des constructions : au lieu d'être parallèles aux murs, ce qui obligeait d'en mettre un de chaque côté des angles, ils sont disposés de manière à faire face aux angles qui s'introduisent et disparaissent dans l'épaisseur des contreforts. C'est ce qu'on peut observer à tous les pignons de nos églises de la fin du xv.ᵉ siècle et du xvi.ᵉ

On remarquera aussi que les colonnes groupées deviennent d'une extrême finesse. Souvent, au lieu d'être rondes, elles affectent la forme elliptique, et, sur la partie antérieure, elles présentent une arête mousse tellement aplatie, qu'elle ressemble à un large filet appliqué du haut au bas de la colonne. On en verra de nombreux exemples aux portails de

Notre-Dame de Vitré, de Saint-Yves de Rennes, de Saint-Germain de Rennes, ainsi qu'à l'intérieur de cette dernière église, et en mille autres endroits. Les bases des colonnes ont cela de particulier, que les deux tores qui les composent s'écartent considérablement l'un de l'autre, et ne sont reliés entre eux que par une espèce de doucine très-allongée. Quelquefois des nervures prismatiques les remplacent. Les piédestaux s'allongent également, et présentent en avant un angle au lieu d'un côté du carré. Les chapiteaux sont très-souvent ornés de feuillages frisés disposés de manière à former deux bouquets superposés l'un à l'autre. Souvent aussi, au xvi.ᵉ siècle, au lieu de colonnes groupées autour des piliers, ce ne sont plus que de simples moulures prismatiques ou anguleuses, qui s'élèvent de la base jusqu'aux arceaux de la voûte.

Les tours participent à la confusion comme à la richesse de décoration des autres parties des édifices. On en voit encore de carrées, mais sans flèches, d'autres sont octogones et se terminent par une espèce de couronne souvent très-riche et très-élégante.

Les arceaux des voûtes se multiplient et se croisent surtout au xvi.ᵉ siècle d'une manière plutôt confuse que gracieuse. Ils sont alors chargés de festons et de découpures les plus riches, qui pendent en-dessous des nervures, comme ces plantes parasites et grimpantes qui tapissent les voûtes naturelles de nos rochers. Des culs-de-lampe ou pendentifs décorent les clefs de voûtes de la même manière, et il y a tant de naturel dans les contours que forment les guirlandes et les feuillages, tant de légèreté et de symétrie dans l'arrangement des divers ornements, tant de souplesse et de vie dans les petites figures d'hommes et d'animaux qui parfois se mêlent aux fleurs, aux fruits, aux rinceaux, qu'on ne s'explique pas combien il a fallu de patience, d'imagination, de talent et de travail pour produire une ornementation si variée, si riche et si prodigieusement étendue.

Les modillons qui soutiennent les toits et couronnent les murs forment souvent une suite d'arcatures trilobées et en forme de machicoulis (V. à l'Atlas, pl. XXI, l'église des Iffs). Les gargouilles et les espèces de consoles qui leur servent de point d'appui, sont, le plus souvent, des figures de monstres, dont la gueule béante vomit les eaux qui s'écoulent de la toiture. On en voit qui sont de véritables caricatures, quelquefois très-injurieuses, aux moines particulièrement. Souvent l'esprit qui régnait alors s'est peint de la sorte sans pudeur et sans ménagements (V. l'église de Moutiers et celle de Saint-Sulpice de Fougères).

Parmi les figures d'animaux qui se trouvent dans l'ornementation du XVI.ᵉ siècle, et particulièrement aux extrémités des guirlandes de vignes formant archivolte autour des portes, la salamandre peut indiquer les édifices construits sous François Iᵉʳ. Ce prince avait pris cet animal pour emblême, avec la légende *nutrisco et extinguo*. De même, les portes en arcs surbaissés, qu'on nomme aussi arcs Tudors, parce qu'ils ont été usités en Angleterre sous le règne des princes de ce nom, caractérisent l'époque du règne de Louis XII.

Nous terminerons ce chapitre par une appréciation du style ogival tertiaire, que nous trouvons dans le cours d'antiquités monumentales de M. de Caumont, et qui nous paraît pleine de justesse et de vérité :

« L'infériorité du style ogival tertiaire, com-
» paré au primitif et au secondaire, ne me
» paraît pas douteuse.

» Cette profusion de découpures, de feuil-
» lages, de crochets, ces feuilles frisées, dé-
» chiquetées, contournées, placées en guise
» de panaches autour des fenêtres, des portes,
» des frontons, contrastent parfois d'une ma-
» nière peu agréable avec les maigres filets

» qui remplacent si souvent les colonnes élé-
» gantes et légères des XIII.ᵉ et XIV.ᵉ siècles.

» Les nervures prismatiques des voussoirs
» sont aussi moins agréables que les tores ar-
» rondis et séparés les uns des autres par des
» cannelures profondes.

» La peinture polychrome continua d'être
» employée, au XV.ᵉ siècle, à la décoration de
» certaines parties des églises; la magnifique
» basilique de Saint-Bertin de Saint-Omer,
» aujourd'hui détruite, avait ses murs latéraux
» couverts de fresques dont l'éclat devait riva-
» liser avec celui des vitraux.

» Néanmoins, au point de vue architecto-
» nique, les décorations polychromes du XV.ᵉ
» siècle me paraissent évidemment inférieures
» à celles des XIII.ᵉ et XIV.ᵉ siècles.

» Enfin les églises du XV.ᵉ siècle sont pres-
» que toutes moins grandes et moins élevées
» que celles du XIV.ᵉ, et cette profusion de pi-
» nacles et de figures pyramidales qui les dé-
» corent, ne peuvent dissimuler entièrement
» leur défaut d'élévation.

» Je ne nie pas toutefois que le style ogival
» de la troisième époque n'offre de grandes
» beautés, et je connais des monuments d'une
» rare élégance et d'une exécution admirable,
» qui appartiennent tout entiers à ce style.

» Mais, je le répète, l'architecture du xiv.e
» siècle, et surtout celle de la fin du xiii.e, est
» bien plus pure, elle me paraît bien préfé-
» rable. »

CHAPITRE VII.

DU STYLE DE LA RENAISSANCE.

Le xvi.e siècle, époque de révolution litté-raire, politique et surtout religieuse, fut aussi marqué par une révolution dans l'architecture. A force de remanier, de décorer, d'enrichir surabondamment le style gothique, on l'avait rendu méconnaissable, on l'avait rapetissé; son caractère de simplicité, d'élévation, de grace et de pureté, avait disparu pour faire place à l'affectation, à la coquetterie et au luxe d'une ornementation exagérée. En un mot, on avait abusé des ressources que pré-sentait cette magnifique conception d'un siècle de foi et de génie, et comme l'abus produit toujours le dégoût, on sentit le besoin d'une réforme. Au moins cette réforme dans les arts ne pouvait pas avoir de si fatales conséquences que dans un autre ordre de choses, quoiqu'elle fût à sa manière une apostasie non moins blâ-mable.

Comme l'étude des auteurs grecs et latins avait fait répudier les productions littéraires du moyen âge, que dès lors on appela un temps de barbarie, de même la découverte de manuscrits anciens sur l'architecture de Rome et d'Athènes, ramena le goût de l'art antique, et fit oublier tout ce que le génie chrétien avait inventé à l'époque de sa plus grande activité et de sa puissance. L'architecte, le statuaire, le décorateur allèrent puiser leurs inspirations dans les temples de l'antiquité païenne, dont on releva soigneusement les ruines, et dont on rassembla les débris pour en composer de riches musées, où nos artistes pussent aller retremper leur talent comme à la source unique du beau.

Mais il s'en suivit que les traditions catholiques furent interrompues, les symboles chrétiens furent ou négligés ou travestis. A force d'étudier les monuments païens, les statues des dieux et des déesses, les motifs d'ornementation fournis par l'imagination des poètes et les riantes peintures de la fable, on les reproduisit partout, même dans le lieu saint, et les temples chrétiens se virent ainsi profanés par des images qui ne convenaient qu'aux mystères du polythéisme. Les anges parurent dans toute la nudité des génies antiques, les vierges perdirent l'expression de pudeur et de simplicité naturelle qui leur avait été si précieusement conservée par les artistes du moyen âge; les apôtres et les docteurs ressemblèrent aux philosophes de la Grèce, et Jésus-Christ à Jupiter olympien.

Sur les tombeaux des personnages illustres, on figura leurs cadavres dans toute la vérité anatomique, mais avec si peu d'égards pour les convenances, qu'on ne peut s'empêcher de blâmer sévèrement ces nudités qui contrastent d'une manière si frappante avec les anciennes représentations de nos vieux chevaliers, de nos princes et de nos reines, toujours drapés avec une admirable modestie et dans une pose toujours chrétienne.

Il est vrai que ces défauts ne sont pas partout aussi criants, et que, dans plusieurs œuvres de cette époque, on trouve encore les types chrétiens et le caractère religieux, mais dans la plupart on les chercherait vainement.

Il faut avouer aussi que c'est alors que reparaissent la rectitude des lignes, la pureté du dessin et la grâce des poses; mais, si l'art a fait d'immenses progrès sous ce rapport, combien n'a-t-il pas perdu sous le rapport de sa fin véritable!

En résumé, l'architecture religieuse n'a rien

gagné à la renaissance, et la pensée chrétienne, qui se traduit dans toutes les œuvres des siècles précédents, y a, sans aucun doute, perdu considérablement. Jusque-là une église catholique, même la plus humble, avait un caractère particulier, et tout, dans ses détails comme dans sa forme principale, rappelait à l'esprit les plus saints mystères de la foi et les plus pures pensées; tout, jusqu'à la lumière tempérée que laissaient à peine y pénétrer ses vieux vitraux, inspirait le respect, la piété et le recueillement. Depuis, nos églises ont trop souvent ressemblé aux temples du paganisme, et lors même qu'elles ont conservé la forme chrétienne, elles n'ont offert à nos yeux qu'une ornementation profane, et digne tout au plus de figurer dans des édifices civils.

Nous citerons en particulier le tombeau d'un évêque de Dol, qu'on remarque dans le transept nord de la cathédrale, le portail de l'église de Bais, et dans l'église de Champeaux, ses tombeaux et ses boiseries, toutes œuvres si remarquables cependant sous le rapport de l'exécution, et nous demanderons si, dans tout cela, on retrouve quelque chose des croyances catholiques, quelque pensée de foi, quelque ombre de piété.

Non, l'école italienne qui a été reçue en

France, sous les Médicis, avec tant d'enthousiasme et comme en triomphe, n'a point fait renaître chez nous le sentiment du beau au point de vue religieux, et si elle a su bâtir et décorer de riches palais et de charmants boudoirs, elle n'a pas construit un édifice religieux qui soit comparable à nos vieilles cathédrales. Et ce qui est pis, elle a contribué à rétablir le règne du sensualisme dans notre société dégénérée.

Cependant ce retour aux formes grecques ne s'effectua pas subitement, et l'ancienne architecture ne fut pas tout d'abord complètement abandonnée; il se fit une sorte de fusion des deux styles; on employa encore l'ogive concurremment avec le plein cintre et beaucoup d'ornements gothiques furent adaptés aux divers membres des ordres antiques. C'est cette transition et cette espèce d'amalgame qu'on a nommé *style de la renaissance*.

Beaucoup de nos églises, surtout à la campagne, conservent encore, jusque vers la fin du XVII.ᵉ siècle, la forme ogivale pour les fenêtres, mais le plus souvent elles sont dépourvues de meneaux, ou, s'il s'en trouve, ils forment dans le tympan de l'arcade des compartiments qui n'ont plus rien de l'élégance et de la grâce qu'on y trouvait au XV.ᵉ siècle, et ce ne sont guère que des cintres superposés les uns aux autres.

Les portes sont plus généralement en plein cintre, et ornées de pilastres avec des chapiteaux imitant l'ionique et le corinthien, puis d'un entablement dont la frise contient souvent des médaillons représentant des figures en buste drapées à la romaine. Le portail ouest de l'église de Châteaubourg et celui de Bais peuvent servir d'exemple. Un fronton triangulaire et quelquefois cintré couronne le tout.

Dans les monuments plus soignés, on re marque, au milieu d'ornements empruntés au style ogival, une foule d'arabesques, de rinceaux et de moulures imitées de l'architecture antique. Nous avons déjà cité le tombeau si remarquable de la cathédrale de Dol, et les sculptures de l'église de Champeaux; nous pourrions signaler encore une charmante tribune accolée à une ancienne chapelle du château de Vitré.

Les colonnes commencent à reprendre des proportions plus correctes, et portent presque toujours un entablement complet. Souvent, dans les façades, on remarque plusieurs ordres superposés, sans but apparent, si ce n'est la décoration. Beaucoup de niches couronnées de frontons triangulaires ou brisés, d'où pendent des guirlandes de fleurs et de fruits, occupent les entre-colonnements. De lourdes consoles renversées soutiennent parfois les extrémités des couronnements. Les tours se terminent presque toujours par une espèce de dôme, et quelquefois par une plate-forme entourée d'une balustrade, comme à Saint-Pierre à Rennes. Outre la façade de la cathédrale de Rennes, celle de l'église de Toussaints et encore celle qui est au sud de Saint-Germain, peuvent donner une idée des divers caractères que nous venons d'indiquer.

Les voûtes construites encore dans les premiers temps, d'après le système du moyen âge, mais plus surbaissées, se couvrent de nombreux culs-de-lampe, de pendentifs et de festons plus compliqués que jamais; puis ensuite elles reprennent les formes byzantines, et leur prolongement cylindrique se décore de caissons et de compartiments réguliers, contenant des fleurons plus ou moins variés.

Les autels de cette époque sont assez communs dans nos villes et dans nos campagnes, pour qu'on en puisse trouver facilement des exemples. Ils ont toujours la forme d'une espèce de façade d'édifice; beaucoup de colonnes, ordinairement de marbre de Laval, noir ou brun, des frontons triangulaires, ornés de lourdes guirlandes, et supportant des acrotères en forme de pots de fleurs ou de vases d'où s'échappent des flammes, ou encore de pyramides terminées par une boule.

La plupart de ces autels construits en pierre tendre sont sculptés avec soin et quelquefois avec talent; mais ils sont habituellement d'une pesanteur qui contraste avec la légèreté et l'élégance du style de quelques églises où on les a postérieurement construits. Une inscription que nous avons remarquée sur un de ces autels, semble indiquer que, dès le temps où ils étaient de mode, on ne se dissimulait pas ce défaut :

HANC ALTARIS *MOLEM* ÆDIFICAVIT D.....

C'est bien en effet une masse lourde et compacte, qui n'annonce ni bon goût ni talent.

Le maître-autel de Toussaints à Rennes, et ceux de Domalain, de l'hôpital de Vitré, de Chantepie (autel de la Vierge), sont de ceux qui nous ont paru plus remarquables dans leur genre. Mais le plus gracieux que nous connaissions est celui d'Arbresec (V. la notice).

Après cette époque de la renaissance, on a repris les formes plus pures et plus classiques de l'architecture antique, et on a bâti des églises sur le modèle des anciens temples de Rome et de la Grèce, au risque de ne pouvoir y trouver les dispositions essentielles aux cérémonies du culte catholique. Pour comprendre tout le ridicule de cette révolution complète dans l'architecture religieuse, lisez dans l'ouvrage de M. de Montalembert, *Du Vandalisme dans l'art,* le rapprochement qu'il fait de Notre-Dame-de-Lorette à Paris et de la Sainte-Chapelle.

Maintenant que nous avons exposé les caractères principaux de l'architecture religieuse aux différentes époques du moyen âge, nous allons esquisser dans les chapitres suivants les objets accessoires de décoration ou de mobilier des églises, tels que les vitraux peints, les autels, les fonts baptismaux, les sépultures, etc.

CHAPITRE VIII.

DE LA PEINTURE SUR VERRE AU MOYEN AGE.

Nous avons vu précédemment qu'on fit usage du verre de couleur, pour les mosaïques et les incrustations, dès les premiers siècles de l'Eglise; et il paraît, par le témoignage de plusieurs auteurs anciens, qu'on l'employa aussi d'assez bonne heure pour clore les fenêtres.

Mais il est très-probable que ce ne fut qu'au XII.ᵉ siècle que l'on commença à peindre sur le verre des personnages et des sujets entiers.

Ce nouveau genre de décoration demandait des soins multipliés et une habileté peu commune. Au reste, il se forma promptement et en grand nombre des peintres verriers qui ne manquèrent ni de talent ni de patience; car, dès la fin du XIII.ᵉ siècle, toutes nos grandes églises furent décorées de verrières supérieures à toutes celles qu'on a faites depuis, au moins pour l'effet général et la vigueur du coloris.

Pour la confection de ces tableaux transparents, il fallait commencer par dessiner les sujets et les ornements dont ils étaient entourés sur des cartons que l'on pouvait conserver comme modèles, et qui servaient à plusieurs reprises. Mais « je pense, dit Pierre Levieil,
» dans son traité de la peinture sur verre, que
» les cartons devaient être triples : un pour
» servir de modèle dans l'exécution; le second
» pour être découpé en autant de parties que
» les différents contours des membres et des
» draperies de morceaux de verre de diffé-
» rentes formes et couleurs; le troisième en-
» fin, pour y établir, dans leur rang, les
» pièces de verre taillées selon les contours du
» dessin.

» On distribuait dans l'atelier, à différents
» ouvriers, la coupe du verre de chaque cou-
» leur. On donnait aux uns une couleur, aux
» autres une autre. Alors les ouvriers arran-
» geaient avec profit toutes les découpures de
» carton d'une même couleur sur une table de
» verre de cette couleur... Les peintres vitriers
» n'avaient pas alors l'usage du diamant pour
» couper le verre; on ne commença à s'en ser-
» vir que vers le XVI.ᵉ siècle; on-se servait à
» cet effet d'une pointe d'acier ou de fer trempé
» très-dur, qu'on promenait autour du trait,
» en appuyant assez fort pour qu'elle fît im-
» pression dans le verre; on humectait ensuite
» légèrement le contour entamé, on appliquait
» du côté opposé une branche de fer rougie au
» feu, qui ne manquait pas d'y former une
» langue ou fêlure, qui, par l'activité de la
» chaleur du fer, se continuait autour de la
» partie entamée. Alors, au moyen d'un petit
» maillet de buis ou autre bois dur, dont on
» frappait les contours de la pièce de verre
» tracée, elle se détachait du fond sur lequel
» elle l'avait été. S'il restait dans les contours
» quelque partie superflue, on employait pour
» l'enlever une espèce de pince appelée *grésoire*
» ou *égrisoire*. Les petites dents que laissaient,
» sur le bord des pièces coupées, les écailles

» de verre enlevées par cet outil, entraient
» elles-mêmes dans la solidité de l'ouvrage,
» en s'incrustant dans le plomb avec lequel
» on réunissait les différents morceaux.

» Toutes les pièces, ainsi coupées et groi-
» sées, devaient être exactement rapportées
» dans leur rang sur le troisième carton. Alors
» le peintre y traçait avec la couleur noire les
» traits des membres et les hachures des plis
» des draperies. Lorsque ces traits étaient secs,
» on levait toutes les pièces d'un panneau, on
» les étendait dans le même ordre dans la poêle
» à recuire, sur un ou plusieurs lits de chaux
» en poudre, ou de plâtre bien recuit et ta-
» misé, pour y parfondre, par la cuisson, la
» couleur noire qu'on y avait employée. Après
» la cuisson, lorsque ces pièces avaient atteint
» un juste degré de refroidissement, on les re-
» tirait de la poêle dans le même ordre qu'elles
» y avaient été placées, pour les disposer de
» nouveau sur le troisième carton, et les don-
» ner à ceux qui étaient chargés de les joindre
» avec le plomb pour en faire des panneaux. »

Dans ces premiers temps, on employait toujours des pièces de petites dimensions, que
l'on remplaçait plus facilement quand elles se
brisaient sous le grésoire ou qu'elles éclataient
au four, et qui d'ailleurs produisaient une

plus grande solidité, par suite de la grande quantité de plomb qu'il fallait employer pour les unir les unes aux autres. C'est ce qui explique comment il nous en reste encore tant de cette époque. Il faut dire aussi que le verre dont on se servait alors était beaucoup plus épais que celui dont on a fait usage plus tard, et surtout de nos jours.

Lorsque chaque panneau était mis en plomb et terminé, on l'appliquait au rang qu'il devait occuper dans la fenêtre, et on le consolidait au moyen de vergettes de fer scellées dans la pierre ou dans les compartiments d'une armature en fer placée à l'avance, et prenant la forme des médaillons et des bordures que l'on avait choisie. Cette armature s'employait du moins dans les fenêtres étroites et allongées que nous avons appelées à lancettes, et qui se prêtaient mieux à ce genre d'appareil.

On représentait sur les vitraux les mêmes sujets que l'on sculptait sur le tympan des portes, des épisodes de l'ancien et du nouveau Testament, des légendes de saints, des allégories. C'était dans ces grands tableaux, comme dans les peintures à fresque, comme dans les miniatures des manuscrits illustrés, que se développaient les ressources de l'iconographie chrétienne. Souvent aussi on représentait au bas de la verrière les donateurs qui en avaient fait les frais, ou on désignait leurs professions par les attributs qui leur étaient propres. Ainsi, dans une vitre donnée par la compagnie des boulangers, on représentait des hommes occupés à faire ou à vendre des pains ; celle des maréchaux était figurée par un homme battant l'enclume, tandis qu'un autre ferre un cheval, etc. Ou, si c'était quelque chevalier ou autre personnage illustre, on le plaçait dans un médaillon supérieur, monté sur un cheval richement caparaçonné, et portant au bras son écu couvert de ses armoiries.

En général, ces tableaux sont composés de manière à prendre l'apparence de mosaïques, dont les pièces de rapport, de petite dimension, sont formées de verre en table, coloré dans la pâte, et de verre légèrement nuancé pour imiter les carnations ; sur ces différents tons, on a tracé des contours vigoureux et un léger modelé, qui donnent la forme aux figures et à leurs vêtements. Les tons sont riches en couleur ; le bleu et le rouge dominent dans les sujets, ainsi que dans leurs encadrements ; il en est de même pour les fonds à compartiments variés, remplissant les intervalles qui isolent les tableaux des limites des fenêtres ou de leurs meneaux. Les couleurs claires, telles que le blanc, le jaune, le violet, sont très-rares.

Un dépoli obtenu au four et appliqué par derrière, donne aux verres blancs ou colorés un ton grave et rembruni que n'ont pas nos verres diaphanes, à travers lesquels on distingue le ciel. Ce moyen simple d'harmoniser les verrières dans leur ensemble n'a jamais été négligé par les artistes du moyen âge.

Dès la première période, les ornements s'exécutaient avec beaucoup de soin et de finesse pour les broderies des vêtements et autres détails; ils s'enlevaient en clair avec une pointe délicate au moyen de laquelle on les gravait dans les teintes brunes avant la cuisson. Aux xiv et xv.ᵉ siècles, on usait du même procédé pour rendre avec précision les cheveux et la barbe des personnages, et pour obtenir des lumières et de la transparence dans les carnations.

Si les sujets étaient traités en petit, on représentait aussi, dès le xiii.ᵉ siècle, des personnages de grande dimension qui remplissaient toute une fenêtre, et dont les traits étaient si fortement accentués et si fermes, qu'ils ont tout leur effet quoique placés ordinairement à une grande hauteur.

Dans un but de sage économie, on produisit aussi de nombreuses verrières exécutées en grisaille. Elles se composent d'entrelacs et de dessins très-compliqués dans lesquels les fonds ou les reliefs s'enlèvent en gris l'un sur l'autre. Des hachures au pinceau, très-rapprochées et croisées, forment de loin un ton vigoureux et cependant en harmonie, par sa transparence, avec la partie du dessin à laquelle on a laissé au verre dépoli sa teinte blanche et naturelle. Quelques fleurons, quelques lignes coloriées, distribués avec goût dans ces verrières, monochromes d'ailleurs, produisent un bon effet.

On peut en voir des imitations assez heureuses dans les vitraux de la nouvelle chapelle du séminaire.

On ne saurait disconvenir que les vitraux du XIIIe siècle sont les plus remarquables pour l'effet qu'ils produisent, surtout dans les grands édifices, et qui tient à la grande unité qui y règne. Les sujets et les légendes sont composés avec la plus grande simplicité, sans perspective aérienne ou linéaire. Les figures, placées presque toutes sur un même plan, comme dans un bas-relief, présentent par cette raison une fermeté de tons favorable à la décoration. Les mosaïques qui encadrent les sujets ont la même valeur qu'eux, ce qui ramène tout l'effet de la verrière à une même surface, et lui donne cette harmonie et cette unité qui ne se rencontrent que dans les productions de cette époque.

Au XIVe siècle, la peinture sur verre se modifie déjà d'une manière sensible. Ce n'est plus cette mosaïque ferme et serrée qui, dans les siècles précédents, se lie si bien aux formes simples et graves de l'architecture. Alors les meneaux se multiplient et se contournent, et la peinture suit la même marche. Déjà on vise à faire des tableaux, et le peintre l'emporte sur le décorateur. Les pinacles, les dais qui couronnent les figures isolées prennent une grande importance dans le tableau; les fonds monochromes, s'étendant autour des personnages, nuisent à l'objet principal en l'éclipsant. Les tons jaune et vert pâle commencent à se répandre, et les grisailles employées dans l'exécution des encadrements en architecture figurée donnent trop de passage à la lumière et jettent du vague dans les verrières.

Au XVe siècle, l'unité est encore moins observée. Les tons clairs se multiplient de plus en plus; les nombreux ornements peints en jaune sur fond blanc qui forment les vêtements, des figures ou bien des draperies tendues derrière elles, produisent une confusion qui détruit l'harmonie.

A cette époque, les sujets déjà traités plus en grand, occupent tout l'espace compris entre les meneaux et sont rarement entourés de bordures. Les légendes abandonnées sont remplacées par des tableaux, dans lesquels les perspectives d'édifices et de paysages jouent un grand rôle pour former des compositions agréables comme objets d'art, mais dans lesquelles la décoration générale de l'église n'a été comptée pour rien. Le peintre travaille à sa part et sans subordonner ses compositions aux vues de l'architecte qui, dans le XIII.ᵉ siècle, dirigeait peintres et sculpteurs pour former un ensemble complet et en accord dans toutes ses parties (1).

Le XVI.ᵉ siècle amena de nouvelles modifications; c'est dans le cours de ce siècle que furent exécutées les plus belles peintures sur verre, du moins sous le rapport du dessin et de l'habileté des compositions. Les plus grands maîtres de l'époque ne dédaignèrent pas de se livrer à ce genre de peinture, et l'on reproduisit les œuvres des meilleures écoles d'Italie et de France. Souvent alors on n'employait plus les tables de verres de couleur pour y

---

(1) Bulletin du Comité historique des arts et monuments Rapport à M. le ministre de l'inst. publ., t. 1, n.° 2.

tracer en noir les traits des figures et les plis des draperies; on peignait sur verre blanc ou demi-teinté, en y étendant habilement des émaux à la surface. On obtenait ainsi une imitation plus parfaite de la peinture à l'huile et un plus beau modelé; mais cette nouvelle méthode ne présentait pas la même solidité que l'ancienne, et nous voyons un bon nombre de vitraux de la fin du xvi.e siècle qui s'effacent au point qu'on a peine à retrouver les sujets. C'est alors surtout qu'on donna une plus grande dimension aux figures, et qu'on multiplia les détails de toute espèce dans tous les sujets.

Dans le siècle suivant, la peinture sur verre perdit de plus en plus son caractère primitif en devenant plus claire et plus fade. Le demi-jour, l'obscurité même qui convenait si bien aux édifices du style ogival des premiers temps, n'était plus en rapport avec les constructions de la renaissance et les temples grecs qu'on bâtissait alors. Tout le monde savait lire et tout le monde voulait voir jusque dans le secret du sanctuaire. D'après les idées du temps, les cérémonies du culte ne devaient plus rien avoir de mystérieux, et le clergé lui-même, qui lisait alors ses offices dans des livres imprimés en petits caractères, avait besoin d'un plus grand jour. C'est pour cela que, non seulement on peignit les verrières dans des tons plus clairs, mais on défonça plusieurs des anciennes pour obtenir plus de lumière.

Pendant ces deux derniers siècles, on fabriqua une quantité prodigieuse de vitraux, et ce n'était plus les églises seules qui en étaient décorées; mais les palais, les châteaux, les maisons des grands en étaient abondamment pourvus. Aussi nos plus humbles églises en conservent-elles encore des débris qui attestent que partout, même dans les villages les plus pauvres et les plus isolés, on regardait ce moyen de décoration comme essentiel.

Nous pouvons citer, dans le diocèse de Rennes, les paroisses suivantes, comme possédant encore de précieuses verrières :

Dol, une fenêtre dans le chevet, xiii.ᵉ siècle.

Les Iffs, dans presque toute l'église, xvi.ᵉ

S.-Gondran, une riche fenêtre de chevet, fin du xv.ᵉ

La Baussaine, plusieurs fenêtres plus ou moins endommagées, xvi.ᵉ

Saint-Symphorien, une fenêtre de chevet moins belle que celle de Saint-Gondran, xvi.ᵉ

Champeaux, au moins trois grandes verrières du xvi.ᵉ

Vitré (N.-D.), une fenêtre bien conservée au-dessus d'une porte latérale au sud, et divers fragments précieux, xvi.ᵉ

Fougères (S.-Léonard), quelques restes épars, d'un beau dessin, xvi.ᵉ

Romillé, une belle fenêtre de chevet, xvi.ᵉ

ARCHÉOLOGIE RELIGIEUSE. 153

La Guerche, divers fragments.

Bais, rien d'entier, mais plusieurs petits panneaux d'une extrême finesse, xvi.ᵉ et xvii.ᵉ

Louvigné-de-Bais, cinq ou six grandes fenêtres généralement endommagées, mais remarquables, xvii.ᵉ

Moulin, deux magnifiques fenêtres de la fin du xvi.ᵉ

La Chapelle-Janson, deux fenêtres au moins, fin du xvi.ᵉ

Bazouges-la-Pérouse, une riche fenêtre, fin du xvi.ᵉ

Antrain, une fenêtre très-délabrée, xvii.ᵉ

Saint-Laurent, près Rennes, une fenêtre, xvi.ᵉ

Betton, id.

Iffendic, une fenêtre de chevet, xvi.ᵉ

Lanouaye, une fenêtre peut-être de la fin du xv.ᵉ

Rennes (S.-Germain), deux grandes fenêtres, dont une au chevet contient une réunion de débris recueillis de toute l'église, et l'autre un peu plus entière, probablement du xvi.ᵉ

Beaucoup d'autres églises peuvent posséder encore des restes bien précieux de vitraux peints, mais nous croyons avoir indiqué ce qu'il y a de plus remarquable et de mieux conservé dans le diocèse de Rennes. Pour connaître les sujets traités dans ces vitraux, on peut consulter, dans la troisième partie, les notices des églises où ils se trouvent.

Nous ajouterons ici quelques mots sur la peinture en émail qui a tant d'analogie avec la peinture sur verre dont nous venons de nous occuper.

On sait que l'art d'émailler le cuivre remonte à une haute antiquité. Un grand nombre d'objets et de bijoux trouvés au milieu de ruines romaines en fournissent la preuve, et ne permettent pas de douter qu'au moins les Romains en faisaient grand usage. Le procédé employé pour l'émaillure du cuivre ou des autres métaux était des plus simples. On gravait d'abord en creux tout le dessin qu'on voulait obtenir, puis on remplissait ces vides de diverses couleurs fusibles et vitrifiables qui, passées au feu, entraient en fusion et présentaient ensuite l'aspect vitreux et en même temps la solidité que nous connaissons.

Ce procédé, qui est le plus ancien, s'est continué jusqu'au xvii.ᵉ siècle; car nous possédons dans le diocèse de Rennes différents objets d'orfévrerie des xv.ᵉ, xvi.ᵉ et xvii.ᵉ siècles, qui sont enrichis d'émaux semblables (V. la notice à part sur ces objets). On sait que la ville de Limoges était célèbre par ses émailleurs, et que l'on fait remonter cette industrie, dans la capitale du Limousin, jusqu'à saint Eloi. Les châsses ou reliquaires byzantins (1),

(1) Nous possédons un de ces reliquaires décoré à la manière du xii.ᵉ siècle, et qui est dans un bon état de conservation. Nous l'avons trouvé à Saint-Aubin-du-Cormier en 1845. La personne qui a eu la bonté de nous l'offrir ne pouvait nous faire un plus agréable présent.

les crosses d'abbés et d'évêques, les croix de processions, les calices, les ciboires, etc., étaient enrichis de peintures dont les couleurs vives et brillantes répondaient à celles des vitraux. Au musée de la ville d'Angers, on conserve la crosse de notre bienheureux Robert d'Arbrissel, laquelle est incrustée d'émail bleu. Comme dans beaucoup d'autres crosses du même temps, le milieu du crochet renferme un S. Michel perçant un dragon. C'était un emblême des combats que livraient à l'esprit de ténèbres les chefs de la milice chrétienne. Des tombeaux, des devants d'autel furent aussi décorés de brillantes émaillures, formant divers dessins du plus bel effet.

Dans le cours du xv.ᵉ siècle et surtout au xvi.ᵉ, on employa pour les émaux un procédé analogue à celui de la peinture sur verre au même temps. Ainsi, au lieu de creuser dans le métal des cavités destinées à recevoir l'émail, on le couvrait en entier d'un émail blanc sur lequel on peignait au pinceau, à peu près comme on le fait aujourd'hui sur la porcelaine, avec des couleurs qu'on fait vitrifier au feu. Alors on produisit de charmantes miniatures, qui ont conservé toute leur fraîcheur et tout leur éclat. Il est assez aisé d'en reconnaître l'époque approximative à la correction du dessin. Mais de même que les vitraux perdirent de leur richesse de couleur lorsqu'ils acquirent sous le rapport du dessin, et qu'ils devinrent de véritables tableaux, on peut dire qu'il en fut de même de la peinture en émail. L'usage de cette double décoration cessa en même temps, c'est-à-dire vers le commencement du xviii.ᵉ siècle.

Il existe dans l'église de Notre-Dame de Vitré un très-beau diptyque contenant, en un grand nombre de petits tableaux, toute l'histoire de Notre-Seigneur Jésus-Christ. Nous ne connaissons rien autre chose de ce genre dans nos églises qui mérite d'être cité.

CHAPITRE IX.

FORME DES AUTELS AUX DIFFÉRENTES ÉPOQUES DU MOYEN AGE, ET DES FONTS BAPTISMAUX.

Nous avons vu précédemment qu'au sortir des siècles de persécution, on construisit un grand nombre d'églises et que presque partout on ménagea une crypte ou chapelle souterraine au-dessous du maître autel, afin d'y placer les restes précieux de quelque martyr. C'était un souvenir des catacombes, et l'Eglise a voulu le perpétuer en ordonnant, dans ses conciles, qu'on eût soin de déposer des réliques de martyrs dans tous les autels que l'on voudrait consacrer, et que l'on détruisît ceux qui n'en contenaient pas (1).

Aussi les autels d'alors avaient-ils ordinairement la forme d'un simple coffre pouvant s'ouvrir et se fermer, ou d'une table portée sur quatre ou six colonnes, et sous laquelle on voyait un sarcophage ou une châsse contenant les reliques.

Dans beaucoup d'églises, l'autel était surmonté d'un ciboire, *ciborium*, ou baldaquin, d'où pendaient de riches tentures que l'on pouvait fermer pendant le saint sacrifice. Des couronnes composées de métaux précieux et de pierreries étaient suspendues au-dessous du ciboire. En avant de l'autel, on plaçait aussi, au rapport d'Anastase-le-Bibliothécaire, des espèces de lustres appelés *Phara*, *Pharacanthara* et *Coronæ*. Ces phares ou grandes couronnes présentaient des cercles d'un diamètre quelquefois considérable, dont le pourtour était garni de cierges ou de lanternes. On les suspendait à la voûte comme nos lampes, au moyen de chaînes ou de cordons.

Dom Mabillon établit par des autorités in-

---

(1) Conc. Carthag. ann. 398, can. xiv.

contestables que, si d'abord il n'y eut qu'un autel dans chaque église, bientôt on en éleva plusieurs. Cependant ils ne se multiplièrent généralement qu'à l'époque où l'on abandonna la forme basilicale pour celle du style ogival. Mais il y avait dès-lors des autels portatifs, semblables à peu près à nos pierres sacrées, et qu'on nommait *altare viaticum, portatile, gestatorium, lapis portatilis*.

De très-anciennes inscriptions prouvent que les autels étaient consacrés comme aujourd'hui, à l'honneur d'un ou de plusieurs saints.

Le pape Léon IV (IX.e siècle), dans une instruction adressée aux évêques, veut qu'il y ait près de l'autel un lieu où l'on puisse jeter l'eau qui a servi à laver les vases sacrés, et que le prêtre y trouve de l'eau et du linge blanc pour se laver les mains et les essuyer après la communion : *Locus in secretario aut juxta altare sit præparatus, ubi aqua effundi possit, quando vasa abluuntur, et ibi linteum nitidum cum aquâ dependeat, ut ibi sacerdos manus lavet post communionem*. Telle est probablement l'origine des niches pratiquées dans l'épaisseur des murs auprès des autels, et qui, sous le nom de *crédences*, se multiplièrent dans toutes les églises après le XII.e siècle.

Au XIII.e et au XIV.e siècle, on multiplia les

chapelles, comme nous avons dit plus haut, autour du sanctuaire et le long des bas côtés; alors on multiplia aussi les autels. On pense que ce fut également à cette époque que le clergé cessa d'être placé en demi-cercle, des deux côtés de l'évêque, dans le contour du rond-point de l'abside, en arrière de l'autel et la face tournée vers le peuple. De ce moment il fut rangé sur deux lignes le long du chœur, en avant de l'autel, et le siège pontifical occupa l'extrémité de l'une de ces lignes du côté de l'épître, et assez près de l'autel. Pour abriter les ecclésiastiques rangés ainsi entre les colonnes et les piliers des grandes arcades, on construisit des stalles dont le dossier très-élevé pour l'ordinaire formait une cloison que l'air ne pouvait pas pénétrer; de plus on établit à l'entrée du chœur les *jubés* ou tribunes ouvertes seulement au milieu, pour établir une communication entre la nef et le chœur, lequel se trouva ainsi presque entièrement clos.

Les plus anciennes stalles que l'on connaisse remontent au xiv.ᵉ siècle. Celles de la cathédrale de Dol seraient de cette époque, au rapport de M. le comte de Montalembert.

Les autels du xiii.ᵉ et du xiv.ᵉ siècle sont composés d'une table en pierre portée sur des colonnettes et des arcades détachées; quelquefois c'est un massif garni d'arcatures sur le devant. Il existe encore dans le diocèse de Rennes des autels de cette forme, mais recouverts de boiseries modernes. Nous en avons vu un dans l'église de Saint-Aubin-du-Cormier en 1845, dont la table reposait à la fois sur un massif triangulaire et sur deux colonnettes. Malheureusement on l'a détruit quoiqu'il fût susceptible d'être restauré d'une manière très-convenable. Il en existe trois à peu près de la même forme dans l'église de Saint-Laurent (Rennes), mais d'une date bien postérieure. La manière dont ils sont décorés annonce la renaissance. Jusqu'ici on les a conservés sous les nouvelles boiseries qu'on y avait substituées et qui sont loin d'être aussi élégantes que les autels eux-mêmes. On ne saurait croire combien la manie de la mode et le mauvais goût ont contribué non seulement à enfouir, mais à détruire complètement de ces anciens monuments qu'on retrouverait aujourd'hui avec tant de plaisir, et qui serviraient de point de comparaison entre l'art moderne et l'ancien.

On ne plaça rien sur les autels jusqu'au XI.e siècle, excepté le livre des Évangiles; mais au siècle suivant on commença, à ce qu'il paraît, à y mettre une simple croix sans image du

Christ. L'Eucharistie se conservait dans des vases faits en forme de colombes et quelquefois de tours, ordinairement suspendus au-dessous du ciborium, ou bien déposés dans des armoires ou crédences fermées. Dans beaucoup de lieux, on suspendait ainsi le vase contenant les hosties réservées au haut d'une grande crosse de bois doré. Il est bien probable que celle qui existe encore au maître-autel de la cathédrale de Dol a servi à cet usage. Les tabernacles, les gradins garnis de candélabres et de flambeaux, les contre-retables ne parurent que plus tard.

Les contre-retables ou ornements sculptés, dont on a formé comme un fond d'autel derrière les gradins et de chaque côté du tabernacle, n'étaient guère d'usage que pour les autels adossés à un mur, et rarement ils s'élevaient plus haut que le tabernacle. Ce ne fut que vers la fin du xv.ᵉ siècle qu'ils commencèrent à prendre une plus grande importance, et à s'enrichir de toutes les ressources que la sculpture étalait dans les autres parties de l'église. Une foule de niches remplies de statuettes, flanquées de contre-forts et couronnées de frontons fleuronnés; des panneaux contenant des bas-reliefs en bois, en pierre, en albâtre, comme on en voit à l'autel de la Vierge dans l'église de Nouvoitou; enfin, des tabernacles souvent en forme de tours couronnées de galeries, de clochetons, et surmontées de la croix, composaient cette nouvelle ornementation. On voit à l'évêché, à Rennes, un de ces contre-retables qui a appartenu à l'ancienne cathédrale, et dont le travail est très-remarquable. Il était peint et doré.

Quelques contre-retables furent sculptés dans le mur même auquel l'autel était adossé. Ainsi à l'église Saint-Sulpice de Fougères, on a restauré depuis peu d'années un autel de ce genre où l'on voit sculptés en granit les instruments de la Passion, et toute une ornementation dans le style de la fin du xve siècle. Il en existe un autre dans la même église au côté correspondant à celui ci, mais il est entièrement recouvert par les boiseries d'un nouvel autel. Dans l'église de Louvigné-de-Bais, on aperçoit encore quelques moulures d'un travail semblable, caché aussi sous une décoration plus récente.

On peut en voir plusieurs du même temps et conservés dans leur état primitif, dans la chapelle de Broualan, paroisse de La Boussac, près Dol (V. la notice). Celui qui existe encore dans l'ancienne chapelle du château de Montmuran (paroisse des Iffs), est aussi bien conservé; il n'a point de retable ni d'ornementation sculptée; c'est une simple table de granit engagée dans le mur et soutenue en avant par deux petites colonnes. M. de Caumont le croit du xv.ᵉ siècle.

De ce moment, les autels ont suivi les modifications et les vicissitudes de l'architecture. Au lieu d'être au niveau du sol ou élevés seulement d'un degré, les autels modernes en ont souvent trois et quelquefois plus. Ce fut vers la fin du xvi.ᵉ siècle qu'on incrusta les reliques dans une pierre destinée à remplacer l'ancienne table de l'autel et à supporter les vases sacrés pendant la messe.

Il serait superflu de faire remarquer que nos autels conservent même aujourd'hui la forme d'un tombeau qui est un souvenir permanent de leur première origine.

Fonts baptismaux. Il résulte d'un grand nombre de témoignages des Pères grecs et latins, ainsi que de plusieurs décrets de conciles, que, pendant les premiers siècles, le baptême était administré généralement par immersion, et que, jusqu'au xi.ᵉ siècle, on employa du moins ce mode en même temps que celui qui est d'usage aujourd'hui. Encore paraît-il prouvé, par la forme des fonts qui nous restent, et par les peintures sur verre ou les bas-reliefs représentant la cérémonie du baptême, qu'on administra ce sacrement, au moins jusqu'au xiv.ᵉ siècle, tout à la fois par immersion et par infusion; car on représente toujours l'enfant plongé dans l'eau jusque vers la ceinture, et l'évêque versant de l'eau sur sa tête. Plus tard même on plongeait trois fois la tête de l'enfant dans la cuve baptismale, et l'on peut dire que le mode actuel n'est devenu général que dans le xvii.ᵉ siècle.

Les anciennes basiliques étant ordinairement précédées d'un *atrium* ou cour environnée de portiques, c'était là que se trouvait le baptistère et que s'administrait le premier des sacrements. La raison symbolique de cette disposition est trop évidente pour que nous ayons besoin de la développer. Quelquefois aussi on plaçait le baptistère dans un édifice particulier attenant à l'église épiscopale ou situé à peu de distance. Il se composait de deux pièces, dont l'une servait aux cérémonies préparatoires et l'autre contenait la piscine, qui était de forme ronde, ou carrée, ou octogone, et l'on y descendait par plusieurs degrés. Cette petite église du baptistère était dédiée à saint Jean-Baptiste. Les deux époques où l'on administrait le baptême étaient, comme on sait, la vigile de Pâques et celle de la Pentecôte.

Plus tard, on fut obligé d'établir des fonts

baptismaux dans la plupart des églises; alors l'évêque ne suffisait plus à l'administration de ce sacrement, et les simples prêtres, les diacres mêmes quelquefois, en devinrent les ministres ordinaires. On plaçait les fonts à l'entrée de l'église du côté nord; souvent on les environna de colonnes soutenant un couronnement auquel était suspendue une colombe, figure du Saint-Esprit (1).

Les fonts baptismaux les plus anciens remontent au xi.ᵉ siècle; ils sont toujours en pierre, selon une règle très-ancienne, et la plupart de ceux que l'on connaît sont en marbre, calcaire, grès ou granit.

Ceux des xi.ᵉ et xii.ᵉ siècles présentent des formes assez variées que nous indiquerons seulement. Les uns sont cylindriques, c'est-à-dire, imitant la figure d'une margelle de puits. Tantôt ils sont revêtus de sculptures à l'extérieur, tantôt ils en sont totalement dépourvus. Nous croyons en avoir vu un de cette forme dans l'église d'Aubigné. Il n'est guère probable qu'il soit pour cela d'une si haute antiquité. D'autres, aussi à cuve cylindrique, sont ornés de quatre petites colonnes cantonnées autour.

---

(1) Durandus, *rationale divini officii*, et Dom Martène, *de antiquis ecclesiæ ritibus*.

On en voit quelques-uns en forme de carré long qui ressemblent à une baignoire. Il en existe un semblable dans l'église de Bazouges-la-Pérouse. Sur les quatre côtés sont représentés les emblêmes des évangélistes, l'ange, l'aigle, le lion et le bœuf, tenant des banderoles ou phylactères, sur lesquels il ne paraît pas qu'il y ait jamais eu d'inscriptions.

D'autrefois la cuve arrondie ou carrée est supportée par un pédicule composé d'une ou de plusieurs colonnettes. On en voit même qui, en outre de ce support, présentent des figures en forme de cariatides, qui, adossées à la cuve ou tournées vers elle, la soutiennent avec leurs épaules ou leurs bras. Un bénitier que l'on peut voir sous le porche méridional de l'église de Tinténiac, et qui probablement est un ancien font baptismal, est porté sur un seul pédicule, mais une figure d'homme sculptée sur la cuve, les jambes écartées et les bras élevés, semble le soutenir de toute sa force; sur un autre côté, un chien également en relief sur la cuve, est posé de manière à lui servir aussi de support. Plus bas, un homme debout indique du doigt celui qui est à la partie supérieure. Ce font pourrait appartenir au XIV.ᵉ siècle, mais il serait difficile d'en déterminer précisément l'époque, attendu que les moulures qui décorent le tour du réservoir sont peu caractérisées. Mais ce qui ferait croire qu'il ne peut guère être plus ancien, c'est sa forme octogone qui était rarement usitée avant l'époque que nous indiquons.

Dans le cours du xv.ᵉ et du xvi.ᵉ siècle, la fontaine se divise souvent en deux compartiments : l'un pour réserver l'eau baptismale, et l'autre servant de piscine pour l'écouler lorsqu'on administrait le baptême. Cette nouvelle forme confirmerait ce que nous avons dit plus haut, que vers ce temps on administra le baptême plus généralement par infusion. Ce caractère peut aider à faire reconnaître la date d'un font, comme les moulures et sculptures qui prennent alors les formes usitées à la fin de la période ogivale dans la décoration des églises. Ainsi le font de l'église de Betton qui est maintenant relégué hors l'église, est à deux compartiments, et sur les diverses faces du piédestal, on a imité des fenêtres ornées de meneaux comme au xv.ᵉ siècle.

Un autre font que nous croyons à peu près du même temps que ce dernier, est celui de Montreuil-le-Gast. Il est de forme quadrangulaire, et à deux vasques ou bassins. A la partie supérieure, il a un mètre trois centimètres de long sur quatre-vingts centimètres de large. Les angles de la corniche sont supportés par des cariatides en buste, représentant des hommes qui, appuyant fortement les mains sur le corps du massif, soutiennent le couronnement avec les coudes et la tête. Une de ces figures se compose de trois faces réunies sur le même corps, et disposées de manière que celle du milieu forme la moitié de chacune des deux autres, et que, pour les trois visages, il n'y a que quatre yeux. C'est apparemment une représentation de la Trinité. Aux angles de la base, il y a de même quatre figures d'animaux : un lion, un dragon, un loup muselé et un chien (1). Ils semblent tous écrasés par le poids du dé qui repose sur eux. Peut-être a-t-on voulu figurer les vices et les passions dont le baptême nous donne la force de dompter la violence.

On peut encore voir à Bécherel un bénitier ou ancien font, orné de faces humaines extrêmement grotesques, et d'animaux qui ressemblent assez à des salamandres. Celui-ci ne présente qu'un bassin dont le bord intérieur est garni d'un rang de grosses perles. Il pourrait être plus ancien que les deux précédents.

Dans un grand nombre d'églises, les fonts

---

(1) Peut-être est-ce une allusion à ces paroles du psalmiste : *Super aspidem et basiliscum ambulabis*, etc.

baptismaux étaient couverts, au moyen âge, d'une espèce de tourelle en pyramide, dans le goût de chaque époque, et plus ou moins ornée, selon que l'architecture du temps le comportait. Ce couvercle ne s'enlevait pas, mais on le faisait mouvoir à droite ou à gauche, au moyen d'un pivot fixé auprès, et sur lequel il pouvait aisément tourner, pour qu'on pût découvrir la piscine.

Tous ces anciens autels et fonts baptismaux se recommandent au respect et aux soins du clergé et des conseils de fabrique, non seulement à cause de leur valeur architectonique, mais aussi à cause de l'usage auquel ils ont servi pendant des siècles. Il est donc toujours inconvenant, pour ne pas dire plus, de les démolir sans raisons graves, et surtout d'en employer les débris à des usages profanes.

CHAPITRE X.

DES SÉPULTURES ET TOMBEAUX AU MOYEN AGE.

On sait comment la croyance à la résurrection des corps, répandue par le christianisme chez tous les peuples, occasionna des modifications sensibles dans le mode d'ensevelir les corps, et le respect qu'elle inspira pour les morts ainsi que pour l'asile où ils reposaient. Au lieu de brûler les dépouilles mortelles des chrétiens et de renfermer leurs cendres dans des urnes, on les déposait dans des espèces de coffres en pierre, appelés sarcophages, sur lesquels on ciselait divers ornements, plus ou moins riches, selon la qualité et le rang du défunt. Le plus souvent on gravait au moins sur une des parois extérieures le monogramme du Christ, accompagné des deux lettres mystérieuses et symboliques *alpha* et *oméga*.

Après avoir lavé soigneusement le corps, on le revêtait de ses habits ordinaires et des insignes de sa profession ou de sa dignité : l'évêque avec sa mitre et sa crosse, le moine avec son froc, le roi avec son sceptre et sa couronne, le guerrier avec son armure; puis on l'étendait dans ce sarcophage, sur un lit de feuilles de lierre ou de laurier, emblêmes de l'immortalité.

Ces sarcophages étaient déposés dans des cryptes, sous des arcs pratiqués dans l'épaisseur des murs des églises ou dans les cimetières qui, très-souvent, étaient situés sur le bord des voies publiques. Quand on ne pouvait pas se procurer de pierres dont un seul bloc pouvait servir de tombeau, on en réunissait plusieurs que l'on disposait de la même manière (1). Toujours la tête était tournée vers l'orient, comme signe de l'attente où sont les chrétiens de voir se lever le soleil de la résurrection générale.

Dès les premiers siècles du moyen âge, on voit en usage les principaux rites des funérailles catholiques. Le jour fixé pour les obsèques, on se réunissait dans la maison du défunt : on enlevait le corps pour le porter à l'église, et ensuite au cimetière. Les plus proches parents étaient chargés de le transporter. Le cercueil était précédé par le clergé et le peuple, des torches et des cierges à la main, et chantant des psaumes et des hymnes. Saint-Grégoire de Nazianze rapporte, au sujet des funérailles de sa sœur, que « de chaque côté du cercueil, marchaient en ordre un grand nombre de diacres et de ministres portant des cierges allumés ». Sulpice Sévère, racontant les obsèques de saint Martin, dit que la foule accompagnait le corps en faisant retentir les airs d'hymnes célestes. « *Hoc igitur beati viri corpus usque ad*

---

(1) On a découvert, à différentes époques, dans la paroisse de Moutiers, des sarcophages en calcaire marin, encore remplis d'ossements. Il paraît que, près du *monastère* qui a donné son nom à cette paroisse, il se trouvait un cimetière considérable.

locum sepulcri hymnis canora cœlestibus turba prosequitur ».

Lorsqu'on avait apporté le corps à l'église, on récitait les prières accoutumées et on célébrait la messe. « Quand nous eûmes récité l'oraison, dit Grégoire de Tours, en parlant des funérailles de sainte Radégonde, nous nous retirâmes, laissant à l'évêque du lieu le soin de célébrer la messe et de recouvrir le sépulcre » (1).

Plusieurs lois ecclésiastiques défendaient les sépultures dans l'intérieur des églises. Le canon 6 du concile de Nantes disait : « *Prohibendum est etiam secundum majorum instituta ut in ecclesiâ nullatenùs sepeliantur sed in atrio, aut porticu* ». Plus tard, on permit d'inhumer dans les églises les évêques, les abbés et les autres personnes distinguées par leur rang ou par leur piété (2). Et il paraît que déjà on avait antérieurement consacré cet usage au moins pour les évêques, car saint Ambroise fut enterré dans son église et même sous l'autel, comme nous le voyons par sa lettre 22.ᵉ à sa sœur : « Je m'étais réservé, dit-il, cette place (sous l'autel) : il est digne du prêtre de

---

(1) D. Martène.
(2) Conc. de Mayence en 813, et celui de Meaux en 845.

reposer là où il a offert si souvent le saint sacrifice ».

Du reste, les papes saint Grégoire et Nicolas I.er, ouvrirent les églises aux corps de tous les fidèles en général (1). Aussi nos églises ont-elles été dans la suite pavées de pierres tumulaires, dont le grand nombre annonce qu'on usa largement de ces permissions. Cependant on croit que de même que toutes les églises n'avaient pas le droit de posséder des fonts baptismaux, toutes aussi n'avaient point leur cimetière particulier, et que généralement on ensevelissait les chrétiens dans le cimetière attenant au lieu où ils avaient reçu le baptême. Touchant rapprochement, qui semble fondé sur ces paroles de l'apôtre, *consepulti enim estis cum Christo per baptismum*. Ce qui a donné lieu à cette opinion, c'est le grand nombre de cercueils trouvés dans les mêmes lieux, et les traditions qui portent qu'on s'y faisait transporter de plusieurs lieues à la ronde.

Souvent dans les tombeaux du moyen âge on a trouvé des vases en terre, qui avaient servi à contenir de l'eau bénite, et d'autres, percés dans plusieurs endroits, et remplis de charbons sur lesquels on brûlait de l'encens.

(1) D. Martène, *de antiquis ecclesiæ ritibus*, c. XII.

Durand, évêque de Mende, qui vivait au XIII.ᵉ siècle, fait en effet mention de ce rite, et en explique le sens dans son *Rationale divin. offic.*

Depuis le XI.ᵉ siècle jusqu'au XVI.ᵉ, la forme des cercueils est restée à peu près la même que dans les siècles plus anciens. Ce sont toujours des coffres en pierre diminués vers les pieds, avec un couvercle plat ou en dos d'âne; seulement, vers le XV.ᵉ siècle, l'arête ou faîte de ce couvercle devient plus élevée.

L'intérieur des cercueils présente, à la fin du XII.ᵉ siècle et jusqu'au XIV.ᵉ, une forme particulière; on y remarque un espace circulaire pour recevoir la tête, de sorte qu'au lieu de se terminer carrément aux deux extrémités, la cavité prend la forme de la tête à l'endroit où elle doit reposer. Si nos souvenirs ne nous trompent point, il en existe un semblable à Saint-Méen et un autre à Epiniac. Tous les deux sont d'une seule pierre de granit, mais il n'existe plus de couvercles.

On a figuré quelquefois dans le XVI.ᵉ siècle, sur les pans inclinés des couvercles, les insignes de la profession du défunt.

Dans certains lieux on éclairait les cimetières pendant la nuit, au moyen de fanaux placés au haut d'une colonne creuse. Ailleurs et dans notre pays en particulier, on érigeait une croix au milieu des tombes, et dès le XIII.ᵉ siècle, on y plaçait d'un côté l'image du Christ, de l'autre celle de la Vierge tenant dans ses bras l'enfant Jésus.

La plus belle croix de cimetière que nous connaissions dans le diocèse est celle de Lanouaye. Outre le Christ attaché à la croix, on le voit au-dessous, sur les genoux de sa mère, et plusieurs personnages de la passion groupés autour d'eux. Les quatre Evangélistes, représentés par les emblêmes désignés dans l'Apocalypse, entourent le piédestal. Malheureusement tout ce beau travail est maintenant en morceaux, et personne ne s'occupe de sa restauration. Le tout est en beau granit et généralement bien conservé. Ce monument date probablement du commencement du XVI.ᵉ siècle, ainsi que la jolie chapelle de la Vierge que l'on voit dans l'église de la même paroisse.

Une autre plus ancienne se voit dans le cimetière de Pléchâtel. Elle est moins grande et d'un travail moins achevé, mais elle présente une foule de détails très-intéressants et une forme assez originale. Au sommet de cette croix, dont les bras sont très-peu prononcés, on voit représentée, sur une espèce de petit clocheton carré et au-dessus du Christ, une Trinité, comme nous l'avons vue figurée sur les vitraux et les bas-reliefs des xv.ᵉ et xvi.ᵉ siècles, le Père éternel portant le Saint-Esprit sur la poitrine, et son fils en croix entre ses genoux. La tête du Père est environnée du nimbe crucifère. Sur les autres faces du clocheton, c'est une image de la Vierge et deux anges. Chaque face est surmontée d'un petit fronton et d'un toit brisé. Cette même forme de toit se répète plus grande au-dessus du Christ et de la croix proprement dite. Les saintes femmes et saint Jean environnent le Sauveur, dont la tête porte aussi le nimbe divin. Ces personnages sont en ronde-bosse, et reposent sur une espèce de corniche qui sert de couronnement à une colonne carrée ou pilastre qui forme le pied de la croix, et dont les quatre faces sont ornées de petites niches en ogives peu profondes, et contenant chacune la figure en bas-relief d'un apôtre. Dans plusieurs des compartiments, on aperçoit des inscriptions en caractères gothiques, indiquant les noms des petites figures qui y sont représentées. Le tout repose sur un socle évidé deux fois en doucine, et porté sur un large piédestal en moellon. Nous n'oserions pas faire remonter ce petit monument au-delà du xv.ᵉ siècle, quoique plusieurs personnes l'aient cru plus ancien.

Nous pourrions signaler un plus grand nombre de croix de cimetière, mais les limites que nous devons observer ne nous le permettent pas. Nous nous contenterons de recommander, autant qu'il dépend de nous, à ceux qui ont la garde de ces divers objets, d'en prendre tout le soin que méritent ces précieux témoignages de la foi et de la piété de nos pères.

Du XIIIe siècle jusqu'au XVIIe, les tombeaux et les pierres tumulaires placés dans l'intérieur des églises, dans les cloîtres et les salles de chapitre des monastères acquièrent une nouvelle importance archéologique; ils suivent dans leur ornementation les progrès, et subissent les changements opérés dans l'architecture aux diverses époques, ce qui aide puissamment à en reconnaître la date quand elle n'y est pas inscrite, et de plus ils déterminent d'une manière très-curieuse la forme des costumes, des armes et des divers objets intéressants dans chaque siècle et dans chaque pays.

Nous allons donner ici quelques indications au moyen desquelles on peut facilement reconnaître l'époque approximative de ces monuments (1).

On trouve trois types différents de tombeaux;

---

(1) Nous renvoyons, pour plus de détails, au cours d'antiquités monumentales de M. de Caumont, 6.e vol.

les uns sont établis sous des arcades pratiquées dans l'épaisseur des murs, comme on en peut voir dans les églises de Redon, de Notre-Dame de Vitré, de Saint-Méen et ailleurs. D'autres sont isolés des murs et s'élèvent au-dessus du sol, comme à Dol, à Champeaux, etc. Enfin, un plus grand nombre se composent de dalles historiées, incrustées dans le pavé des églises. Ceux de cette dernière classe que nous avons vus réunis en plus grand nombre et plus ornés, sont dans les églises de Saint-Méen et de La Fontenelle.

Dans ces trois systèmes, l'image du défunt est souvent reproduite; elle est en relief sur les tombes abritées sous des arcades, et souvent aussi sur les tombeaux isolés; elle est plus souvent gravée au trait et en creux sur les pierres tombales.

Pour s'aider à reconnaître l'époque à laquelle les tombeaux ont été érigés, il faut remarquer attentivement la forme des vêtements, des insignes, des armes et ornements architectoniques qui ont varié avec les siècles, ainsi que la pose des mains qui peut aussi déterminer la qualité des personnes. Ainsi les évêques et les abbés portent souvent la mitre et la crosse; mais les évêques ont ordinairement la main droite élevée et les deux premiers doigts ou-

verts comme pour bénir, tandis que les abbés
ont les mains croisées sur la poitrine. Les laïcs
tiennent les mains rapprochées l'une vers l'autre, dans l'attitude de la prière. De plus, les
évêques portent la crosse tournée en avant,
pour signifier que leur juridiction s'étend au
dehors et sur le peuple; les abbés, au contraire, la portent tournée en arrière, pour indiquer que leur autorité ne s'exerce que sur
leurs communautés. Ceci du reste ne peut s'observer que dans le cas où les sculptures sont
totalement en relief et détachées du fond. Encore se peut-il que les sculpteurs n'aient pas
toujours tenu compte de cette distinction.

Les mitres anciennes étaient très-basses,
n'ayant que trois ou quatre pouces de hauteur,
et jusqu'à la fin du xiii.ᵉ siècle elles conservent à peu près ces dimensions. Mais au xiv.ᵉ
siècle elles s'élèvent jusqu'à sept ou huit pouces; au xv.ᵉ jusqu'à douze, et enfin dans le
cours du xvi.ᵉ, elles arrivent à la hauteur disproportionnée et disgracieuse que nous leur
voyons aujourd'hui (1).

Les crosses gagnent aussi en hauteur, à peu

(1) Ces dimensions ne peuvent pas être considérées comme
rigoureuses; nous connaissons des mitres du xv.ᵉ siècle qui
n'ont guère plus de cinq à six pouces.

près en même temps que les mitres; d'abord elles n'étaient qu'une simple houlette recourbée en haut comme la volute d'un chapiteau ionique, mais à partir du XIIe siècle le couronnement de ce bâton pastoral fut enrichi de ciselures, de dorures et d'émaux. Au XIVe et au XVe, elles atteignirent toute leur magnificence; alors le bâton était en métal comme la crosse elle-même, et il s'allongea progressivement jusqu'au XVIIe siècle où il atteignit la hauteur actuelle et la forme cambrée du crochet qui le caractérise aujourd'hui.

On observe à l'égard des statues et figures de chevaliers que ceux qui ont une jacque de maille et des casques cylindriques, sont plus anciens que ceux dont l'armure est plate et le casque à visière. Les cheveux tombant autour de la tête et terminés par une frisure en rouleau, annoncent généralement le XIIIe et le XIVe siècle.

Les séculiers des deux sexes portaient également des habits longs et une ceinture à laquelle ils suspendaient leurs clefs, leur bourse ou escarcelle, etc.

Des anges soutiennent souvent le coussin sur lequel repose la tête. D'autres agitent des encensoirs de chaque côté ou tiennent des cierges à la main. Nouveau témoignage de l'ancienneté de ce rite encore observé chez les catholiques de brûler de l'encens et des cierges dans les funérailles.

Quelquefois une petite figure nue paraissant sortir de la tête du défunt et représentant son âme, est enlevée au ciel par deux anges. On en pourrait voir un exemple sur une des belles pierres tombales trouvées en 1844, sous l'autel de l'église Saint-Melaine, à Rennes, si elles n'avaient été enfouies de nouveau sous un parquet neuf et un buffet d'orgue qu'on vient d'y installer pour ôter tout espoir de les visiter de long-temps. Ces tombes sont celles de deux abbés de Saint-Melaine, J. Rouxel (1402), et P. de la Morinaie (1422), premier abbé mitré.

Les pieds des statues couchées s'appuient habituellement sur un lion, un chien ou quelqu'autre animal.

Les armoiries qui décorent les tombeaux peuvent enfin faire reconnaître ceux qui y ont été déposés, ainsi que la forme des boucliers et des écussons.

A l'époque de la renaissance, les tombeaux subissent les modifications introduites dans les formes de l'architecture. On mêle aux arabesques et aux décorations du style grec des squelettes, des têtes de mort, des sablières et la figure de la mort avec sa faux. Les statues ne sont plus ordinairement couchées mais agenouillées sur le tombeau. Quelquefois on représente le défunt dans toute l'horreur de l'état de cadavre. Nous en avons un exemple à Champeaux, comme on peut le voir dans la notice.

Il devait y avoir une statue sur le magnifique tombeau de l'évêque James, dont nous rendrons compte aussi dans la notice sur la cathédrale de Dol, mais la révolution de 93 qui a détruit tant d'autres sculptures dans cette église n'aura pas ménagé celle-là.

CHAPITRE SUPPLÉMENTAIRE

CONTENANT LES NOTIONS LES PLUS INDISPENSABLES SUR LE BLASON ET L'EXPLICATION DES TERMES LES PLUS USITÉS DANS L'ARCHITECTURE MILITAIRE.

DU BLASON.

Le mot allemand *blazen*, d'où l'on a fait *blason*, signifie sonner du cor; et si l'on a donné ce nom à la description des armoiries, c'est qu'anciennement ceux qui se présentaient aux lices pour les tournois sonnaient du cor pour attirer l'attention. Les hérauts venaient reconnaître la qualité du gentilhomme, puis blasonnaient ses armoiries, c'est-à-dire qu'au moyen d'une trompe ou porte-voix, ils décrivaient aux spectateurs les armoiries du chevalier. C'est de cette époque des tournois que date la science du blason; car il existait bien auparavant des marques distinctives propres à certaines familles et à certains individus, et chez les anciens même on retrouve cet usage de se distinguer par quelque signe ou emblême; mais ce n'est qu'au xi.ᵉ siècle qu'on établit les règles et les principes qui constituent la science héraldique.

Formes de l'écu. L'écu d'armoiries est le champ qui représente le bouclier, la cotte d'armes ou la bannière sur laquelle étaient brodées ou émaillées des figures allégoriques. Autrefois, l'écu français affectait une forme triangulaire, et on le posait incliné parce qu'on suspendait ainsi les boucliers aux barrières des tournois ou aux fenêtres des maisons voisines. Depuis le xvi.ᵉ siècle surtout, il s'est modifié successivement jusqu'à prendre la forme carrée, si ce n'est que les deux angles inférieurs sont arrondis et qu'il se termine en pointe à sa base. Les filles ou femmes le portent en losange et les Italiens, surtout les ecclésiastiques, en ovale.

Partitions de l'écu. Les partitions sont les divisions résultant de lignes, au moyen desquelles on partage le champ en plusieurs sections.

On en compte quatre : le *parti*, qui se forme en abaissant une ligne perpendiculaire du haut en bas en passant par le centre. Le *coupé*, qui partage aussi l'écu en deux parties égales mais horizontalement. Le *tranché*, formé par une diagonale de droite à gauche. (La droite se prend à la gauche du spectateur). Le *taillé* qui résulte d'une diagonale de gauche à droite.

Ces quatre partitions servent à en former d'autres nommées *répartitions,* au moyen de la combinaison des premières. Ainsi le *tiercé* se forme du coupé, ou du parti, etc., répété trois fois; l'*écartelé* se forme du parti et du coupé. Ces différents compartiments peuvent indiquer les quartiers d'alliances des familles, et dans ce cas on met au centre l'écusson de la famille principale, que l'on dit être *sur le tout.*

On nomme la partie supérieure de l'écu *le chef;* l'angle supérieur de droite, *canton dextre;* l'opposé, *canton sénestre;* le centre, *cœur;* et les deux extrémités inférieures, *flanc dextre* et *flanc sénestre.*

Les émaux. On nomme ainsi les couleurs du blason parce qu'elles étaient peintes en émail sur les armes, les vases d'or et d'argent, etc.

Il y en a huit principaux, deux métaux, quatre couleurs et deux fourrures ou pannes, savoir : *Or, argent, gueules, azur, sinople, sable, hermine, vair*.

L'*or* est figuré en sculpture ou gravure par un pointillé ou semis de petits points. L'*argent* ne se représente que par un champ lisse. La couleur de *gueules* qui est rouge vermillon se figure par des lignes verticales très-rapprochées. L'*azur* ou bleu-ciel, par des lignes horizontales. Le *sinople* ou vert tendre, par des diagonales de droite à gauche. Le *sable* ou noir, par des lignes croisées verticalement et horizontalement. L'*hermine* se représente par un champ d'argent semé de petites croix de sable desquelles pendent trois branches qui vont en s'élargissant. On les place en quinconce. Le *vair* est composé d'argent et d'azur au moyen de petites cloches opposées les unes aux autres.

Figures, pièces ou *meubles qui couvrent l'écu*. On appelle ainsi tous les objets qui se placent sur le champ de l'écu. Le nombre en est infini, car chacun d'eux représentant un fait honorable, un vœu, un souvenir ou même un caprice, on conçoit quelle quantité d'objets peut être employée en armoiries.

Les figures sont de quatre sortes, *héraldiques*,

naturelles, *artificielles* et *chimériques*. Nous indiquerons seulement les principales de la première classe :

1.º Le *chef* est une large bande occupant le haut de l'écu. Il représente le casque du chevalier.

2.º Le *pal* est la même figure placée perpendiculairement et occupant le centre de l'écu. Il est l'hiéroglyphe de la lance, ou du poteau surmonté d'armoiries que chaque baron faisait dresser devant sa tente ou devant le pont-levis de son manoir.

3.º La *fasce* est la ceinture du chevalier et occupe horizontalement le centre de l'écu.

4.º La *bande* représente l'écharpe passée sur l'épaule ou le baudrier de l'épée ; elle traverse diagonalement l'écu de droite à gauche.

5.º La *barre* est placée dans le sens inverse et caractérise souvent une branche bâtarde. De là est venu le mot : *né du côté gauche*. Dans ce cas elle est moins large.

6.º La *croix* se forme du pal et de la fasce réunis.

7.º Le *sautoir* est une croix de saint André. Il existe une grande variété de croix : *croix simple* ou pleine ; *croix pattée*, dont les extrémités sont évasées ; *croix alésée*, dont les extrémités ne touchent pas les bords de l'écu; *croix ancrée*, dont les branches se terminent en doubles crochets; *croix angrêlée*, quand elle est garnie de dentelures sur les bords, l'intervalle des dentelures arrondi; *croix dentelée*, garnie de dents de scie, etc.

8.° Le *lambel* représente un morceau d'étoffe que l'on emploie pour indiquer une brisure de branche cadette. Il occupe ordinairement le chef de l'écu et se compose d'une légère bande à laquelle se rattachent plus ou moins de *pendants* en forme de triangles.

9.° Les *billettes*, petites pièces carrées plus longues que larges.

10.° Les *losanges* et les *fusées*, losanges allongés.

11.° Les *macles*, losanges percés à jour, et les *rustes*, losanges percés en rond.

12.° Les *besants*, figures rondes représentant les pièces de monnaies.

13.° L'*échiqueté*, composé de petits carrés de deux couleurs différentes.

Parmi les figures naturelles, nous indiquerons comme très-communes celles du *lion* et du *léopard*. Le lion peut être *posé*, c'est-à-dire reposant sur ses quatre pieds, ou *rampant*, levé sur les pieds de derrière. Le léopard est *passant*, c'est-à-dire en course. Ils sont *armés* et *lampassés*, quand la langue est tirée et les griffes de couleur différente.

Couronnes. La couronne des papes ou tiare se compose d'une toque d'or, ornée à son sommet d'un globe surmonté d'une croix. Elle est environnée d'une triple couronne d'or. Celle des empereurs est surmontée d'une toque en forme de mitre ayant au milieu des deux pointes un diadême surmonté d'une boule et d'une croix.

La couronne des ducs est ornée de cinq fleurons ; celle des marquis est surmontée de quatre fleurons séparés par des trèfles formés de perles.

La couronne des comtes porte seize grosses perles séparées, dont neuf visibles. Celle des vicomtes n'a que quatre grosses perles séparées par d'autres plus petites.

Les barons ne portent qu'un cercle d'or émaillé environné d'un chapelet de perles (1).

ARCHITECTURE MILITAIRE.

Les places fortifiées les plus anciennes comme les plus récentes se composaient de trois éléments essentiels, si l'on peut ainsi parler :

---

(1) V. le traité de blason de M. Jouffroy Deschavannes, édition Curmer.

1.° un fossé continu; 2.° une enceinte continue; 3.° un réduit où la garnison trouvait un refuge après la prise de l'enceinte. Dans les villes, ce réduit était plus considérable et se nommait *citadelle;* dans les châteaux, *donjon*, c'est-à-dire une tour plus forte que les autres, et indépendante du reste des fortifications.

L'époque de construction des édifices militaires se reconnaît aux différents genres d'appareil et aux formes architectoniques qui prennent le caractère du style usité dans chaque siècle pour les autres monuments. Cependant comme ceux dont nous parlons sont beaucoup moins ornés à raison de leur destination même, il s'ensuit qu'ils présentent moins d'indices et de caractères qui puissent contribuer à leur classification.

Les parties principales et caractéristiques d'une forteresse au moyen âge, peuvent être considérées dans l'ordre suivant.

1.° *Les fossés.* Les fossés creusés plus ou moins profondément en terre avaient pour but d'empêcher l'ennemi d'approcher ses machines trop près de la place. Le bord intérieur était formé du mur d'enceinte, celui du côté de la campagne, appelé *contrescarpe*, était, au moins dans les siècles plus modernes, revêtu de maçonnerie. Autant que possible on tenait les fossés remplis d'eau; si la chose était impraticable, on remplissait au moins un petit canal creusé au milieu du fossé et nommé *la cunette*. Dans ce cas on les creusait plus profondément et l'on y semait des pieux aiguisés ou des chausse-trapes, espèce de pieux à plusieurs pointes.

2.° *Les ponts*. Ils étaient portés ordinairement sur des piles; quelquefois une espèce de môle traversant le fossé en tenait lieu. Mais de bonne heure on imagina de construire des ponts, dont le tablier se composait de deux pièces : l'une immobile, l'autre pouvant se relever au moyen d'un système de contre-poids établi dans l'épaisseur du mur et en dedans de la porte. C'est ce qu'on nomme pont-levis. Souvent, à la tête du pont, on établissait des retranchements ou barrières, où s'engageaient les premiers combats. On appelait ces travaux *barbacane*, *poterne*. Le mot de poterne s'appliquait plus communément à une porte dérobée donnant accès sur le fossé. Les ponts étaient souvent construits en zig-zag, pour obliger l'ennemi à présenter le flanc aux archers placés le long des murs.

3.° *Les portes*. La porte d'un château est toujours placée entre deux tours. Elle présente un étroit passage que l'on fermait aux deux extrémités, et quelquefois au milieu, au moyen d'une *herse* ou grille en fer, glissant dans des rainures pratiquées aux parois des murailles, et qu'on ne pouvait lever que de l'intérieur. Quelquefois une petite porte se trouve en côté de la première pour le passage des piétons.

4.º *Les tours*. Les tours, dont l'enceinte était flanquée, sont de différentes formes : rondes, elliptiques, carrées, triangulaires, demi-circulaires, prismatiques. La partie de rempart comprise entre deux tours se nomme *courtine*.

5.º *Créneaux*. Ce sont des espèces de boucliers en maçonnerie élevés sur un parapet ou couronnement de muraille, et espacés les uns des autres, de manière à couvrir les hommes qui bordent le rempart, et à leur permettre de se servir de leurs armes dans les intervalles qui séparent ces boucliers. Vers le XIV.ᵉ siècle, on perça des meurtrières dans les créneaux.

6.º *Moucharabys*. Les portes et les fenêtres basses furent défendues de bonne heure par des balcons munis d'un parapet élevé et à jour dans la partie inférieure. De là on pouvait lancer à couvert des projectiles sur les ennemis qui tentaient de pénétrer par ces ouvertures. C'est ce qu'on a appelé moucharabys.

7.º *Machicoulis*. On prolongea souvent le long des murs une défense toute semblable à la précédente et qu'on nomme machicoulis. La plupart consistent en un parapet porté sur une suite de corbeaux ou de consoles médiocrement espacés. La forme des arcs qui unissent les consoles et qui forment l'ouverture verticale des machicoulis peut souvent indiquer l'époque à laquelle ils appartiennent selon qu'ils sont en plein cintre, en ogive à tierspoint ou en accolade.

Sur le sommet des tours et parfois sur les courtines, notamment aux angles saillants d'une enceinte, on trouve de petites guérites en pierre, que l'on nomme *échauguettes*. Il ne faut pas les confondre avec les *lanternons* qui surmontent les cages d'escalier et qui ont pour but d'empêcher la pluie de tomber à l'intérieur, ni avec les *tourelles* placées aux angles des tours. Les tourelles se terminent souvent en culs-de-lampe, et les échauguettes en encorbellement c'est-à-dire en retraites répétées, pour laisser aux sentinelles la faculté de voir au pied des remparts.

8.° *Fenêtres*. Elles prennent ordinairement la forme usitée à l'époque de leur construction, en plein cintre pendant la période romane, en ogive pendant le règne de celle-ci, et à la renaissance elles devinrent carrées et partagées par des meneaux en croix d'où est venu peut-être le nom de *croisée* appliqué aux fenêtres. Toujours elles sont étroites à l'extérieur, et s'élargissent dans toute l'épaisseur du mur à l'intérieur; souvent elles sont garnies de bancs de pierre.

9.° *Meurtrières*. Il existe des meurtrières de différentes formes; les unes sont des trous carrés ou arrondis, d'autres de grandes fentes traversées au milieu par une autre fente horizontale, ou bien élargies à la même place par une ouverture circulaire, ou encore par une fente épatée à ses extrémités (1).

Nos plus anciennes forteresses sont construites en moellons inégaux et reliés par un mortier de chaux et de sable extrêmement solide. Leur architecture est on ne plus simple. Les portes, comme celles de nos vieilles églises, sont formées de deux arcs, dont l'un est en saillie sur l'autre. Les ruines du château de Hédé peuvent donner une idée de la solidité de ces vieilles constructions; et notre seule porte de ville qui subsiste à Rennes, la porte Mordelaise, ainsi que les vieilles tours qui l'avoisinent, en montrent la simplicité. Quelques tours des châteaux de Fougères, Vitré, Combourg, Montmuran, Châteaugiron, sont des

---

(1) Instructions du comité historique des arts, etc.

spécimens des fortifications du xi.ᵉ et du xii.ᵉ siècle. Le château de Fougères, dont différentes parties sont plus récentes et bien conservées, fournit des exemples de presque toutes les formes caractéristiques que nous venons d'indiquer.

Les châteaux du xvi.ᵉ siècle, en conservant quelque chose de leur aspect militaire, revêtirent cependant les formes élégantes et gracieuses du style de la renaissance. Nous avons peu de monuments remarquables de cette époque à citer dans notre département; nous indiquerons seulement les restes peu connus d'un petit château situé entre Sens et Andouillé-Neuville, appelé Boissay. Une charmante tourelle, quelques fenêtres et deux manteaux de cheminée, le tout sculpté admirablement, quoique en granit, méritent de fixer l'attention, et donnent une idée de cette architecture qui a eu aussi son mérite, surtout lorsqu'elle a été appliquée aux édifices de ce genre.

TROISIÈME PARTIE.

NOTICES HISTORIQUES ET DESCRIPTIVES SUR LES PRINCIPAUX MONUMENTS RELIGIEUX DU DIOCÈSE DE RENNES.

Le diocèse de Rennes renferme dans sa circonscription actuelle tout l'ancien diocèse de Dol (1), celui de Saint-Malo, en grande partie, et un canton de celui de Vannes; cependant il est resté assez pauvre en édifices importants; car si l'on excepte la curieuse cathédrale de Dol, celle de Saint-Malo et l'église Saint-Sauveur de Redon, qui dominent toutes les autres, sans pouvoir toutefois être comparées aux grandes cathédrales du reste de la France, on conviendra que l'architecture religieuse a peu produit dans notre pays, malgré sa foi constante et sa piété sincère. D'où viennent ce dénûment et cette absence de grands monuments au milieu d'un peuple qui s'est mon-

(1) Moins un certain nombre de paroisses enclavées dans d'autres diocèses.

tré capable de grandes choses cependant, et dont l'histoire est pleine de faits qui révèlent sa générosité, son énergie et sa noblesse ? D'où vient que la Bretagne catholique n'a pas élevé un de ces temples majestueux qu'on admire dans presque toutes les autres provinces, et qui sont comme de sublimes manifestations du génie chrétien et d'éternels témoignages de la puissance de la foi ? Nous croyons en avoir indiqué déjà les causes : le défaut de grandes richesses, les guerres continuelles dont notre pays a été le théâtre, les invasions fréquentes qui l'ont ravagé, son isolement du reste de la France, et la difficulté de se procurer des matériaux susceptibles de recevoir les formes et l'ornementation des divers styles d'architecture.

On sait que le granit, qui est presque la seule pierre d'appareil et d'ornement que fournisse notre sol, est d'une dureté toujours extrêmement rebelle au ciseau. Aussi a-t-on eu recours à des matériaux exotiques chaque fois qu'on a voulu décorer les édifices d'une manière plus délicate; mais ce fut toujours un surcroît énorme de dépenses, surtout avant que des moyens de transport et des communications plus faciles fussent établies entre la Bretagne et les provinces voisines. Cette seule raison suffirait donc pour expliquer pourquoi nos édifices religieux sont restés dans des proportions moyennes, comparativement aux cathédrales de premier ordre, dont les autres contrées de la France peuvent s'enorgueillir. Et si l'on tient compte de ces divers motifs que nous croyons avoir nui chez nous au développement de l'architecture du moyen âge sur une plus grande échelle, on reconnaîtra que les efforts de génie, de patience et d'habileté, n'ont pas manqué plus qu'ailleurs. Que l'on examine attentivement les délicieuses églises du Finistère et des Côtes-du-Nord, leurs clochers si élégants, si aériens, et quelquefois si hardiment élancés, leurs sculptures si délicates et si capricieuses, malgré la résistance et la rudesse des matériaux qu'on a dû employer, on concevra qu'il a fallu des architectes habiles et des ouvriers exercés pour donner à ces monuments tant de grâce, de solidité, quelquefois même de grandeur; qu'ils ont eu besoin d'une admirable persévérance pour conduire à leur perfection des œuvres si difficiles à exécuter avec les ressources dont ils pouvaient disposer, et que, pour leur rendre pleine justice, on peut dire qu'ils ne sont pas restés en arrière sur leurs contemporains des autres provinces, eu égard aux obstacles et aux difficultés qu'ils ont eues à vaincre.

Mais, sans sortir du diocèse de Rennes, n'avons-nous pas des monuments assez remarquables, bien qu'en petit nombre, pour prouver qu'à toutes les époques, la Bretagne suivit les progrès de l'architecture, et sut utiliser toutes les ressources que son sol et le génie de ses populations purent lui fournir? Pour la période romane, nous pouvons citer nos églises de Redon, de Saint-Malo, Saint-Melaine de Rennes; celles de Livré, Tremblay, Antrain, Hédé, etc., qui présentent au moins des portions intéressantes, quoiqu'il y règne une grande simplicité et qu'on y trouve à peine quelque chose de l'ornementation byzantine.

Malgré le reproche fait assez fréquemment à la Bretagne de n'avoir adopté que tardivement le style ogival, nous pouvons présenter dès le xiii.ᵉ siècle nos églises de Dol, de La Guerche, de Saint-Méen, de Redon, de Paimpont, de Saint-Malo. Le chœur de cette dernière n'a-t-il point même été au moins commencé dès le xii.ᵉ siècle? C'est une question encore assez douteuse.

Enfin les diverses phases du style ogival se trouvent représentées dans les églises de Notre-Dame de Vitré, celles de Fougères, Saint-Yves et Saint-Germain de Rennes, celles de Bais, des Iffs, etc. Nous avons donc cru qu'il serait utile et intéressant de réunir dans cette troisième partie des notices particulières sur chacun de ces monuments, dans l'étude desquels nous trouverons l'application des principes énoncés dans les deux premières, et d'ébaucher ainsi une statistique monumentale dont on comprend toute l'importance. Comme nos églises se composent souvent de parties construites à diverses époques, il nous serait impossible de les présenter dans un ordre chronologique rigoureux. Nous nous en rapprocherons cependant autant qu'il nous sera possible.

MONUMENTS DRUIDIQUES.

Saint-Just. — La commune de Saint-Just, située environ à trois lieues nord de Redon est, sans contredit, celle de tout le département qui renferme le plus de monuments druidiques. La seule lande de *Cojou* (*collis jovis*, prétendent certains antiquaires), en offre un très-grand nombre, disposés comme à dessein sur une ligne dirigée de l'est à l'ouest et dans une étendue de près de deux kilomètres. Plusieurs sont en ruines, mais tous sont encore parfaitement reconnaissables, et avec un peu d'habitude et d'expérience en ce genre, on les rétablit facilement par la pensée.

Ces monuments ne sont pas moins curieux par leur variété que par leur nombre : des menhirs, des enceintes ou cromleks, des dolmens, des semis de pierres plantées sans ordre apparent et indiquant peut-être un lieu de sépulture, des alignements, enfin presque toutes les formes attribuées aux constructions druidiques se retrouvent là rassemblées dans un espace assez resserré, pour que dans un moment on puisse faire une étude appliquée de cette partie de l'archéologie. Toutes ces pierres sont d'un schiste gris noir mêlé de quartz blanc; elles se suivent à des intervalles très-rapprochés, et occupent la partie la plus élevée de la lande. Quelques-unes se dressent sur le sommet de petits monticules ou tumulus qu'on pourrait croire formés de main d'homme, et où des fouilles conduites avec persévérance pourraient amener de curieuses découvertes.

Le dolmen le mieux conservé se trouve sur la partie de la lande qui fait face au bourg de Saint-Just dont elle est séparée par un étang d'un aspect très-pittoresque. Ce monument se compose d'une quinzaine de pierres plantées parallèlement, et d'un bloc plus considérable resté encore placé horizontalement sur les deux lignes. Les autres blocs qui devaient avec celui-ci composer la toiture de la galerie sont tombés en désordre en dedans et en dehors. On ne voit sur ces pierres ni rigoles, ni excavations quelconques pratiquées de la main des hommes.

A l'autre extrémité de la lande, vers la route de Rennes à Redon, et sur le sommet d'une éminence, s'élèvent huit à dix pierres plantées verticalement, sans symétrie, et presque toutes d'une énorme grosseur. Tout auprès se trouve une croix de pierre, érigée probablement dans l'intention de reporter vers un objet chrétien les regards et la piété des anciens habitants accoutumés comme dans tant d'autres endroits à rendre un culte superstitieux à ces restes païens.

Dans l'intervalle qui sépare les deux monuments que nous venons de signaler, on voit dans un état parfait de conservation deux enceintes, qui servaient apparemment de sanctuaires ou de salles de conseil. L'une, de forme circulaire, peut avoir de douze à quinze pieds de diamètre; l'autre, affectant la forme d'un grand croissant, et composée, comme la première, de blocs simplement posés à terre, au moins pour la plupart, présente au milieu de son ouverture un peulvan renversé, auprès duquel est tombé un quartier considérable détaché du bloc principal.

Cette localité, si riche en fait d'antiquités celtiques, n'offre rien d'ailleurs qui puisse intéresser beaucoup la science archéologique. On montre auprès du bourg les ruines d'un prétendu château de la duchesse Anne; mais il est impossible d'y retrouver le plan d'aucune construction. L'église, en partie très-ancienne, ne présente point de caractères bien tranchés d'architecture.

MONUMENTS DRUIDIQUES ET CHRÉTIENS.

Langon. — Environ à quatre lieues de Saint-Just, vers l'est, et sur le bord de la Vilaine qui se dispose à traverser les vastes marais de Renac, après avoir parcouru des landes et des bois taillis, on arrive, non sans peine, sur un large plateau qui domine le bourg de Langon, le bassin de la rivière et une assez vaste étendue de terres sur les limites de l'Ille-et-Vilaine et de la Loire-Inférieure. L'église de Sainte-Anne qui s'élève majestueusement au milieu des prés et des arbres, d'énormes rochers qui commandent la plaine, et de somptueux châteaux couronnant les hauteurs du département voisin, embellissent l'ensemble de cette scène qui ne manque ni de grandeur ni de variété.

Avant de descendre au bourg, on rencontre plusieurs groupes de pierres d'un quartz blanc magnifique; et que leur arrangement, évidemment intentionnel, fait regarder comme des alignements d'origine celtique. Ces blocs ne sont pas posés au sommet, mais sur le penchant de la lande. Quelle fut leur destination? il serait difficile de le dire. Mais un autre monument qu'on trouve non loin de celui-ci, vers le sud, présente une forme plus connue : c'est un dolmen ruiné, dont la forme est encore très-apparente. Une quinzaine de pierres fichées en terre dessinaient un parallélogramme recouvert par d'autres pierres posées horizontalement. Des fouilles que l'on y a pratiquées depuis peu, mais sans les conduire assez profondément, n'ont produit aucun résultat.

Toute cette lande est parsemée de petits tumulus plus ou moins authentiques; mais auprès de tous ces débris de l'antiquité païenne, se trouve une jolie croix en pierre et une chapelle placée là encore comme une sentinelle de la foi chrétienne, ou comme un trophée de la victoire remportée enfin par le christianisme sur les vieilles et ridicules croyances de nos pères. On ne saurait croire combien il a fallu d'efforts de la part du clergé, combien de décrets des conciles et d'ordonnances des rois, pour détruire la superstition attachée à ces monuments grossiers, même à des époques bien postérieures à l'établissement du christianisme (1).

Mais un monument plus digne d'intérêt et déjà visité par un grand nombre de savants et d'antiquaires étrangers, se trouve au bourg même de Langon. C'est une antique chapelle, située à l'extrémité nord du cimetière, probablement la plus ancienne construction qui soit demeurée debout sur notre sol, si souvent ébranlé par les commotions politiques et désolé par des invasions et des guerres sans fin.

La majeure partie des murs est bâtie en petit appareil romain; chaque pierre composant les diverses assises est consolidée et en même temps séparée des autres par une couche de ciment de deux centimètres d'épaisseur. Ces pierres, de grès rouge et de forme cubique, présentent une surface d'environ huit centimètres; elles sont soutenues de distance en distance par un double cordon de briques. Une porte en plein-cintre pratiquée dans le mur méridional, doit être plus récente que le reste; il n'entre point de briques dans son cintre, mais des claveaux dont plusieurs sont en pierre calcaire. Une

---

(1) Concile de Tours en 567, et les capit. de Charlemagne au IX.ᵉ siècle.

reprise très-apparente dans la façade ouest, semblerait indiquer que primitivement l'entrée devait être de ce côté, quoiqu'elle dût être fort étroite.

La forme générale est celle des anciennes basiliques. La nef, longue de huit mètres, se termine par une abside demi-circulaire et peu élevée. Les fenêtres en meurtrières sont au nombre de quatre, une au fond de l'abside, deux dans le mur nord et une dans la façade opposée. Pour la description de l'intérieur, nous citerons quelques passages d'une notice très-intéressante et très-fidèle, rédigée par M. Langlois, architecte, et adressée au comité historique des arts et monuments en 1839 (V. l'Atlas).

« La partie la plus remarquable à l'intérieur
» est la voûte en cul-de-four de l'abside, sur
» laquelle un enduit assez épais a été décoré
» à diverses époques, de peintures bien muti-
» lées, à la vérité, mais dont il reste encore
» assez pour faire juger à peu près ce qu'elles
» durent être. Trois sujets différents y ont été
» superposés. Le plus récent représente au
» centre un personnage à genoux, les mains
» levées sur une espèce de calice. Une autre
» main, qui appartenait peut-être à un corps
» placé au-dessus, ou qui seule était l'emblème

» de Dieu, est étendue sur sa tête et semble le
» bénir.....

» Au centre, dans un cadre ovale (il s'agit
» du second sujet), est un personnage dont on
» ne voit que le haut du corps; il a la main
» gauche levée, la tête entourée du nimbe. Au-
» dessous, à droite, sont trois autres figures
» entières. L'une, assise au milieu, domine les
» deux autres placées à ses côtés; sa main
» droite est étendue sur le personnage assis à
» droite. On n'aperçoit plus que le sommet de
» la tête et l'extrémité d'une main du person-
» nage de gauche. Les deux premiers portent
» le nimbe. Au-dessus de ce groupe, est une
» inscription dont il ne reste pas un mot en-
» tier. Les seules lettres que j'aie pu rassem-
» bler sont : *arsen.... biteri....*

» Enfin, au-dessous de celui-ci en apparaît
» un troisième, évidemment plus ancien en-
» core, et cependant en quelque sorte plus sa-
» vant. En effet, celui-ci est peint de diverses
» couleurs, mais les badigeons supérieurs n'en
» laissent apercevoir que quelques fragments
» de si peu d'étendue, qu'il est impossible d'en
» reconnaître le sujet. La partie la plus consi-
» dérable qui soit visible, est dans l'angle à
» droite de la voûte. Je ne sais, en vérité, par
» quel nom désigner les objets que j'ai cru

» distinguer; mais cependant je crois que ce
» serait à des poissons qu'ils ressembleraient
» davantage (1) ».

On a retrouvé enfoui, à l'intérieur de la chapelle, un petit bas-relief représentant un personnage debout, une main appuyée sur la poitrine. On pense que ce morceau de sculpture, assez grossière, placé d'abord au-dessus de la porte, représentait sainte Agathe, martyre, à laquelle la chapelle est dédiée, et dont une partie du supplice avait été d'avoir les mamelles coupées. Les actes de son martyre ajoutent que ses plaies furent miraculeusement guéries. De là était venue la dévotion des mères et des nourrices, dans plusieurs pays, de l'invoquer dans les infirmités qui leur sont particulières, et ici même se faisaient, il y a peu d'années encore, de fréquents pèlerinages pour

---

(1) Nous croyons aussi qu'on ne peut les appeler autrement, et il est bien probable que si l'on pouvait découvrir l'ensemble de cette première peinture, on retrouverait une composition analogue à celle dont les premiers chrétiens se servirent si souvent comme d'un symbole pour figurer la vocation des hommes au salut, et où ils représentaient le Sauveur sous la forme d'un pêcheur, prenant à l'hameçon les poissons figurant les âmes. Nous avons vu, en parlant des peintures des catacombes, comment la figure du poisson était devenue l'emblème de Jésus-Christ, et, par extension, de tous les chrétiens.

le même objet. On présume que ce petit bas-relief avait été déplacé à l'époque où les huguenots occupèrent ce lieu de prières, comme l'assure Ogée; il n'était pas dans leurs idées de conserver les images, même les plus vénérées, eux qui en proscrivaient le culte comme idolâtrique et impie.

Quant à l'époque de la construction de cette chapelle, il n'y a rien de certain, si ce n'est que sa forme, l'appareil de ses murs, et les plus anciennes peintures de son abside, semblent indiquer les premiers temps de la période romane; et l'on peut croire, sans trop de témérité, qu'elle fut un des premiers oratoires élevés dans notre pays par ceux qui vinrent y prêcher l'Evangile (1).

(1) Après ce monument unique de son genre dans le diocèse, on voit encore avec intérêt l'église paroissiale de Langon, située à l'autre extrémité du cimetière. La partie orientale qui est toute romane se terminait par trois absides en hémicycles, dont la plus curieuse des deux qui restent encore, est celle qui se trouve dans le transept nord. Plusieurs arceaux en plein-cintre et en saillie les uns sur les autres en composent la voûte, et sont reçus, à leurs extrémités, sur les grossiers chapiteaux de colonnes courtes et lourdes accolées aux parois latérales. Dans cette abside, qui sert aujourd'hui de chapelle de la sainte Vierge, on a pratiqué une arcade surbaissée pour établir une communication avec le chœur, dont elle devait être autrefois entièrement séparée. La nef, qui est plus récente, est jointe aux bas côtés par des arcades en ogives. Le chanfrein

ÉPOQUE ROMANE.

GUIGNEN. — L'église de Guignen, l'une de nos plus vieilles constructions religieuses, est remarquable sous ce rapport plutôt que par la beauté de son architecture. Elle rappelle, en effet, mieux que beaucoup d'autres, la forme ancienne des églises romanes des x.°, xi.° et xii.° siècles. Ces églises se terminaient presque toujours par une abside ou tribune demi-circulaire, au milieu de laquelle était placé l'autel. Un banc de pierre appuyé au mur servait de siége au premier pasteur qui se plaçait au fond de l'hémicycle ; les autres prêtres siégeaient à ses côtés, et entouraient ainsi presque entièrement la table du sacrifice. Les murs latéraux se prolongeaient en avant de l'abside, et formaient ce qu'on appelait le *chanceau* ou *chancel (cancellum)*, à cause d'une clôture à jour qui fermait cette partie de l'édifice et l'isolait de celle qu'occupaient les fidèles. C'était

qui sert d'imposte aux piédroits annonce que cette partie peut remonter à la première période du style ogival. On assure que tous les murs étaient revêtus de peintures à fresque qui seraient aujourd'hui d'un grand intérêt, si une épaisse couche de chaux ne les avait fait disparaître. Cette église est, malgré cela, une des plus remarquables du diocèse, sous le rapport archéologique.

là que se tenaient les chantres et les officiers inférieurs du culte, que nous appelons aujourd'hui le bas-chœur.

Toute cette ancienne disposition se retrouve dans notre église de Guignen. L'abside est décorée extérieurement d'arcades pleines, dont les cintres reposent sur les chapiteaux de demi-colonnes, d'un granit rougeâtre et de la même grosseur dans toute leur élévation. Les chapiteaux sont ornés de filets enlacés de différentes manières, et formant de petites volutes aux angles de la corbeille; le tailloir se compose simplement d'un large filet et d'un chanfrein. Les ouvertures que l'on remarque dans les entre-colonnements semblent avoir été pratiquées à une date postérieure, et il est très-probable que primitivement il n'en existait aucune. Cette partie intéressante de l'église est voûtée en pierre, et sert maintenant de sacristie. C'est ce qu'on a fait en beaucoup d'endroits, depuis que le clergé a quitté le rond-point du chœur pour se placer en avant de l'autel, la face tournée vers l'orient.

Les murs du chœur sont consolidés par de larges contreforts, qui ne sont que des pilastres peu saillants, et qui s'élèvent d'un seul jet jusqu'à la naissance de la toiture. La chapelle du transept nord, quoique plus récente, offre deux fenêtres en ogives assez élégantes. Le reste de l'église n'a rien de remarquable.

Mais à l'intérieur, deux objets attirent l'attention. Le premier est le tombeau d'un vicomte seigneur de Guignen, Jean de S.-Amadour (1), fait chevalier par le roi Charles VIII, à la bataille de Fornouë, grand veneur, chambellan et grand-maître des eaux et forêts de Bretagne, mort en 1538. Ce tombeau est placé sous une arcade pratiquée dans le mur septentrional du chœur. La face antérieure est ornée de niches remplies de statuettes, et séparées

---

(1) On lisait autrefois, sur une plaque de cuivre qui a disparu, l'épitaphe du vicomte : Ogée nous l'a conservée en entier. En voici quelques passages :

Quand mort l'homme saisit, maint le cuide aux ténèbres,
Alors pour lui fait-on en pleurs les jours funèbres ;
Mais s'il fut bien vivant, telle mort lui est vie,
Et fin de tous ennuis, de travaux et d'envie ;
Puis renommée et loz, bon bruit de ses bienfaits,
Le rendent par mémoire entre les plus parfaits.
Ci-gît par telle mort, haut et puissant seigneur
Jean de Saint-Amadour, chevalier plein d'honneur,
Vicomte de Guignen, sieur de Toiré notable,
Grand veneur en Bretagne, justicier équitable.
. . . .
. . . .
Ainsi à ses postères tel exemple il donna.
Partant, touts nobles cœurs, qu' voyez cette lame,
Priez au créateur qu'il en reçoive l'âme.

par de petits pilastres. Il présente à peu près la forme des coffres et *bahuts* de la renaissance, aujourd'hui si recherchés. Une statue de grandeur naturelle représente le noble seigneur agenouillé devant un prie-Dieu couvert d'un tapis sur lequel est un livre ouvert. Revêtu de son armure et d'une espèce de dalmatique rouge parsemée de têtes de loup d'argent, les mains jointes et les yeux baissés, il prie avec toute la ferveur de la foi bretonne. Tout ce travail est en pierre et passablement exécuté. Peut-être la statue n'était pas peinte primitivement comme elle l'est aujourd'hui, mais du moins on a eu le bon esprit de reproduire les couleurs du blason de la famille de Saint-Amadour.

L'autre curiosité est une crypte profonde de trois mètres environ, et large à peu près comme le chœur sous lequel elle se trouve. Elle est voûtée en pierre et contient une source abondante et d'une eau si limpide, que, lorsqu'on descend les degrés qui y conduisent, on est exposé à se mettre le pied dans l'eau qui couvre les dernières marches, et qui laisse croire par sa transparence qu'on n'est pas encore arrivé au niveau de la source. Le bruit et la fraîcheur de l'eau vous avertissent bientôt qu'il est temps d'arrêter.

Cette source a-t-elle été ainsi ménagée pour la commodité de l'église, ou bien n'est-ce pas une de ces fontaines druidiques, où une fausse religion rassemblait le peuple comme en un lieu sacré? Je ne sais, mais cette dernière conjecture semblerait plus fondée et pourrait s'appuyer de plusieurs exemples du même genre. Souvent le meilleur moyen de mettre fin à la superstition, était d'établir sur le lieu même un signe ou monument chrétien qui détournât l'attention au profit de la vraie foi, et qui substituât une pensée chrétienne aux souvenirs et aux traditions païennes. Quoi qu'il en soit, cette fontaine n'a d'autre effet maintenant que d'entretenir une humidité très-nuisible à l'église.

Saint-Melaine de Rennes. — L'ancienne abbaye de Saint-Melaine paraît avoir été fondée par le saint évêque dont elle porte le nom. Son corps y fut rapporté du monastère de Platz, où il avait terminé sa vie, le 6 novembre 530, et l'on sait avec quel enthousiasme et quelles démonstrations de joie les habitants de Rennes reçurent les dépouilles mortelles de leur saint évêque. Leur dévotion et leur confiance augmentèrent de plus en plus par suite des miracles nombreux qui s'opérèrent à son tombeau; aussi s'empressèrent-ils d'y bâtir une église dont Grégoire de Tours parle avec admiration, mais qui fut détruite par un incendie peu de temps avant l'épiscopat de ce dernier. Reconstruite par le roi Salomon II, elle fut de nouveau ruinée par les Normands dans le cours du x.ᵉ siècle, et ce ne fut que sous le règne du duc Alain III, que l'église et l'abbaye commencèrent à sortir de leurs ruines. Geoffroi-le-Bâtard acheva l'œuvre commencée par Alain, en confiant l'entreprise à l'abbé Even, qu'il fit venir du monastère de Saint-Florent de Saumur, et qui rendit à l'abbaye son ancienne splendeur (1054).

Nos historiens ne mentionnent depuis ce temps aucune construction, jusqu'en 1672 où l'abbaye fut restaurée, à-peu-près en même temps que celle de Saint-Georges était reconstruite par les soins de Madeleine de la Fayette. Ce fut l'abbé Jean Destrades, ancien évêque de Condom, qui releva une grande partie des bâtiments ruinés de l'abbaye, et notamment un côté du cloître qui existe encore, la maison abbatiale, aujourd'hui l'évêché, et la façade de l'ancienne tour située à l'entrée de l'église. Cette tour s'étant écroulée en partie, on découvrit parmi les décombres, le 9 juin 1672, le tombeau de la duchesse Constance, femme d'Alain Fergent, morte le 13 août 1090. Dans le tombeau se trouvèrent quelques restes de son corps, enveloppés d'une grosse étoffe de laine, recouverte d'un sac de cuir, et une croix de plomb sur laquelle étaient gravés son nom, ceux de son père et de son époux, et la date de sa mort.

Deux autres tombeaux, très-rapprochés l'un de l'autre, furent également trouvés dans les déblais, et à la même profondeur. On pense, d'après D. Lobineau, que ces tombes pouvaient être celles de Conan II et de son épouse.

Tels sont, en substance, les documents que nous fournissent les historiens au sujet de l'édifice que nous avons à décrire. Nous verrons qu'ils sont insuffisants pour nous aider à reconnaître la date précise de plusieurs de ses parties.

Telle qu'elle se présente aujourd'hui, avec toutes les modifications, les reprises et les badigeonnages qu'elle a subis, cette église est encore celle de notre ville qui offre des proportions plus grandes et une élévation plus imposante. Sa forme générale est celle d'une croix latine, composée d'une nef et d'un chœur avec collatéraux et d'une croisée simple. Le chœur se termine par un chevet droit percé d'une grande fenêtre, refaite aujourd'hui pour la troisième fois. On lui a au moins rendu sa forme ogivale qu'elle avait perdue dans une reconstruction antérieure de tout le pignon. Les ailes du chœur ne se prolongent pas jusqu'à son chevet.

Maintenant si nous entrons dans l'examen détaillé de l'édifice, nous trouvons d'abord cette nouvelle façade de la tour reconstruite en 1672, dans le style du temps, et complètement en désaccord avec ce qui reste de cette partie de l'édifice et de l'édifice tout entier. Cette faute qui nous paraît si grave aujourd'hui, était alors bien loin de blesser les idées reçues; on n'y voyait qu'un retour aux formes classiques de la seule architecture régulière et admissible.

Ce qui subsiste de l'ancienne tour, vue à sa base et de l'intérieur, rappelle le style roman dans sa plus grande simplicité. Nous ne serions pas surpris que cette partie inférieure ne fût un reste de la construction de Salomon II, reprise au XIe siècle et continuée dans le même système que la tour de Saint-Georges (1); car on remarque sur les faces latérales des ouvertures en ogives, remaniées, il est vrai, postérieurement, mais qui annoncent, même dans ce qu'elles ont d'ancien, plus d'art et d'élé-

---

(1) Nous ne parlons pas d'une porte pratiquée au XVe siècle, dans le côté sud de la tour, et qui n'a plus de destination.

gance que l'ouverture donnant entrée dans l'église. Cette porte formée d'une arcade doublée et en plein-cintre, ainsi que les deux grosses colonnes qui soutiennent en partie la voûte, et dont les chapiteaux ont été mutilés à dessein, à cause des représentations peu décentes dont ils étaient ornés, sont d'un caractère grave et sévère qui décèle une haute antiquité (1).

Quoi qu'il en soit, nous observerons que l'apparition de l'ogive dans les deux tours de Saint-Melaine et de Saint-Georges dont on ne peut guère placer la construction plus tard que le XI.ᵉ siècle, prouve assez clairement qu'on ne tarda pas, au moins à Rennes, à adopter cette forme d'arcade, et que si le plein-cintre continua d'être employé concurremment avec l'ogive, du moins le style de transition commença plus tôt en Bretagne qu'on ne l'a cru généralement.

Mais, entrons dans l'intérieur de l'église. D'abord nous remarquerons que la porte intérieure de la tour s'écarte sensiblement de l'axe de la nef et du chœur; bizarrerie qui peut

(1) Voyez un dessin de cette tour et un autre de celle de Saint-Melaine dans un manuscrit de M. de Robien, conservé à la bibliothèque de la ville. On le retrouve mieux encore dans le nouvel Album breton, *lith. Landais et Oberthur.*

n'être qu'une négligence de l'architecte, mais qui pourrait aussi faire supposer qu'on a rebâti la tour et l'église à différentes époques, et sur des fondations anciennes qui ne permettaient pas d'harmoniser mieux les deux constructions.

Les murs pleins qui commencent la nef et s'étendent de chaque côté de la tour jusqu'aux premières arcades, sont plus anciens que le reste de la nef. Les deux premières arcades du côté sud et la première du côté opposé sont du même temps, quoique déjà en tiers-point. Il suffit de remarquer les impostes des piédroits, le socle sur lequel reposent les piliers et les arêtes vives de arcades pour reconnaître leur ancienneté. Les autres travées jusqu'au transept sont à coup sûr d'une date plus récente, et que nous pensons être la fin du XIIe siècle. Les piliers carrés cantonnés de colonnes en croix, les chapiteaux en forme de cônes renversés et ornés seulement de quelques moulures rondes et creuses alternativement, les bases ornées dans le même genre, et les arcs de l'ogive simplement élégis sur les angles, nous semblent bien en rapport avec ce que nous connaissons de cette époque.

Jusqu'ici l'ogive domine, même dans les petites fenêtres qui éclairent la nef, et qui sont trilobées à leur sommet; mais, en arrivant au transept, nous retrouvons le plein cintre ou plutôt l'arcade en fer à cheval. Cette forme se répète dans tout le carré central, ainsi qu'à l'ouverture des bas côtés de la nef et des ailes du chœur. C'est la même architecture que celle de la tour et des premières arches; même simplicité, même système de piliers présentant double arête vive. Mais, dans les angles intérieurs de ces piliers ou massifs, qui semblaient destinés à porter une tour centrale, on remarque des colonnes assez sveltes, couronnées de chapiteaux imitant grossièrement le corinthien, et supportant des tronçons de moulures toriques qui devaient former les nervures d'une voûte ogivale; car cette forme est parfaitement dessinée par un gros tore resté sur la paroi de l'un des côtés du carré, et au-dessus du cintre de l'arcade de la nef.

L'arcade correspondante à celle de l'entrée de la nef a été détruite peut-être dès longtemps; elle devait précéder immédiatement l'ancien chœur, et il est à croire qu'elle était fermée par un jubé. Le chœur, beaucoup moins allongé que maintenant, devait se terminer par un rond-point; et les arcades qui donnent aujourd'hui entrée dans les ailes, étaient les deux issues d'un pourtour circulaire autour de l'abside. Un reste de maçonnerie laissé en démolition de chaque côté de ces arcades, nous fait présumer que ce déambulatoire était voûté en pierre. De même on retrouve, dans le mur extérieur du transept sud, la trace évidente d'une abside latérale remplacée plus tard par une fenêtre dont on aperçoit encore les meneaux. Cette fenêtre a été bouchée à son tour, et on a élevé en place l'autel dit du Saint-Viatique que l'on y voit aujourd'hui, et devant lequel est le tombeau de Mgr Mannay.

La grande fenêtre qui éclaire cette même chapelle a été refaite deux fois à des époques très-rapprochées, pour remplacer deux ou trois petites fenêtres en plein-cintre, pareilles à celles qui se voient encore dans un des côtés. Très-probablement le transept nord était tout semblable à celui-ci; de plus, il s'y trouvait une porte donnant communication avec le cloître de l'abbaye.

Le chœur actuel a dû être construit à l'époque où partout on donna à cette partie des églises un prolongement considérable, c'est-à-dire dans le cours du XIIIe siècle et au commencement du XIVe. Les fenêtres des collatéraux sont bien dans le style de cette époque, ainsi que les deux grandes baies qui éclairent l'extrémité de l'ancien sanctuaire.

Les arcades du chœur, qui ont beaucoup de rapport avec celles de la nef, ont cela de particulier cependant que les moulures qui couronnent les chapiteaux et servent de tailloirs, en suivent le contour circulaire, tandis que dans ceux de la nef elles adoptent une forme anguleuse; et de même les bases des colonnes du chœur reposent sur un socle arrondi, et dans la nef on remarque un second socle qui est octogone. Une autre différence entre les piliers du chœur et ceux de la nef, c'est que ceux-ci sont carrés, et ceux-là arrondis, quoique les uns et les autres se ressemblent pour le nombre et la pose des colonnes engagées dont ils sont flanqués. Enfin ceux du chœur nous paraissent d'un galbe plus savant et plus étudié que les autres, ce qui nous porte à croire que cette partie de l'église serait un peu plus récente.

Ainsi, pour nous résumer, et en nous aidant des renseignements de l'histoire et des données architectoniques, nous dirons que la partie ancienne de la tour avec le bas de la nef, et le centre de l'église comprenant les transepts, appartiennent aux constructions faites par l'abbé Even dans la seconde moitié du XI.ᵉ siècle; mais que la presque totalité de la nef d'abord, puis le chœur avec ses collatéraux ont dû être rebâtis dans les dernières années du xii.ᵉ siècle et dans le cours du xiii.ᵉ (1).

Livré. — Le duc Geoffroy I.ᵉʳ fonda en 998 le prieuré de Livré, qu'il donna ensuite à l'abbaye de Saint-Florent. Alors fut bâtie l'église dont il reste encore une portion considérable qui annonce bien, par son style sévère et simple, l'ancienneté de son origine. Comme presque toutes celles de cette époque, elle se composait d'une nef, d'une croisée dont le point central était surmonté d'une tour carrée de peu d'élévation, et surmontée d'un toit pyramidal surbaissé, d'un chœur en hémicycle et de deux absides placées dans les murs orientaux des transepts.

Les arcades de l'inter-transept sont en fer à cheval comme à Saint-Melaine ; mais une particularité que nous n'avons remarquée nulle part ailleurs, c'est qu'au-dessus de deux de ces arcades, s'ouvre une seconde baie en demicercle, destinée probablement à diminuer la

---

(1) Cette église, dans laquelle un grand nombre de personnages illustres et d'abbés ont été enterrés, ne renferme aucun tombeau apparent, si ce n'est celui de l'évêque dont nous venons de parler. Les deux tombes des abbés de la Morinaie et Rouxel que nous avons mentionnées dans la deuxième partie, étaient déjà enfouies lors du changement qu'on a opéré dernièrement dans le sanctuaire, et elles le sont encore aujourd'hui.

pesanteur du mur qu'elle supporte. Les colonnes engagées sur les faces des piédroits n'ont, pour ainsi dire, ni chapiteaux ni bases, mais seulement un chanfrein assez grossièrement taillé et si fruste que, dans plusieurs endroits, on a peine à le reconnaître. Ces colonnes sont placées deux à deux ainsi que dans le chœur où elles devaient soutenir les retombées d'une voûte en pierre qui n'existe plus.

Les deux absides latérales se voient encore, l'une comme chapelle, l'autre comme sacristie. C'est probablement la seule église romane du diocèse qui ait conservé en entier cette forme si généralement adoptée dans les xe, xie et xiie siècles, surtout pour les églises de monastères; mais celle-ci est bientôt en ruine, et il est à croire que lorsqu'on voudra la reconstruire, on choisira un autre plan.

La tour n'est pas moins remarquable que le reste par son caractère roman et son air d'antiquité. Chaque face est percée de fenêtres géminées, dont les cintres sont supportés par de petites colonnes cylindriques, courtes et massives.

Le mur nord de la nef est du même temps, comme l'attestent deux petites fenêtres en meurtrières que l'on y voit encore. Mais le côté sud a été refait au xvie siècle, à l'époque où l'on construisit le bas côté et le portail principal. La date 1551 qu'on lit sur le linteau d'une porte en fait foi, ainsi que le chambranle de cette porte, et deux ou trois crédences placées près des autels, et dont l'ornementation est toute dans le style de la renaissance (1).

Hédé. — L'église de Hédé, dont on n'a pas même fait mention dans la nouvelle édition du dictionnaire d'Ogée, est pourtant assez digne d'intérêt à cause de son antiquité et de l'état de parfaite conservation où elle est encore. Bien rarement on trouve, quelque part que ce soit, une église entière de l'époque de celle-ci; peut-être même est-elle la seule du diocèse de Rennes dont quelque portion considérable n'ait pas été refaite à différentes reprises, et qui présente ce caractère d'unité qu'on y remarque.

D'après le manuscrit de M. de Robien, conservé à la bibliothèque de la ville, toute la

(1) Dans le tympan d'une fenêtre, même côté, on retrouve un reste de verrière coloriée représentant la sainte Trinité; le Père tenant son fils en croix et portant le Saint-Esprit sur sa poitrine; deux petits anges placés à ses côtés tiennent en main divers instruments de la passion. Dans le chœur, deux portraits peints de saint Ignace et de saint François Xavier rappellent que les pères Jésuites étaient en possession de cette paroisse qui fut en effet unie à leur collège de Rennes en 1604.

ville et apparemment l'ancienne église de Hédé furent détruites et rasées au xi.ᵉ siècle; il est donc probable que l'église actuelle et les restes du château, démoli par ordre du roi Henri IV, datent de la fin de ce siècle, ou des premières années du xiiᵉ. On y retrouve le même plan et le même système de construction que dans toutes nos églises de cette époque. La porte principale, dont on peut voir un dessin à l'Atlas, est ornée de deux colonnes supportant un cintre surhaussé et couronné par une espèce de fronton triangulaire; puis d'un second cintre plus petit, en retrait sur le premier, et soutenu également par deux colonnes plus minces. Trois fenêtres allongées et étroites s'ouvrent sur cette façade, l'une plus grande au-dessus de la porte, et deux dans les côtés entre les contre-forts droits et en forme de pilastres qui soutiennent le mur du pignon.

A l'intérieur, la nef communique avec les bas côtés par des arcades en plein-cintre soutenues par des piliers carrés; quelques-unes sont doublées par un second arceau en saillie sur l'intrados du premier, et porté par un pilastre accolé au pilier. Des fenêtres pareilles aux plus petites de la façade occidentale et à moitié bouchées par la toiture des bas côtés éclairent la nef. L'arcade formant l'entrée du chœur actuel est décorée d'une peinture imitant la fresque, et représentant la séparation de la lumière et des ténèbres, d'après Raphaël. Cette décoration, qui ne date que de quelques années, est due au pinceau de M. Logerot, peintre de Rennes. La sacristie actuelle est l'ancienne abside qui servait primitivement de sanctuaire, et qui ressemble à toutes celles du même temps.

Les fonts baptismaux, en pierre de granit sculptée, paraissent assez anciens, et méritent d'être conservés.

Tremblay. — Nous avons déjà recommandé l'église de Tremblay à l'attention des archéologues, non comme un monument de premier ni même de second ordre, mais comme un type intéressant des églises romanes de la seconde période. Ce n'est sûrement pas qu'elle offre de ces détails de décoration qui suppléent quelquefois au grandiose du plan général; de ces sculptures fines et délicates, de ces vitraux riches de couleur et de dessin qui piquent la curiosité de l'observateur, et produisent souvent un effet d'ensemble qui le ravit; non, c'est une simple église de campagne, pauvre, nue, je dirais presque borgne et boiteuse; car elle n'a même pas le mérite de la régularité, et il y a peu de temps encore, elle eût été regardée avec pitié, par beaucoup de gens, comme une des plus misérables sous tous les rapports. Cependant elle est à nos yeux plus digne d'attention et d'intérêt que beaucoup de somptueux édifices, parce qu'elle est un des rares débris de la vieille architecture chrétienne, et qu'elle rappelle encore l'ancienne distribution de nos basiliques. Sa grande simplicité, la teinte d'antiquité de ses murailles, ses contreforts droits et peu saillants, ses baies étroites et arrondies à leur amortissement, tout annonce qu'elle date d'une époque reculée, et il est probable qu'elle est, quant à la partie est, les transepts et le chœur, une des premières églises reconstruites après les incursions désastreuses des Normands pendant les ix.ᵉ et x.ᵉ siècles.

L'espace central entre les transepts et la nef sert de chœur, et est formé, comme dans les précédentes, d'arcades en plein-cintre, dont une au moins a été reconstruite postérieurement. Les impostes des piédroits sont simplement ornés d'un chanfrein, presque toujours caractéristique de l'époque romane dans nos constructions.

Au-delà du chœur s'ouvre une abside en hémicycle qui termine l'église d'une manière gracieuse, et présente un aspect auquel nous sommes peu accoutumés. Elle est voûtée en pierre, du moins dans la partie circulaire qui est un peu plus resserrée que les parois latérales. Cinq fenêtres très-étroites à l'extérieur, et bordées en dedans d'une grosse moulure torique, l'éclairent d'une vive lumière, en sorte que l'œil y est attiré tout d'abord comme au lieu le plus saint et le plus remarquable.

Pour se conformer à la manie de la mode, on avait fermé l'ouverture de cette abside qui est la plus élégante et la plus élancée qui nous reste dans le diocèse, et une ignoble boiserie l'isolait complètement de l'église. L'autel se trouvait reporté en avant et sur la même ligne que ceux de la croisée. Par ce moyen l'église était diminuée d'autant, et l'espace qui restait derrière l'autel était devenu un lieu de décharge d'une saleté si dégoûtante, malgré la proximité du saint tabernacle, qu'il eût été de la dernière indécence de laisser les choses en pareil état. Heureusement on a eu le bon esprit de rétablir la première disposition et de replacer l'autel où il devait être naturellement; on a enlevé la boiserie qui dissimulait le caractère architectural de la construction, on a revêtu les murs d'un enduit de sable, de chaux et de plâtre, qui donne à toute cette partie de l'église un air de propreté qui devrait toujours être le premier ornement de nos temples, et qui la rajeunit sans lui ôter sa forme antique et vénérable.

L'autel, qui ne ressemble en rien à ceux des premiers siècles, a cependant quelque chose d'original qu'on a cru devoir conserver. Il est en marbre ainsi que les degrés qui y montent, et dans le style du dernier siècle. Le tabernacle, en marbre blanc, est entouré des quatre attributs des Evangélistes : l'ange de S. Matthieu, l'aigle de S. Jean, le lion de S. Marc et le bœuf de S. Luc. Au-dessus s'élève une grande croix couverte de guirlandes de fleurs et de fruits, et enrichie au sommet d'une gloire et d'un petit baldaquin. Cet autel appartenait, avant la révolution, à l'église de Rillé, à Fougères.

On n'a pu songer malheureusement à rétablir de la même manière deux autres absides qui existaient dans le mur oriental de chaque croisillon, et qui durent servir, comme ailleurs, à renfermer le trésor de l'église et les objets destinés au culte; car il n'y avait point d'autres sacristies dans la plupart de nos églises, ce qu'on peut reconnaître à la nouveauté de construction de presque toutes celles qui existent aujourd'hui, et qui partout ont été évidemment ajoutées à l'édifice principal, dont elles défigurent souvent le plan et la régularité. Ces deux absides ont été impitoyablement détruites il y a encore assez peu de temps, à ce qu'il paraît (1).

Rannée et Arbresec. — Ces deux églises, assez rapprochées l'une de l'autre, et en grande partie de la même époque, offrent quelques restes d'ornementation romano-byzantine, si rare dans notre pays. La pierre de grès, qu'on trouve dans quelques endroits des cantons de La Guerche et de Vitré, aurait pu favoriser le développement de ce genre d'architecture, comme aux xv.ᵉ et xvi.ᵉ siècles elle se prêta à l'élégance des formes du gothique fleuri; car il est remarquable que c'est dans cette partie

(1) La cure de Tremblay était un prieuré dépendant de l'abbaye de Saint-Florent de Saumur, et en 1630 il était encore desservi par trois moines de cette communauté. On voit près de l'église des bâtiments qui ont dû être à leur usage, ainsi qu'un caveau voûté en pierre et assez spacieux, servant de cellier.

Dans le bourg, on remarque deux maisons assez curieuses; l'une, sur le bord de la grande route, porte la date de 1575; les fenêtres sont surmontées de frontons aigus, toute la façade est en belle pierre de taille, et une jolie tourelle terminée en cul-de-lampe est suspendue à l'un des angles L'autre, qui semble encore plus ancienne, est située à l'entrée de la lande de Tremblay, au nord-ouest de l'église. Les ouvertures sont toutes ou ogives en accolade, et plus ou moins ornées de sculptures.

du diocèse que se trouvent la plupart de nos belles églises rurales de cette époque.

Le portail de l'église de Rannée (V. l'Atlas), peut-être un peu plus récent que l'abside, nous fournit un exemple de l'arcade que nous avons appelée en *cintre brisé*, ou ogive naissante ; de plus, il est entouré d'une archivolte en plein-cintre ornée de billettes. Nous n'en avons pas trouvé ailleurs, si ce n'est autour des petites fenêtres de la vieille tour de Redon. Il est d'ailleurs si petit et si simple que, sans cela, il n'aurait rien que de très-ordinaire. Nous ne parlerons pas de la nef et de ses collatéraux qui sont des XVI.ᵉ et XVII.ᵉ siècles. Mais à l'entrée de l'abside, qui peut être du XI.ᵉ, nous ferons remarquer une arcade triomphale soutenue par des colonnes engagées, dont les chapiteaux ornés d'entrelacs rappellent ceux de Guignen. L'abside elle-même sert encore de sanctuaire, et là au moins on a eu le bon esprit de n'en pas faire une sacristie. Il est vrai qu'elle présente peut-être plus de développement qu'ailleurs. Nous verrons plus tard qu'à La Guerche on a aussi conservé une belle arcade triomphale du XI.ᵉ siècle, quoiqu'on ait rebâti, à deux époques très-éloignées l'une de l'autre, le chœur et la nef.

A Arbresec, nous trouvons un portail roman

dont l'archivolte est composée d'une série d'é-
toiles ou de pointes de diamant (V. l'Atlas, pl.
X, A). C'est à peine si on remarquerait cette
parcelle de décoration dans certaines contrées
où le roman secondaire est si riche et si orné;
chez nous, c'est une heureuse découverte, et
on la recueille avec soin. L'arcade triomphale
est très-surbaissée et aussi simple que possible;
mais au fond du sanctuaire s'élève un autel de
la renaissance, plus élégant, plus léger et
dans de meilleures proportions qu'aucun de
ceux que nous connaissons. Il est nécessairement petit, parce que l'emplacement ne comportait pas de grandes dimensions; mais il
pourrait, malgré cela, servir de modèle dans
de plus somptueuses églises, et remplacer avan-
tageusement les retables mesquins et sans goût
que l'on y remarque souvent. Il est en pierre,
ainsi que le panneau intérieur où l'on place
ordinairement un tableau, et qui est ici un
bas-relief très-remarquable par son originalité
et la facilité d'exécution qu'on y trouve. Le tabernacle lui-même en faisait partie, et n'était
autre chose que le tombeau de la Vierge en
saillie sur le fond, et environné des Apôtres et
des saintes femmes, au milieu desquels un
petit ange soulève d'une main le bord du lin-
ceul, et de l'autre indique l'Assomption de la

Mère de Dieu que l'on voit enlevée par les anges, et entrant triomphante dans le royaume de son Fils. Cette composition, qui n'est certainement pas l'œuvre d'un artiste bien exercé, présente beaucoup de fautes et d'incorrections sous le rapport du dessin; mais la première pensée en est heureuse, et on remarque dans les têtes et les poses une expression si naturelle et un sentiment d'étonnement et d'admiration si énergiquement rendu, qu'on ne peut s'empêcher de croire qu'avec plus de connaissance de l'art, le sculpteur qui a créé cette scène eût fait un chef-d'œuvre.

Malheureusement on a brisé le tombeau pour mettre en place un petit tabernacle en bois du plus mauvais goût, et l'on a barbouillé de couleur tout le bas-relief. A la vue de pareilles dégradations, on éprouve une impression pénible, et qui fait comprendre l'opportunité des ordres donnés par les évêques de n'entreprendre aucune restauration et de n'opérer aucun changement dans les églises, sans leur avis et leur consentement (1).

(1) La paroisse d'Arbresec, anciennement Arbrissel, est la patrie du bienheureux Robert d'Arbrissel, archidiacre de Rennes, fondateur de plusieurs monastères, en particulier de Fontevrault (1096). On sait qu'il donna le gouvernement de son ordre, composé de personnes des deux sexes, à l'abbesse

Ruines de l'abbaye de Saint-Sulpice. — Au commencement du xii.e siècle, un disciple du bienheureux Robert d'Arbrissel, Raoul de la Fustaie, fondait dans la forêt du Nid-de-Merle un monastère semblable à celui de Fontevrault, et une princesse d'Angleterre, Marie, fille d'Etienne de Blois, quittait la cour de son père pour venir, au milieu de nos bois et de nos bruyères, prendre la conduite du nouvel établissement. Elle procura à cette abbaye des biens considérables et une telle considération, que les évêques de Quimper, de Rennes et de Poitiers lui soumirent les monastères de Locmaria, de Saint-Malo près Ercé, et de la Madeleine de Fougereuse. Comme toutes les maisons du même institut, elle se divisait en deux couvents, celui des hommes et celui des femmes. Le premier n'exista pas au-delà du xiv.e siècle, et la révolution de 89 a détruit le second. La mort de la première abbesse arriva le 6 mai 1159; N. Lemaître de la Garlaye, qui fut nommée en 1778, a survécu à la destruction de sa maison.

Pillée et vendue pendant la révolution, l'abbaye de Saint-Sulpice-des-Bois n'offre plus

que tous les religieux, à l'exemple du respect de saint Jean envers la Sainte-Vierge, devaient regarder comme leur mère.

guère que des ruines. Une petite chapelle dont les ouvertures sont ornées de moulures à la manière du xv.ᵉ siècle, et servant aujourd'hui d'étable et de maison de ferme, ainsi qu'une autre construction du même temps où l'on a établi un moulin, sont peut-être ce qu'il y aurait de mieux conservé. Le corps de bâtiments restauré et habité par le nouveau propriétaire est d'une date très-récente et n'a rien de remarquable. Il servait d'infirmerie dans les derniers temps du monastère. Enfin une espèce d'oratoire dont la voûte surbaissée est couverte de fleurs de lis et d'étoiles, recouvre un caveau où l'on déposait, à ce qu'il paraît, les dépouilles mortelles des abbesses.

Nous passons légèrement sur ces premiers détails pour en venir plus tôt à la partie la plus intéressante des ruines, c'est l'ancienne église de l'abbaye, la seule construction qui remonte à la date de la fondation. Après tous les ravages et du temps et des hommes, après tous les efforts que l'on a faits, même depuis peu d'années, pour raser complètement ses vieilles murailles, l'église conserve encore son plan bien tracé et sa distribution primitive. C'est absolument la même ordonnance que dans toutes nos églises des xi.ᵉ et xii.ᵉ siècles; une nef assez large, une croisée dans les mêmes proportions, une abside profonde servant de sanctuaire, et deux plus petites dans les transepts. Un escalier pratiqué dans l'épaisseur du mur nord-est du chœur conduisait à une tour centrale, que soutenaient les arcades de l'inter-transept appuyées elles-mêmes sur des piédroits ornés de demi-colonnes en faisceau, et dont les chapiteaux sont seulement recouverts d'enlacements et de filets tressés en nattes. Les bases sont tellement frustes et mutilées, qu'on n'en saisit plus la forme.

La tour est entièrement détruite, si tant est qu'il y en ait jamais eu une en pierre, car il serait étonnant qu'il n'en restât aucun débris. A voir la peine qu'on a eue à démolir le fond de la principale abside, et les énormes blocs de maçonnerie compacte qui se sont écroulés plutôt que de se diviser, on conçoit difficilement que la tour eût pu être rasée à la hauteur des murs du transept, sans qu'il demeurât quelque pan de mur pour indiquer son existence. Peut-être un clocher en bois en tenait lieu.

Les arcades de l'inter-transept et des absides sont toutes doublées d'un second arc intérieur et en saillie sur le premier, et au lieu de pierres de moyen appareil, ce sont des claveaux assez minces et de différentes pierres qui composent les cintres. Elles sont assez élancées, comme on peut le voir dans le dessin que nous en avons donné (V. l'Atlas); et l'ensemble de ces ruines, quoique dans des dimensions assez modestes, a quelque chose d'imposant et de vénérable qui plairait même à d'autres qu'aux antiquaires et aux dessinateurs. Depuis longtemps sans couverture, et exposées à tous les ravages, elles demeurent cependant debout, et semblent devoir braver encore long-temps les intempéries et les injures des saisons.

Mais ce qu'il importe de remarquer, c'est que le plein-cintre seul règne dans cette construction, ce qui n'a pas échappé à ceux qui s'occupent d'archéologie, et surtout à ceux qui pensent que, dans la Bretagne, l'ogive ne parut qu'au XIII.ᵉ siècle. Voilà, disent-ils, un monument de date certaine, du commencement du XII.ᵉ siècle, où l'ogive ne paraît nulle part; donc il est impossible d'admettre que tels autres monuments où on la trouve soient antérieurs à celui-ci, ou même qu'ils en soient contemporains. Nous ne voulons point entamer ici de discussion, mais nous observerons seulement que, pour que ce raisonnement fût concluant, il faudrait qu'on prouvât que le plein-cintre fut abandonné partout simultanément dès la première apparition de l'ogive, ce qui est impossible, et que, de ce moment, on ne construisit plus aucun édifice que dans le nouveau style. Fondé sur cette hypothèse, on pourrait dire alors : tous nos monuments dont la date n'est pas clairement indiquée par l'histoire et où l'ogive se trouve, même avec le plein-cintre, sont postérieurs à l'abbaye de Saint-Sulpice, qui date de 1112 ou 1115, et dont les les restes ne nous montrent que le plein-cintre. Mais on conçoit que ce serait baser son jugement sur une absurdité, et il semble beaucoup plus rationnel de dire : plusieurs édifices construits aux xi.ᵉ et xii.ᵉ siècles présentent, dans ce qu'il nous en reste de plus ancien, l'ogive et le plein-cintre réunis; donc, dès cette époque, on fit usage en Bretagne de l'une et de l'autre forme d'arcades.

Quoi qu'il en soit, ces ruines sont bien ce que nous possédons de mieux dans ce genre, et nous souhaitons que le nouveau propriétaire, qui paraît en comprendre tout le mérite et la valeur historique, les conserve comme une des portions les plus intéressantes de son domaine.

L'église paroissiale qui semble aussi très-ancienne, est loin cependant d'être aussi intéressante (1).

(1) Nous pourrions citer un assez grand nombre d'autres

PÉRIODE DE TRANSITION.

Antrain (*inter amnes*). — La petite ville d'Antrain, située sur une éminence qui domine le cours si riche et si pittoresque du Couesnon, possède une église d'une assez grande antiquité. Avant 1197, elle était dépendante de l'abbaye de Marmoutiers; mais à cette époque, Herbert, évêque de Rennes, obtint de l'abbé le patronage et la moitié des oblations de cette église, et depuis, la cure fut en présentation d'un chanoine de la cathédrale de Rennes.

Il ne serait pas étonnant que cet édifice eût été reconstruit ou du moins restauré à cette époque; l'emploi simultané qu'on y remarque du plein-cintre et de l'ogive, annonce bien la transition qui se fit vers ce temps du style roman au gothique; et l'inter-transept avec ses faisceaux de colonnes ornées de chapiteaux moitié romans et moitié gothiques, avec ses nervures toriques à la voûte et son archivolte en filets croisés sur la face extérieure des ar-

---

églises conservant quelques portions de l'époque romane secondaire, telles que des portes, des absides, des parties de murs où l'on retrouve l'appareil en arête de poisson, ce qui se rencontre surtout dans le côté nord des nefs, toujours mieux conservé que le côté sud; mais on les reconnaîtra facilement d'après ce que nous avons dit précédemment, et elles ne méritent pas une description à part.

cades en ogives naissantes, ne peut guère appartenir à une autre date. Deux portes, l'une à l'ouest, l'autre au sud, ressemblent beaucoup, quoique plus simples, à celles de l'église de Pontorson que l'on attribue au xii.ᵉ siècle. De chaque côté des portes, deux petites colonnes supportent les voussures en plein-cintre et ornées d'un rang de dents de scie. Au-dessus de celle de l'ouest, une fenêtre en lancette semble placée là tout exprès pour déterminer, à première vue, l'époque de transition et rapprocher les deux styles. Une ou deux autres fenêtres en meurtrières, percées dans le mur nord de la nef, et une abside pratiquée dans le mur transversal de l'un des transepts annonceraient une antiquité plus reculée. Cette abside était décorée de peintures à fresque dont la voûte est encore couverte; mais l'humidité les a détériorées au point qu'on a peine à en reconnaître les sujets. Il semble pourtant qu'on y a représenté les trois personnes de la sainte Trinité, environnées d'anges. Quelques bordures peintes en couleur rouge, noire et jaune sont mieux conservées. Du reste, il paraît que deux enduits ont été successivement peints, et le premier n'est guère plus endommagé que le second. Une tourelle extérieure devait contenir un escalier conduisant à la tour carrée qui s'élève au milieu des transepts et dont la partie inférieure seule est ancienne. Le chœur tout entier a été refait probablement au xvii.ᵉ siècle; il appartient encore au gothique, mais du plus mauvais goût. Une des fenêtres absidales, celle du fond, maladroitement dessinée en plein-cintre, à l'intérieur, par une boiserie dans le style de Louis XV, contient encore une verrière d'un assez bon dessin, mais pâle de couleur et en lambeaux. On y voit le Christ en croix, avec la Madeleine et quelques autres personnages de la Passion. Quelques stalles sculptées qui pourraient être du xvi.ᵉ siècle présentent encore, quoique bien mutilées et couvertes de plusieurs couches de peinture, des détails assez bien traités.

STYLE OGIVAL PRIMITIF.

Cathédrale de Dol. — Vers le milieu du vi.ᵉ siècle, saint Samson, sacré évêque par Dubrice, archevêque de Ménévie au pays de Galles, vint à Dol fonder un monastère dont il fit bientôt le siège d'un nouvel évêché. D. Morice pense que ce fut le roi Childebert I.ᵉʳ qui lui procura cette dignité, dont il se montra bien digne par une longue suite de vertus et de travaux apostoliques. Il souscrivit en 557 au troisième concile de Paris, et mourut en 565 (1).

(1) Quelques auteurs prétendent qu'il y avait eu avant lui, sur le siége de Dol, un autre saint Samson, primitivement archevêque d'York, et véritable fondateur de l'évêché ou plutôt de l'archevêché de Dol ; car ils disent que la prétention de ses successeurs au titre d'archevêques tenait à ce que le premier d'entr'eux avait joui de cette dignité, dont ils avaient hérité ainsi que de son siége. Quelle que soit l'origine de cette prétention, il est certain que les princes et seigneurs bretons la soutinrent avec d'autant plus de constance, qu'ils visèrent toujours à demeurer indépendants de la France, même pour le régime spirituel, et que les prélats de la province reconnaissaient plus volontiers la suprématie du prétendu métropolitain que celle de l'archevêque de Tours. Les prélats qui se succédèrent à Dol conservèrent leur titre d'archevêques jusqu'au XIII.e siècle ; plusieurs d'entr'eux reçurent le pallium de la part des Souverains Pontifes, ainsi que le droit de faire porter devant eux la croix, et donnèrent la consécration épiscopale à un grand nombre de leurs suffragants, malgré les fréquentes réclamations et protestations des métropolitains de Tours. Enfin, en 1199, Jean de la Mouche ayant été élu, Barthélemy, archevêque de Tours, s'opposa à sa consécration, et reprit la querelle de l'archevêché déjà tant de fois jugée. On écrivit de part et d'autre au pape Innocent III, alors régnant, qui évoqua l'affaire à son tribunal ; et, après avoir entendu les députés des deux archevêques, condamna l'élu de Dol et ses successeurs à regarder désormais l'archevêque de Tours comme leur métropolitain, et à ne jamais prétendre à l'usage du pallium, cassant toutes lettres, chartes et titres dont ils pourraient se prévaloir, et en écrivit au roi de France, aux duc et duchesse de Bretagne et aux chapitres de Tours et de Dol.

Ainsi se termina cette longue contestation, et dès lors les

Dans le long catalogue des évêques de Dol, parmi lesquels on compte plusieurs saints inscrits au martyrologe, et dont les principaux actes nous ont été conservés par Baldric, l'un d'entre eux, et par plusieurs écrivains postérieurs, nous n'en trouvons pas un qui soit désigné comme le fondateur de la cathédrale dont nous avons à nous occuper, ni qui ait présidé à sa consécration. Pas un mot, dans nos divers historiens de Bretagne, qui éclaircisse tant soit peu l'origine de ce monument qui surpasse tous ceux de la province, et qu'un habile architecte du gouvernement appelle *notre seule église de Bretagne*. On mentionne des reconstructions d'une bien moindre importance, celle, par exemple, des murs de la

prélats de Dol ne portèrent plus que le titre d'évêques, bien que plusieurs papes leur aient accordé des priviléges particuliers, et notamment le droit de préséance sur les autres évêques de la province.

Ce qui semble le plus probable dans toute cette affaire, c'est que l'archevêché de Dol ne fut établi qu'à l'époque où Nominoé forma les nouveaux siéges de Saint-Brieuc et de Tréguier qui se soumirent à celui de Dol comme au siége métropolitain. Ce prince se fit couronner dans la cathédrale de Dol, et se déclarant indépendant du roi de France, il voulut aussi que ses évêques ne reconnussent qu'un chef de leur nation. Cependant ceux de Rennes, Nantes et Vannes, ne paraissent pas avoir jamais reconnu l'autorité du nouveau métropolitain. (V. l'ouvrage de M. Tresvaux, église de Bretagne.)

ville, du château, on décrit la forme d'une tour de défense, on raconte les querelles entre e chantre de la cathédrale et l'évêque ou les chanoines, et sur la cathédrale elle-même, l'évêque qui en a posé les fondements, l'architecte qui en a dirigé le travail, les sommes qu'on y a employées, rien qui puisse même jeter quelque lumière sur ces diverses questions qui nous intéresseraient aujourd'hui à un si haut point. Nous sommes réduits à des conjectures, à des inductions, et il nous faut subir les jugements plus ou moins sûrs d'hommes très-habiles sans doute et très-versés dans l'étude des monuments, mais, qui, après tout, avouent eux-mêmes que leurs systèmes demandent à être corroborés par de plus nombreuses observations et des recherches plus multipliées. MM. Mérimée et de Caumont y ont reconnu les caractères architectoniques du XIII.ᵉ siècle, à l'exception de quelques portions que nous indiquerons bientôt, et il n'est personne qui ne se range volontiers à leur avis, pour peu qu'il ait eu occasion de comparer cet élégant édifice avec les constructions élevées à la même époque en Normandie et dans l'ouest de la France.

Du reste, la seule pièce historique que nous puissions faire valoir au sujet de notre cathédrale semblerait favoriser cette opinion. C'est une lettre de Thibaud d'Amiens, archevêque de Rouen, au chapitre de Dol, citée par Dom Morice (Preuves, t. 1, p. 850), et qu'il dit avoir prise aux archives de l'église de Dol, au registre appelé *Alanus*, écrit au xv.ᵉ siècle (1).

Dans cette lettre, datée de l'an 1222, l'archevêque annonce au chapitre de Dol qu'il leur renvoie des reliques de saint Samson et de

(1) Omnibus Christi fidelibus pres. lit. insp. Th. D. G. Rothomagensis archiepiscopus salutem in Dom. Ad universitatis vestre notitiam volumus pervenire quòd cum nos tempore felicis recordationis Walterii nostri predecessoris in ecclesia nostra Rothom. officio penitentiarii fungeremur, dilectus et familiaris noster bone memorie nobilis vir Philippus de Columbiis nobis humiliter est confessus quod ipse habebat quasdam reliquias Dolensis ecclesie quas ipse tempore guerre inter pie quondam memorie Johannem regem Anglie et Britones habite, de manibus ruptariorum subripuerat violenter, qui eas in subversione et combustione Dolensis ecclesie cum violentia asportaverant ab eadem, videlicet de ossibus ac corpore B. Samsonis, de pallio ejusdem, et de ossibus B. Maglorii, et quasdam alias reliquias, quas predictus Philippus de consilio nostro in manibus memorati archiepiscopi resignavit, qui eas sub signo et sigillo predicti Philippi per manum meam in thesauro Rothom. fideli custodie deputavit. Posteà verò à venerabili fratre Johanne episcopo et capitulo Dolensi humiliter requisiti ut sibi et ecclesie sue prefatas reliquias redderemus, eas ipsis ad voluntatem suam reddidimus, fideliter et benignè. In cujus rei testimonium sigillum nostrum presentibus litteris duximus apponendum. Datum anno gratie M. CC XXII. mense januarii.

saint Magloire, enlevées par un certain Philippe des Colombiers, pendant le sac et l'incendie de leur église, au temps de la guerre qui avait lieu, à la fin du siècle précédent, entre Jean-sans-Terre et les Bretons. Ce qui suppose que l'ancienne cathédrale fut complètement détruite à cette époque *(in subversione et combustione Dolensis ecclesiæ)*, et que dès les premières années du XIII.ᵉ siècle on s'occupa de la reconstruire, puisque l'évêque et son chapitre demandent les reliques qu'ils désiraient apparemment y replacer, et que l'évêque sous le pontificat duquel cette restitution s'opérait, fut enterré dans sa cathédrale, s'il faut en croire Albert-le-Grand, qui place sa mort en 1224.

Jean du Bosq *(Joannes de Bosco)*, natif du Mans, docteur en droit civil et canonique, avocat du roi au parlement de Paris, élu évêque de Dol et sacré en 1312, mourut le 25 janvier 1324, et fut enterré dans le sanctuaire de la cathédrale où l'on voit encore une inscription, et non pas, comme le dit M. Tresvaux, dans la chapelle Saint-Samson. Ce fait de l'inhumation d'un évêque dans la cathédrale au commencement du XIV.ᵉ siècle, prouve au moins qu'elle existait alors ; et si l'on rapproche cette circonstance de la précédente, on devra, ce semble, conclure que l'époque de construction de cette église doit être placée dans le cours du XIII.ᵉ siècle, puisque d'un côté nous savons que celle qui l'a précédée fut renversée et brûlée à la fin du XII.ᵉ ou dans les premières années du XIII.ᵉ, et de l'autre, qu'on y enterrait déjà au commencement du XIV.ᵉ (1).

Maintenant que nous avons indiqué, autant que possible, l'époque de construction de la cathédrale de Dol, étudions-la dans ses détails, ce sera un moyen de plus de justifier notre opinion. Mais avant d'entrer dans cet examen, qu'on nous permette d'exprimer un regret que nous ressentons vivement, c'est de n'être pas sur les lieux mêmes pour suivre les

---

(1) Si l'occupation de la ville de Dol par les troupes de Jean-sans-Terre s'était prolongée, nous pourrions supposer qu'en même temps qu'il en relevait les fortifications, il aidait aussi à reconstruire la cathédrale, et ainsi s'expliqueraient les rapprochements qu'ont faits MM. Mérimée et Lassus entre l'architecture de cette église et celle des constructions anglaises et normandes du même temps ; mais il garda trop peu de temps sa conquête pour que nous puissions lui faire l'honneur de cette belle entreprise ; et l'on peut assez facilement comprendre comment nos monuments présentent des caractères de ressemblance avec ceux d'Angleterre et de Normandie, par la situation du pays de Dol si rapproché de l'une et de l'autre, et les rapports faciles que nos architectes et artistes purent avoir avec ceux de ces deux nations, sans avoir recours à une supposition improbable.

contours et les différents membres de ce bel édifice, en relever tout le plan et calculer toutes les dimensions, en compter pour ainsi dire toutes les pierres, en embrasser l'ensemble et porter ensuite un jugement plus motivé après en avoir donné une description inspirée par l'aspect même de cette grande et sainte conception, si heureusement et si chrétiennement exécutée. Trois fois nous avons été visiter ce noble monument de la foi de nos pères, et toujours nous avons senti que nous ne faisions pas seulement une excursion artistique, mais un pèlerinage de foi; car nous ne nous sommes jamais trouvé en présence de cette vieille cathédrale, sans ressentir l'enthousiasme de la piété en même temps que l'émotion naturelle que produit la vue d'un grand et beau spectacle. Et pourtant elle est une des plus simples et des plus modestes parmi les grandes basiliques du siècle de saint Louis; mais c'est qu'au moins celle-ci est à nous, elle est née, si l'on nous permet l'expression, elle a grandi sur le même sol que nous, et peut-être ce sentiment de patriotisme nous fait-il trouver dans sa simplicité plus de charmes, et dans ses modestes proportions plus de grandeur. Du moins nous ne l'avons jamais quittée sans désirer la voir encore, et si nous éprouvons quelque crainte au moment de la décrire, c'est que nos souvenirs ne soient pas assez fidèles, ni notre plume assez exercée pour la montrer dans toute sa beauté réelle.

Essayons cependant de la faire connaître à ceux qui ne l'ont pas vue, et de la rappeler à ceux qui déjà l'ont visitée.

Vue du côté de l'occident, notre cathédrale n'offre qu'une façade incomplète, composée de parties incohérentes, et évidemment remaniée et impitoyablement défigurée par des mains non seulement inhabiles, mais barbares. Deux tours s'élèvent de chaque côté du portail, l'une, au nord, s'arrête bientôt inachevée et sans espoir de monter jamais plus haut. Elle est à pans coupés, et chacune de ses faces est ornée de moulures dans le style du gothique fleuri, et d'ouvertures carrées ou en accolades qui annoncent les premières années du xvi.ᵉ siècle, époque où elle a réellement été construite. Celle du sud est plus élevée, et rappellerait un peu celles de Coutances à cause des arcatures simulées dont ses murs sont décorés et où l'on remarque un mélange sensible de l'ogive et du plein-cintre; mais elle n'a point au-dessus de sa plate-forme cette flèche élégante et hardie qui termine si bien la plupart des tours ogivales de la première période. Une balustrade qui annonce, par ses compartiments contournés en flammes, le style du xv.ᵉ siècle, couronne son sommet et semble y avoir été ajoutée postérieurement, car l'ensemble de cette tour paraît la partie la plus ancienne de l'édifice, à l'exception de la base qui a été reprise en sous-œuvre dans le dernier siècle, et un petit clocheton qui s'élève à l'angle sud-est et qui n'est guère plus ancien que cette restauration. L'entre-deux est si complètement défiguré et méconnaissable qu'on ne saurait le comparer à quoi que ce soit, ni dire ce qu'il a dû être primitivement. Quittons bien vite ce côté faible du monument, il a quelque chose qui attriste l'âme et qui déshonorerait notre chef-d'œuvre, si l'on pouvait supposer qu'il a toujours été tel qu'il est. Puissions-nous un jour voir reconstruire cette portion si importante et si négligée cependant jusqu'ici !

Le côté nord est le plus remarquable pour les hommes de l'art, parce qu'il présente plus d'unité et plus d'ensemble ; il a un aspect grave, sévère et antique qui s'harmonise bien avec le paysage qui l'avoisine et les restes de fortifications qui s'y relient ; aucun édifice ne l'entoure, le vallon solitaire qu'il domine lui communique quelque chose de son mystère et de sa mélancolie, et les vastes marais qui s'étendent devant lui et le laissent dans un isolement complet, ajoutent à la majesté de sa masse et à la grandeur de son élévation. Ce qui donne surtout l'avantage à cette façade, c'est qu'elle est à peu près dans son état primitif et qu'on n'y remarque que très-peu de retouches. Plusieurs fenêtres sont endommagées et demanderaient des soins; cependant la plupart sont encore assez intactes, et présentent une coupe et une ornementation très-heureuses. Presque toutes sont à lancettes géminées que surmonte une rosace polylobée extrêmement gracieuse. Les piliers butants et contre-forts, couronnés simplement d'un toit à double égout ou pyramidal, soutiennent les arcs-boutants qui vont appuyer le sommet des murs de la grande nef et servent de canaux aux eaux pluviales qui descendent des combles et sont rejetées au-delà des bas côtés au moyen de gargouilles très-simples. Tout le grand comble est entouré d'une galerie bordée d'une balustrade qui se compose de petites arcades trilobées. La tour carrée qui s'élève au centre des transepts est aussi bordée d'une balustrade en quatre-feuilles. Elle a peu d'élévation et se termine par un toit pyramidal surbaissé. Les bas côtés ne sont point surmontés de galerie, mais les chapelles du chœur sont environnées au sommet du mur extérieur d'un parapet qui a pu servir de défense, et derrière lequel on peut circuler comme dans les galeries de la grande nef. Les piliers butants dans cette partie qui longe le chœur sont plus massifs et ont quelque rapport avec ceux de la cathédrale de Chartres.

Le côté sud plaît mieux généralement, parce qu'il est plus varié et plus riche; un plus grand nombre de clochetons et de pyramides, deux porches en saillie sur le corps de l'église et la tour plus élevée qui y est jointe, présentent un ensemble plus élégant et des effets de contrastes plus heurtés. Ici les fenêtres du bas côté sont moins heureuses que celles du côté nord; les montants et moulures qui les divisent en deux ogives sont d'un faire plus simple et plus plat; les rosaces du sommet sont aussi moins ornées. Celles de la nef sont beaucoup mieux, et les voussures qui les encadrent leur donnent une profondeur et un effet de sombre très-bien ménagé. Le petit porche que l'on trouve dans le flanc de ce bas côté, très-simple à l'extérieur, est orné de riches sculptures à l'intérieur. L'entrée se subdivise en deux arcades portées par de légères colonnes; celle du centre est octogone, et couverte de cœurs en relief, ce qui a fait croire que ce petit édifice était dû à Etienne Cœuret (1), d'abord évêque de Saint-Brieuc, puis élu évêque de Dol, en 1405. Mais nous croyons qu'on s'est trop préoccupé de la signification de ces cœurs, et qu'on a oublié le reste de l'ornementation qui n'a rien de commun avec celle du xv.ᵉ siècle, où il faudrait rejeter la construction de ce porche. Nous croirions plutôt qu'il est à peu près du même temps que l'église; et que, s'il s'y trouve quelque chose du temps d'Etienne Cœuret, ce serait cette colonne ornée de cœurs et l'arcade géminée qu'elle soutient, et qui pourrait bien avoir été surajoutée postérieurement à l'arcade principale dans l'intérieur de laquelle elle est inscrite.

Quoi qu'il en soit, deux ouvertures carrées correspondant aux deux arcades extérieures donnent entrée dans l'église. Au-dessus de ces portes, on remarque une suite d'arcatures couronnées de rosaces et contenues dans deux arcades simulées. Les parois latérales sont également ornées d'arcades pleines dont le som-

---

(1) Il assista en personne au concile de Constance, en 1415. Il fit ouvrir, en 1411, le tombeau de S. Samson, dans lequel on trouva un bras, deux os de la jambe et quelques os du cou. Il mourut le 6 décembre 1429, et fut inhumé dans le chœur de son église, comme le prouve une inscription que l'on voit sur les degrés de l'autel.

met est enrichi de feuillages et d'ornements d'une admirable délicatesse sculptés en pierre blanche, mais malheureusement bien mutilés.

Un peu plus loin on trouve une construction en saillie sur le même collatéral et évidemment surajoutée au plan primitif; elle a dû servir de trésorerie ou de salle de chapitre et n'a rien que de disgracieux. Mais à l'entrée du transept s'élève un porche spacieux et d'un aspect imposant, ouvert sur chaque côté d'une large arcade divisée par des meneaux comme les grandes fenêtres du xive siècle, et ornée de voussures autrefois remplies de statuettes et de rinceaux, mais aujourd'hui dégradées et hideuses encore des traces que le vandalisme de 93 y a laissées. Les piliers des angles terminés par des pyramides et des aiguilles semblent avoir été consolidés par des faisceaux de colonnes trop pesants pour ne pas nuire à leur élégance. Une balustrade nouvellement refaite, peut-être dans un style peu en rapport avec le monument, entoure la plate-forme. On voit par la manière dont ce porche se relie à l'entrée de l'église, qu'il a été fait après coup, probablement au xive siècle. Tous les deux sont voûtés en pierre, mais dans un état de dégradation qui fait peine. Espérons que le gouvernement qui consacre des sommes considérables à la restauration de tous les autres grands édifices de France, ne négligera pas plus long-temps celui qui, en Bretagne, attire principalement l'attention des curieux et des artistes, et qui, plus qu'aucun autre, exige de promptes réparations.

Au-dessus de ce beau péristyle s'élève le pignon du transept, où l'on remarque une grande et belle fenêtre subdivisée en deux ogives supportant, entre leurs sommets, une large rosace ornée de trèfles disposés autour d'un cercle plus petit; une autre baie de petite proportion et en lancette sert à éclairer les combles; deux contre-forts couronnés de légères pyramides se dressent des deux côtés du galbe; et, sur la pointe du fronton, on voit un ange qui semble veiller à la garde de la maison de Dieu. C'est la seule statue qui soit restée, au moins à l'extérieur. Les murs latéraux du transept sont percés de deux fenêtres, comme celles de la nef.

Le chœur se prolonge ensuite avec les chapelles collatérales à peu près comme au côté nord, mais ici les clochetons qui couronnent les contre-forts sont ornés de petits frontons aigus et d'aiguilles terminées par une espèce de panache. Peut-être sont-ils un peu plus récents que ceux du côté opposé. En général cette façade méridionale prête plus à la critique, et les diverses retouches qu'on y remarque rendent plus difficile le classement de chacune de ses parties. Il nous serait impossible de décrire la forme extérieure de la chapelle absidale terminant l'édifice à l'orient ; elle est tellement enveloppée par les murs et maisons environnants, qu'on ne peut en suivre les contours.

Le prolongement total du bâtiment est, à l'extérieur, de trois cents pieds ; la croisée, qui partage l'église en deux parties presque égales, n'a pas moins de cent pieds, y compris la saillie du grand porche.

La tour la plus élevée n'a guère de la base à la plate-forme que cent vingt ou cent trente pieds.

Mais entrons dans l'enceinte de la basilique, c'est là surtout *qu'est sa gloire*, c'est là qu'elle offre un ensemble, une régularité et des proportions heureuses qui exciteront avec raison notre étonnement et notre admiration.

Quand du bas de la nef on embrasse d'un seul coup d'œil tout l'intérieur du vaisseau, on est frappé de la majesté, de l'élancement et de la profondeur de ce temple vraiment digne du culte chrétien et de ses adorables mystères. La foi est plus à l'aise sous ces arceaux aériens, elle s'élève avec ces colonnes légères qui, du pavé à la voûte, se dressent si hardiment, elle se sent excitée et agrandie au milieu de cette forêt de piliers, de ces faisceaux de colonnes, de ces travées nombreuses où la lumière se joue d'une manière si mystérieuse, et qui semblent s'animer à la fois pour chanter un sublime cantique à la louange du Dieu trois fois saint, et inviter l'homme à mêler sa voix à leur saint concert.

Quel contraste entre ces cathédrales du moyen âge et ces imitations des temples grecs qu'on s'est étudié de nos jours à leur substituer! Là on se rappelle qu'on est chrétien, lors même qu'on serait dans l'habitude malheureuse de l'oublier; la foi des ancêtres, encore vivante dans ces monuments qu'elle a produits, se fait jour dans le cœur le plus indifférent, le sollicite et le fait battre d'une manière inaccoutumée; on prie avec le temple lui-même, dont les échos redisent encore les vieilles formules de la prière catholique. Tout y parle de Dieu, tout ramène à Dieu, et il n'est pas une pierre dans ces parvis sacrés qui ne proteste contre le doute du philosophe ou le blasphème de l'impie. Au contraire, dans nos modernes Parthénons, la pensée se rapetisse, elle se trouve écrasée sous ces plafonds qu'on pourrait toucher avec la main, et au milieu de cette lumière importune et de ces décorations toutes de détail, souvent même toutes profanes, non seulement elle est errante et dissipée, mais elle ne rencontre rien qui lui rappelle la présence de Dieu et l'obligation de lui rendre ses hommages.

Entrons dans l'examen plus détaillé du monument que nous avons à décrire. D'abord nous devons remarquer qu'ici, comme dans toutes les grandes églises du même temps, les arcades donnant communication entre la nef et les collatéraux sont surmontées d'un triforium ou galerie prise dans l'épaisseur du mur, et ornée de petites arcades soutenues par des colonnettes d'une grande finesse et plus sveltes que dans beaucoup d'autres endroits; puis d'un troisième ordre ou clerestory formé des grandes fenêtres encadrées entre les retombées de la voûte et au-dessous desquelles règne dans toute la longueur de l'église une seconde galerie ou trottoir, sans balustrade. Cette suite de travées se prolonge jusqu'au chevet de la basilique qui n'est point de forme circulaire, mais droit et percé d'une large fenêtre ornée de rosaces et de trèfles. Cette seule fenêtre a conservé sa riche verrière où l'on voit représentés dans une suite de médaillons polylobés, plusieurs sujets intéressants de la vie de la sainte Vierge et de saint Samson, et dans les compartiments du sommet de l'arcade, la résurrection des morts et le jugement général (1).

(1) Voici une description aussi exacte que possible de ces sujets. Nous en sommes redevables à l'obligeance de M. l'abbé G., vicaire de Dol.

La hauteur du grand vitrail est de 9 m. 50, la largeur de 6 m. 50. Dans le tympan de la fenêtre se déroule la scène du jugement dernier. Jésus-Christ paraît debout, au milieu de la grande rosace, environné d'anges. Un peu au-dessous, une femme agenouillée élève les yeux et les mains vers le Sauveur, c'est la Vierge sa mère et la médiatrice des hommes qui implore sa clémence. Dans les trèfles qui entourent la rosace, on voit des anges qui embouchent des trompettes.

Dans les deux rosaces inférieures, on reconnaît, à gauche les flammes de l'enfer, au milieu desquelles une multitude de damnés s'entassent pêle-mêle; un d'eux qui veut s'enfuir est repoussé par un personnage menaçant qu'il serait difficile de qualifier plus positivement. A droite, c'est la cité sainte qui s'ouvre devant deux files d'élus, dont une se compose de sept personnages et l'autre de trois seulement. Tous ont la couronne sur la tête et des palmes à la main. Au-dessous de ces deux tableaux est représentée la résurrection générale.

La partie inférieure de la fenêtre, divisée par sept meneaux ou montants, contient huit séries de médaillons, de six chacune. Les deux premières séries sont en très-mauvais état; on croit y reconnaître seulement quelques traits de l'histoire de Suzanne. La troisième représente les mystères 1.º de l'Annonciation, avec les mots : *Maria, gratiâ plena, Dominus tecum, benedicta* (les autres paroles, tracées en caractères gothiques comme celles-ci, se trouvent reportées sur d'autres panneaux); 2.º de la Visitation ; 3.º de l'annonciation aux bergers et de

On attribue ces vitraux au XIII.ᵉ siècle, et en effet, ils sont, comme tous ceux de cette époque, plus remarquables par l'harmonie et la fermeté des couleurs que par la pureté du dessin et les effets de détail.

Une particularité intéressante dans les piliers de la nef, qui sont cylindriques et garnis de colonnes cantonnées en croix, c'est que les colonnes qui font face à la nef et au bas côté, se détachent complètement du pilier depuis le bas jusqu'à la voûte, et n'y sont assujéties que par intervalles, au moyen de barres de fer. Ces colonnes sont annelées, c'est-à-dire divi-

---

l'adoration des mages. Deux sujets sont indéchiffrables. La quatrième représente l'entrée triomphante du Sauveur à Jérusalem, la Cène, la trahison et le baiser de Judas, l'agonie du jardin des Olives. Dans la cinquième se continue l'histoire de la passion : la flagellation, le portement de croix, le crucifiement, la descente de croix, les saintes femmes au tombeau, Madeleine rencontrant le Sauveur dans le jardin. La sixième contient la légende de saint Samson ; on le voit passer la mer pour arriver en Armorique. Le diable souffle de toute sa force dans les voiles du navire, et soulève la tempête ; tous les compagnons du saint évêque sont saisis de frayeur, lui seul est calme ; il paraît chez un prince portant une couronne. Dans la septième, les six médaillons reproduisent le même sujet : c'est saint Samson présidant une assemblée de six évêques ; il tient à la main sa croix d'archevêque (croix simple), les autres ont des crosses, tous portent la mitre. Enfin la huitième série représente divers sujets qu'il semble bien difficile de reconnaître.

sées dans leur hauteur par des renflements ou anneaux qui ajoutent à l'élégance de leur fût, sans cela trop maigre pour sa hauteur.

La voûte, dont les pendentifs reposent sur les chapiteaux de ces colonnes, n'a que soixante-trois pieds d'élévation; mais comme la nef est plus étroite que large, elle semble beaucoup plus élevée qu'elle n'est réellement, et l'effet de perspective est aussi satisfaisant que si les proportions relatives étaient plus développées. La largeur de la nef est de vingt-six pieds, et celle des bas côtés de treize seulement.

Dans les églises qui se terminent en hémicycle, les piliers, les colonnes, les arcatures des galeries supérieures suivent ce contour, et les arceaux de la voûte, se réunissant au point central du demi-cercle, forment un gracieux éventail; il y a dans cette disposition quelque chose qui plaît à l'œil et ajoute à l'effet d'optique, mais ici cet effet est suppléé par un autre non moins heureux peut-être, c'est ce jour mystérieux que répand sur l'autel ce beau transparent des vitraux de la grande fenêtre du chevet, et qui contraste avec l'intérieur plus obscur de la chapelle absidale de Saint-Samson qu'on aperçoit à l'extrémité de l'église entre les arcs d'une ogive géminée que supporte la colonne servant d'appui à l'autel. Un peintre habile tirerait un grand parti de ce clair obscur produit par l'enfoncement de cette chapelle.

Tout ce que nous venons de dire peut s'observer du bas de la nef; mais si l'on monte vers le chœur, on remarquera d'abord les quatre gros piliers revêtus de colonnes légèrement engagées qui soutiennent les arcades des transepts, et portent la tour carrée qui s'élève au centre de la croisée; ces massifs si solides n'ont pourtant rien de lourd ni d'écrasant, leur élancement et leurs faisceaux de colonnes dissimulent leur grosseur et les mettent en harmomonie avec les autres parties de l'édifice. La voûte qu'ils soutiennent est percée d'une ouverture circulaire qui sert à introduire dans les combles les matériaux nécessaires à l'entretien ou aux réparations de la toiture et des points les plus élevés des constructions.

Le chœur qui vient ensuite est formé de cinq travées semblables à celles de la nef, si ce n'est que les chapiteaux sont plus ornés; ce ne sont plus seulement, comme dans la nef, de longues feuilles dont la pointe se roule en forme de volutes, mais des bouquets de différentes plantes et de feuillages variés, sculptés avec une finesse, une netteté et un relief d'autant plus remarquables, que les chapiteaux comme les bases sont en granit dur et compact. Malheureusement ils ont subi, comme tout l'intérieur de l'église, une application de badigeon grisâtre qui nuit à leur relief. Les stalles et le trône épiscopal, quoique très-mutilés, présentent encore des détails intéressants. Quelques panneaux décorés de moulures et d'arcades simulées dans le style du xiv.ᵉ siècle, font penser que tout ce travail de menuiserie remonte à cette époque. Du reste, la simplicité de leur forme et le défaut de dossier élevé confirmerait peut-être cette opinion. L'autel n'a rien de très-curieux, ni pour la forme ni pour la richesse de décoration; seulement on y remarque une grande crosse de bois doré, qui maintenant rappelle l'existence de l'ancien siège épiscopal, et servait autrefois à suspendre le Saint-Sacrement, comme nous l'avons dit dans la seconde partie.

De chaque côté du chœur, quatre chapelles de forme carrée et voûtées en pierre comme les nefs, correspondent aux travées du chœur. Au nord, celles du Sacré-Cœur, de Saint-Gilles, de Saint-Gilduin ou Gédouin, dont elle renferme des reliques, et celle de la Sainte-Vierge; au sud, celles de Saint-Denis, de Saint-Prix, de Saint-Joseph et de Sainte-Marguerite. Chacune de ces chapelles contient un autel de forme plus ou moins heureuse, mais aucun n'est très-ancien. Peut-être sous plusieurs de ces autels retrouverait-on ceux qui ont primitivement existé.

La chapelle absidale dédiée à saint Samson est à pans coupés et percée de trois belles fenêtres. Elle est plus spacieuse que les autres. M. de Caumont a cru voir des marques de raccord à l'endroit où elle se réunit au chœur, ce qui lui a fait penser qu'elle pouvait n'être que du xiv.ᵉ siècle.

On remarque dans cette chapelle une arcade prise dans l'épaisseur du mur nord, où devait être apparemment le tombeau de saint Samson ; elle est maintenant fermée d'une grille derrière laquelle on place les aliénés qu'on amène en pèlerinage et pour qui l'on offre la messe. Des inscriptions tumulaires rappellent les noms de quatre évêques de Dol enterrés dans ce lieu, ce sont : Mathieu Thoreau, mort le 31 janvier 1691; Jean-Louis Du Bouchet de Sourches, constant défenseur de la foi catholique pendant les interminables disputes du jansénisme, mort le 23 juin 1748; Jean-François Dondel, héritier du zèle pour l'orthodoxie et de la piété de son prédécesseur, décédé au mois de janvier 1767; et Antoine Revol, ami de saint François de Sales, et fondateur d'un monastère de la Visitation qui ne subsista que peu d'années à Dol, mort en 1629. On peut voir dans l'ouvrage de M. Tresvaux sur l'église de Bretagne, diocèse de Dol, les inscriptions que nous indiquons.

Un seul tombeau monumental se trouve dans la cathédrale de Dol, au transept nord, c'est celui de l'évêque Thomas James, natif de Saint-Aubin-du-Cormier, homme d'une piété digne de son caractère et d'une érudition plus qu'ordinaire. Ce monument fut élevé à sa mémoire par son neveu, chanoine-trésorier de Dol en 1507, comme le prouve un reste d'inscription que l'on voit encore, et que M. Tresvaux a reproduite tout entière dans l'ouvrage déjà cité. Quoiqu'il ne soit nullement en rapport avec l'architecture générale de l'église, il est cependant très-digne de fixer l'attention par sa grandeur et les précieux restes de décoration qu'il présente. Le sarcophage de forme carrée, et sur lequel reposait la statue de l'évêque, est surmonté d'un espèce de dais porté par quatre pilastres enrichis de rinceaux et d'arabesques d'une extrême délicatesse et d'un fini si remarquable qu'on est tenté de croire qu'ils ne sont pas sculptés dans la pierre, mais moulés en pâte et appliqués sur les panneaux. Deux génies paraissant soutenir les armoiries du défunt, couronnent le mausolée. On ne voit plus ces armoiries qui étaient *d'azur au chef d'or, chargé d'un quinte-feuille de gueule;* il avait reçu du pape Alexandre VI le privilége d'y ajouter la croix qu'il lui permit également de faire porter devant lui, à la manière des archevêques.

M. de Caumont ayant remarqué sur le tombeau les noms de *Jean* surnommé *Justus et Florentinus*, en a conclu que l'auteur de ce beau travail était de Florence. Son œuvre, en effet, est bien digne de l'école italienne de la renaissance.

Telle est à peu près, dans son ensemble et ses détails, la cathédrale de Dol, que l'on voit encore avec plaisir après avoir visité les plus magnifiques de France, et dont M. Mérimée disait, il y a quelques années : « C'est un grand » et noble édifice qui ferait honneur à une ville » beaucoup plus importante. Outre le mérite » très-réel de son architecture, elle se distingue » encore par cette circonstance fort rare, que » presque tout le monument semble avoir été » exécuté sur le même plan, et, l'on serait » tenté de dire, par les mêmes ouvriers ».

Nous ne pouvions mieux terminer que par ce jugement si favorable d'un homme qui montre plus de sévérité que d'indulgence dans l'appréciation de nos monuments, et qui s'est toujours recommandé par une grande justesse de vue et un goût très-exercé, quand il s'est donné la peine d'examiner attentivement les choses (1).

CATHÉDRALE DE SAINT-MALO. — L'ancienne ville d'Aleth, située sur la partie du territoire actuel de Saint-Servan qui porte encore le nom de *la Cité*, était le siége de l'évêché dont saint Malo fut, selon les meilleurs auteurs, le premier pontife. Tout près de là se trouvait le rocher où s'est élevée depuis la ville de Saint-Malo, et où vivait au VI.ᵉ siècle un saint ermite appelé Aaron. Ce fut lui qui accueillit vers 538 saint Malo, évêque régionnaire réfugié de la Cambrie *(pays de Galles)*, et peu d'années après évêque d'Aleth. Après la mort d'Aaron, arrivée en 543, un certain nombre d'habita-

---

(1) La ville de Dol possède encore une autre église qui était autrefois celle de la paroisse, et qui sert aujourd'hui de halle ou de magasin. Elle est d'un style généralement plus ancien que celui de la cathédrale, et serait remarquée certainement si elle était seule; mais elle se trouve effacée par la première, et l'usage auquel elle est consacrée contribue à la faire oublier.

Un grand nombre de façades de maisons et de porches présentent de curieux détails d'architecture ancienne, des chapiteaux historiés, des fûts de colonnes ornés de moulures byzantines, etc. Nulle part ailleurs, dans le département, on ne trouve réunies autant de curiosités monumentales.

L'église de Dol possède un missel manuscrit du XV.ᵉ siècle d'un très-grand prix. On le croit florentin.

tions s'étant formées autour de son monastère, saint Malo, qui en avait pris la direction, y construisit une église dont il fit comme une annexe de sa cathédrale, et qui, après sa mort, fut mise sous son invocation. De là est venu le nom que porte encore aujourd'hui la ville qui commençait déjà à s'élever à l'entour. Cette première église fut incendiée et détruite en 811, par les troupes que Charlemagne avait envoyées en Bretagne pour en réduire les habitants soulevés contre lui ; mais dès l'année suivante, l'évêque Hélocar obtint de l'empereur la permission de la reconstruire, et Louis-le-Débonnaire confirma tous les biens, privilèges et immunités dont elle avait joui antérieurement.

S'il faut en croire plusieurs écrivains de Saint-Malo, c'est cette église bâtie par Hélocar et dédiée à saint Vincent, diacre de Saragosse, qui compose la nef actuelle de la cathédrale de Saint-Malo. Elle est en effet d'un style déjà ancien, et d'après les principes admis aujourd'hui, nous l'attribuerions volontiers au XIe siècle, mais il semble difficile de la faire remonter au commencement du IXe. Les piliers carrés qui supportent les arcades sont ornés d'assez grosses colonnes engagées, dont les chapiteaux romans sont généralement d'un travail plus fini et plus parfait que tout ce que nos plus anciens monuments nous offrent dans ce genre. Il est vrai que le règne de Charlemagne fut très-favorable aux progrès de l'art, et les édifices construits de son temps, du moins ce qui en reste, le prouvent suffisamment. Ce fut une époque de renaissance qui, bien qu'assez courte, laissa cependant de précieux souvenirs. C'est ainsi peut-être qu'il faudrait expliquer la supériorité des sculptures que nous voyons aux chapiteaux de cette nef, sur celles que nous retrouvons dans nos édifices romans d'une date plus récente. Mais voici une nouvelle difficulté : les arcades et les voûtes supportées par ces piliers affectent, quoique légèrement, la forme ogivale. C'est bien le cintre brisé que nous avons indiqué, avec tous les archéologues, comme la plus ancienne ogive ; mais personne encore ne l'a remarqué, que nous sachions, à une époque si ancienne; et les antiquaires malouins qui l'avouent eux-mêmes, n'osent pas affirmer que ces voûtes et arcades soient du même temps que les piliers. Cependant les pièces que leur fournissent les archives de leur ville ne mentionnent, disent-ils, aucuns travaux importants faits à cette église depuis sa reconstruction en 813, jusqu'au milieu du XII.ᵉ siècle, époque où elle fut agrandie, comme nous allons bientôt voir.

Ne pourrait-on pas, malgré ce silence des actes anciens, supposer que, pendant les invasions des Normands, l'église de Saint-Vincent ne fut guère plus ménagée que nos autres monuments religieux, et qu'au xi.ᵉ siècle on fut obligé au moins d'y faire des restaurations qui comprendraient les voûtes, les arcades et même les chapiteaux que nous voyons aujourd'hui (1)? Nous serions alors moins surpris de leur forme et de leur décoration. Nous donnons cette supposition pour ce qu'elle vaut.

Quant aux constructions qui ont été ajoutées à cette nef, sous forme de collatéraux et de chapelles, elles appartiennent à diverses époques mentionnées par M. Duparc Porée, dans son histoire manuscrite de la seigneurie ecclésiastique de Saint-Malo, composée en 1709, d'après des actes alors existants. Il en est de même des chapelles qui avoisinent le chœur et qui toutes sont plus récentes.

« Les doubles *recherches* qui environnent le chœur, dit M. Porée, et y forment des chapelles, sont du côté de l'épître, un effet de la

---

(1) L'abbé Manet dit, dans son histoire de saint Jean de la Grille : « Dans le cours des années 878, 919, 931 et 963, nos deux villes subirent de nouvelles et cruelles avanies de la part des féroces hommes du nord ».

libéralité de MM. Lachoüe qui fondèrent, dans la chapelle Sainte-Geneviève, deux chapellenies sur la fin du xv.ᵉ siècle. Mais la plus ancienne est celle que fonda, en 1360, Philippe de Rennes, premier doyen séculier ».

« Les chapelles de la Délivrance et de Lorette sont dues à la piété de deux chanoines, dont les noms sont inconnus. Celle de l'ascension ou Saint-Denis qui est attachée à la théologale, a été fondée par Olivier Dupré, receveur du chapitre en 1600 ».

« L'aile Saint-Jean et l'autel furent commencés des deniers des habitants sur la fin du xvi.ᵉ siècle, et finis par eux au commencement du xvii.ᵉ; le grand jeu d'orgue fut demandé et payé également par les habitants dans le milieu du xv.ᵉ siècle. En 1660, M. Legouverneur, curé de Saint-Malo, donna le petit jeu d'orgue. L'aile Saint-Julien fut fondée par Olivier Trossier, en 1461 (elle n'existe plus). M. Pothier fit construire, des deniers des habitants, l'aile du rosaire et l'autel. Il commença avec cent écus, en 1700, et l'argent ne manqua point pour finir ».

« L'autel du chœur, dit un autre manuscrit de 1753, fut fait en 1606, par la libéralité de M. de La Landelle-Frolet; il a subsisté jusqu'en 1717. Il fut reconstruit en 1753 ».

» La voûte des fonts baptismaux fut réédifiée en 1713, et en 1718 la chapelle du Saint-Sacrement fut bâtie pour servir de paroisse. En 1607, l'architecte Poussin fit bâtir l'aile nord depuis Sainte-Barbe jusqu'aux fonts ».

Si nous transcrivons ces détails, peu intéressants par eux-mêmes, c'est parce que nous allons avoir besoin tout-à-l'heure de faire remarquer que les auteurs de ces manuscrits avaient en main toutes les archives du chapitre de Saint-Malo, dans lesquelles ils ont pu suivre toutes les modifications et transformations qu'a subies la cathédrale, et que, s'ils n'ont pas signalé d'évènements plus importants, c'est qu'il n'en est point arrivé dans le long intervalle de temps dont ils ont eu l'histoire sous les yeux.

Nous devons, en effet, nous occuper maintenant du chœur qui n'est pas moins intéressant que la nef, et dont la date admise jusqu'à nos jours par tous ceux qui ont eu à s'en occuper n'est guère moins en contradiction avec le système de classification admis par les archéologues anglais, et le grand nombre des français, à la tête desquels se trouve M. de Caumont. Nous nous sommes conformé nous-même à ce système qui est le plus généralement reçu, et si nous émettons ici une opinion qui semble le contredire, ce n'est pas que nous ayons la prétention de le combattre dans sa généralité, mais nous essaierons de montrer qu'il souffre au moins quelques exceptions; et peut-être il sera curieux d'en rencontrer en Bretagne, pays arriéré sous le rapport de l'architecture, comme pour tout le reste, aux yeux du moins de beaucoup d'hommes éminents de notre époque.

Cette partie de l'église de Saint-Malo appartient au style ogival de la première période, mais déjà si avancé que M. de Caumont n'ose pas affirmer qu'il est du XIII.ᵉ siècle, et inclinerait plutôt à l'attribuer au XIVᵉ. Il est certain que les travées et les fenêtres ont quelque chose de plus large et de moins élancé que dans beaucoup d'édifices de la fin du XIII.ᵉ siècle, et qu'à l'église de Dol en particulier; les arcatures du triforium sont subdivisées en petites arcades trilobées soutenant des rosaces en quatre-feuilles, et les intervalles entre les pointes des arcades ainsi subdivisées, sont ornés de fleurons d'un travail très-pur; les grandes baies du clerestory sont également partagées en quatre compartiments par des meneaux et colonnettes, et l'arcade principale est presque en plein-cintre, tant l'ogive est évasée; de plus, une bordure de quatre-feuilles forme une espèce de frise qui partage les trois ordres et se prolonge horizontalement dans toute la longueur du chœur; les piliers inférieurs sont composés de dix colonnes réunies autour d'un cylindre qu'elles enveloppent entièrement, deux d'entre elles sont plus grosses et plus en saillie que les autres, ce sont celles qui s'élèvent jusqu'aux voûtes et en soutiennent les retombées. Les bases de ces piliers et colonnes sont enfouies en terre depuis qu'on a exhaussé l'aire des collatéraux qui primitivement se trouvait beaucoup au-dessous de celle du chœur, à cause d'une dépression très-abrupte du rocher sur lequel tout l'édifice est construit. « Ce ne fut, dit l'abbé Manet, que le 13 juin 1676 qu'on commença à combler cette espèce de précipice où l'on descendait par dix-sept marches, et du fond duquel l'ouvrage avait un tiers plus d'élévation qu'il n'en a maintenant ». Il est donc à propos de remarquer que ce remblai considérable doit diminuer l'élancement de tout l'édifice. Du reste, moins il serait élancé, plus il aurait de rapport avec les édifices du temps où il semble avoir été construit.

Le chevet est droit comme à Dol, mais il est percé de trois fenêtres, dont une plus large occupe le centre, les deux autres éclairent l'extrémité des collatéraux. Il n'est pas inutile d'observer qu'il n'existe point de chapelle absidale, et que primitivement il n'en existait même pas le long des collatéraux, puisque nous venons de voir qu'elles furent successivement fondées à différentes époques. La tour qui d'abord ne dépassait pas la hauteur du faîte de l'église, fut continuée, en 1422, par l'évêque Robert de la Motte. Il est facile de reconnaître ce travail aux ornements de style gothique fleuri qui décorent les angles et les ouvertures. Plus tard encore elle fut entièrement terminée, mais sans présenter jamais rien de très-remarquable.

Telle est à peu près la forme de ce chœur qui peut bien occuper le second rang parmi les édifices de notre diocèse; maintenant en voici l'histoire, aussi authentique que possible:

Saint Jean, dit de la Grille (à cause de la balustrade en fer qui entourait son tombeau), ayant été élu évêque d'Aleth en 1144, résolut de transférer son siège à Saint-Malo, et de faire de l'ancienne église dédiée d'abord à saint Malo, puis à saint Vincent, sa cathédrale. Les moines de Marmoutiers qui en étaient alors en possession refusèrent de s'en dessaisir, et ce ne fut qu'après bien des procès, des voyages et des difficultés sans nombre, qu'il put obtenir un jugement favorable de la cour de Rome et réussir pleinement dans son dessein. Enfin, devenu paisible possesseur de cette église reconstruite, comme nous l'avons vu précédemment, par Hélocar en 813, il y fit des réparations importantes et l'augmenta considérablement en y ajoutant *le chœur que nous voyons encore*, disent plusieurs de nos historiens, et qu'il bâtit de ses propres deniers.

Voilà le fait tel que le rapporte la légende du saint dans l'ancien bréviaire de Saint-Malo. D'Argentré, dans son histoire de Bretagne; Chenu, dans son catalogue des évêques; Albert-le-Grand et l'abbé Tresvaux, dans le leur, repètent la même chose; D. Lobineau le cite comme une tradition du pays; Bollandus l'affirme en citant le propre du diocèse; et l'abbé Manet le donne pour certain et le raconte avec tous les détails désirables. Mais tous ces écrivains qui ne datent que des XVII.[e], XVIII.[e] et XIX.[e] siècles ont-ils puisé à des sources plus anciennes et par conséquent plus sûres? ne se sont-ils point copiés les uns les autres, sans consulter les pièces et actes anciens qui ont dû former l'opinion du premier d'entre eux; et celui-ci ne s'est-il point contenté de redire ce que portait de son temps la tradition locale?

Telles sont les difficultés que l'on est porté à faire lorsque, d'un côté, on considère l'architecture de cet édifice que nos plus habiles monumentalistes attribuent au xiii.ᵉ et même au xiv.ᵉ siècle; et de l'autre, la date de sa construction qui doit être le milieu du xii.ᵉ siècle puisque Jean de la Grille, qu'on en dit être le fondateur, est mort en 1163.

Or, pour maintenir cette date contestée par les antiquaires observateurs, on allègue comme preuves historiques, d'abord une suite d'actes conservés dans les archives de la ville, qui mentionnent les diverses fondations et constructions faites depuis 1200, jusqu'à nos jours, tant à Saint-Malo que dans les environs, et dont aucun ne fait même allusion à la construction du chœur de l'église, l'édifice le plus monumental cependant de la ville et dont il serait bien étrange qu'on ne parlât pas dans tout le cours de cette longue période, si réellement il ne remontait pas au-delà.

En second lieu, dans le manuscrit que nous avons cité en commençant, M. Porée du Parc, docteur de Sorbonne et chanoine de Saint-Malo, disait en 1709, lorsqu'il était encore à lieu de consulter toutes les archives dont une grande partie n'existe plus, « L'évêque Jean, revenu
» de Rome après ces quatre voyages, et dé-
» barrassé de tous ses procès, entreprit et
» acheva la construction du chœur de la ca-

» thédrale, tel qu'il est aujourd'hui, où il fut
» enfin inhumé, l'an 1163, après 23 ans d'é-
» piscopat (dont acte) ». Le même écrivain rapporte ensuite la date de la construction des chapelles et autres portions d'édifices ajoutées à l'église depuis cette époque jusqu'au temps où il écrivait, comme nous avons vu plus haut. Comment supposer maintenant qu'ayant en main toutes les pièces nécessaires pour constater des constructions de peu d'importance, il n'ait rien trouvé au sujet de l'édifice principal, et que, sans autre preuve que cette absence de témoignages écrits, il l'ait reporté à une époque antérieure ? Il semble beaucoup plus raisonnable de penser que c'est également sur des preuves historiques qu'il s'est appuyé pour émettre son assertion (et lui-même paraît le dire par ces mots : *dont acte,* qui se rapportent à toute la phrase), preuves que la révolution a pu détruire ou qu'on n'a pas encore retrouvées dans l'amas d'actes anciens déposés aux archives de la ville.

Porée du Parc ayant dit que l'évêque Jean bâtit le chœur de la cathédrale tel qu'il est aujourd'hui, ajoute : *Avec ses simples recherches.* Ce mot, que nous avons souligné plus haut, est encore d'une certaine valeur dans notre opinion, parce que, dans le sens de l'auteur, il signifie, comme l'a expliqué l'abbé Manet, *simples collatéraux*, et désigne la forme actuelle du chœur qui, en effet, n'avait primitivement que ces deux ailes sans chapelles adjacentes (1); nouvelle preuve de son antiquité, puisque, dans le siècle suivant, le chœur des grandes églises est toujours environné de chapelles (2).

La tradition du pays a toujours été conforme au récit de nos écrivains, et c'est bien encore une preuve d'une certaine importance; car il faut convenir qu'il serait hors de toute probabilité qu'on se fût obstiné à faire honneur d'une construction nouvelle, et de nature assurément à faire sensation dans notre pays, à un homme dont l'œuvre eût été complètement effacée par celle-ci, et qui, mort depuis plus d'un siècle, n'aurait pu y prendre aucune part; tandis que le vrai constructeur aurait été oublié et méconnu, au point que son nom même ne se retrouvât ni dans la mémoire ni dans les écrits de personne.

(1) Nous en avons la preuve ainsi que l'explication du mot *recherches* dans ces paroles déjà citées : « Les doubles recherches qui environnent le chœur et y forment des chapelles sont, etc. »

(2) On ne saurait alléguer la pente trop raide du terrain pour expliquer le défaut de chapelles dans le plan primitif, puisque depuis on a trouvé moyen d'en construire plusieurs.

Enfin la présence du tombeau de saint Jean de la Grille dans le chœur de la cathédrale, la forme ancienne du cercueil dans lequel on retrouva ses dépouilles mortelles, lors de la visite qui en fut faite le 15 octobre 1784, par Mgr des Laurents, alors évêque, la place qu'il occupait, sous l'arche la plus voisine de l'autel, et la simplicité du tombeau lui-même, nous semblent ajouter un nouveau poids aux raisons précédentes.

Si, en effet, les reliques du saint évêque avaient dû être déplacées par suite de la reconstruction du chœur, à la fin du XIIIe siècle ou dans le cours du XIVe, ce déplacement et la translation qui auraient dû suivre, n'auraient pas manqué d'être l'occasion d'une cérémonie solennelle et assez mémorable, vu la dévotion déjà très-grande que l'on avait pour ces précieux restes, pour qu'on en eût gardé le souvenir, et que, parmi les nombreux documents conservés aux archives du chapitre, on en eût retrouvé une relation. Cependant cette découverte n'a jamais été faite.

Le tombeau consistait en une simple pierre de granit, creusée en forme d'auge (1), comme

---

(1) Voyez le procès-verbal de la visite faite en 1784, dans l'histoire de saint Jean de la Grille, par l'abbé Manet.

les plus anciens cercueils et recouverte d'une autre pierre creuse. Le squelette fut retrouvé dans son entier et dans sa pose naturelle; les ornements, la crosse de bois, l'anneau pastoral, tout était encore en place, et annonçait la plus complète vétusté. Rien à l'extérieur ne décorait le tombeau, si ce n'est une grille de fer dont on l'avait entouré pour empêcher la foule d'en approcher de trop près. Or est-il probable qu'il en eût été ainsi, dans l'hypothèse nécessaire d'une translation opérée peut-être deux cents ans après la mort du saint? Au XIV.ᵉ siècle surtout, aurait-on laissé le tombeau dans sa première simplicité? ne l'aurait-on pas placé de préférence dans une chapelle ou autre lieu susceptible de recevoir quelques décorations?

Mais, dit-on, il existe un monument de date certaine, l'église de l'abbaye de Saint-Sulpice-des-Bois, bâtie dans les premières années du XII.ᵉ siècle, puisque le fondateur est mort en 1129, dont l'architecture, toute romane et toute simple, est une preuve qu'on n'avait pas encore à cette époque l'idée du style ogival dans le pays; d'ailleurs, tout porte à croire que la Bretagne n'a adopté que fort tard ce dernier genre d'architecture, qui, même dans les provinces plus avancées, n'a atteint sa perfection qu'au XIII.ᵉ siècle.

Mais d'abord a-t-on remarqué qu'entre la date de fondation de l'abbaye de Saint-Sulpice et celle du chœur de Saint-Malo il y a un demi-siècle ? A-t-on remarqué aussi que l'église de Saint-Sulpice a été bâtie pour un établissement monastique, conséquemment d'après les traditions de simplicité et d'opposition aux nouveautés de tout genre, traditions si chères aux communautés religieuses ? qu'elle a été construite dans un pays pauvre, retiré et manquant de matériaux convenables ? Tout cela mérite bien quelque attention.

D'ailleurs, serait-il facile de prouver qu'en Bretagne même l'ogive ne fut pas usitée au moins simultanément avec le plein-cintre dès le xi.ᵉ siècle ? L'ancienne tour de Saint-Georges de Rennes, dont on nous a conservé heureusement le dessin, est percée d'ouvertures nombreuses en ogive ; les premières arcades de la nef de Saint-Melaine sont également dans cette forme ; la tour de l'église de Saint-Méen présente le même caractère, mêlé à des vestiges d'architecture romane. Or, est-il bien prouvé que ces diverses constructions n'ont pas fait partie de la réédification ou, comme à Saint-Georges, de la construction primitive de ces abbayes au xi.ᵉ siècle ?

Dernièrement nous avons retrouvé dans une

fenêtre de l'église de Saint-Méen, fenêtre large, évasée, et dont l'ornementation et la forme annonceraient, *surtout en Bretagne*, le xiv.ᵉ siècle, les armoiries de Dreux qui n'ont été celles de nos ducs que pendant le xiii.ᵉ siècle et les premières années du xiv.ᵉ, puisque Jean III cessa de porter l'écusson *échiqueté d'or et azur au canton d'hermines,* pour prendre d'*hermines plein.* Cette circonstance prouverait apparemment que la fenêtre en question est au moins du commencement du xiv.ᵉ siècle, et que nous n'étions pas trop en retard de la marche générale à cette époque (1).

M. l'abbé Delamarre, vicaire-général de Coutances, a prouvé d'une manière assez claire, selon nous, que la cathédrale de cette ville date de la première moitié du xi.ᵉ siècle, dans un mémoire que tous les antiquaires connaissent et auquel on n'a pas encore répondu; et, si nous avons bien compris sa pensée, il a voulu établir que ce magnifique monument pourrait bien être un des premiers modèles du style ogival appliqué en France aux édifices religieux. Mais s'il en est ainsi, quelle raison aurait-on de s'étonner que, plus d'un siècle après, un évêque qui avait eu occasion de faire de

(1) Voyez la notice de Saint-Méen.

fréquents voyages dans divers pays, et de voir un grand nombre d'églises de différents styles, eût construit à Saint-Malo, très-rapproché de Coutances, un édifice du même genre, quoique beaucoup moins parfait ?

Ces diverses raisons que nous avons long-temps méditées et qui nous semblent concluantes, nous les soumettons aux archéologues plus habiles et plus expérimentés que nous ; et sans vouloir prononcer un jugement qui n'aurait pas de notre part un grand poids, nous nous rangerons à l'opinion d'un homme très-érudit et très-compétent, qui s'occupe sur les lieux mêmes des recherches les plus consciencieuses à ce sujet, et qui ne doute nullement de ce que nos historiens ont avancé. On nous annonce de sa part une histoire de Saint-Malo où il aura occasion de traiter cette question si intéressante pour nous, et qu'il est plus à lieu que personne d'éclaircir et de décider (1).

(1) Peu d'années avant la révolution, on faisait sculpter à Marseille un autel en marbre blanc pour la cathédrale de Saint-Malo ; ce monument n'y fut point placé, et après la tourmente révolutionnaire il fut vendu à la fabrique de Saint-Germain de Rennes où on le voit aujourd'hui. Au lieu de trente mille francs qu'il avait coûté d'abord, il fut cédé pour six mille seulement, et les frais de transport et de placement se montèrent à deux mille. Cet autel eût été encore plus déplacé dans le chœur de Saint-Malo qu'il ne l'est à l'église

Eglise de l'ancienne abbaye de S.-Méen. — Dernièrement, un de nos prêtres bas-bretons, appelé à évangéliser les peuples du pays de Galles, énumérait tous les liens d'union qui ont existé autrefois entre cette contrée et la nôtre, la commune origine des deux peuples, la similitude de leur langage, leurs émigrations réciproques, leurs communs efforts pour secouer ou repousser le joug de toutes les tyrannies, enfin les services mutuels qu'ils se

Saint-Germain; celui qui existe maintenant et qui ne date que de quelques années cadre beaucoup mieux avec le style de l'édifice. Le tabernacle surtout, dans le style gothique fleuri, est un travail de menuiserie très-élégant et très-délicat. Si le reste de l'ornementation de l'autel était aussi bien, ce serait assurément ce que nous aurions de mieux en ce genre.

L'église de Saint-Malo possède un fort beau tableau de Santerre, représentant la sainte Vierge tenant son fils sur ses genoux après qu'il a été descendu de la croix. Le dessin en est pur et le coloris d'une grande richesse ; l'expression des têtes et des poses est noble et digne, peut-être celle de la Vierge aurait-elle quelque chose d'un peu théâtral.

Nous ajouterons ici quelques nouveaux renseignements qui nous sont parvenus trop tard pour être insérés dans le texte.

La voûte de la nef de la cathédrale de Saint-Malo a 15 mètres 30 centimètres d'élévation. Celle du chœur a 19 mètres 85 centimètres.

Le chœur se compose de quatre travées dont trois en avant de l'autel et une en arrière. Le chevet est percé d'une grande fenêtre, et l'extrémité de chaque aile d'une autre plus étroite.

sont rendus, en se donnant à diverses époques une fraternelle hospitalité, et recevant en échange les lumières de la foi et de la civilisation (1).

En effet, beaucoup de nos saints évêques et apôtres de Bretagne étaient d'origine anglaise, de même que, dans la Cambrie surtout, on retrouve les traces d'un grand nombre de saints bretons qui y ont planté la foi catholique. Ainsi le siége de Dol fut fondé par saint Samson, sorti du Glamorganshire, où son père, prince armoricain, avait été chercher un abri; saint Illtut, l'un des premiers fondateurs du monastère le plus célèbre du pays de Galles, était d'origine bretonne; et saint Paul, qui a donné son nom à la ville et au diocèse de Saint-Pol-de-Léon, était venu d'au-delà de la Manche. On pourrait citer ainsi un bien plus grand nombre de ces émigrants illustres, que la Providence transportait d'un pays à l'autre dans des vues de miséricorde et de grâce, si leurs noms n'étaient connus de tout le monde.

Or, ce fut à la suite du premier de ceux que nous venons de nommer que le jeune Méen

(1) Déjà *the Tablet*, journal catholique de Londres, avait employé le même moyen que cet ecclésiastique, pour intéresser toute la Bretagne à cette mission si digne en effet de nos sympathies.

arriva dans notre pays, vers l'an 557, et ce ne fut qu'après avoir passé un bon nombre d'années à l'école du saint archevêque, qu'il vint au pays de Gaël fonder un nouveau monastère sur les terres que lui concéda un pieux seigneur, nommé Gaduon ou Caduon, sous le règne et avec l'agrément de Juthaël ou Hoël III, roi de Bretagne. C'est aux dernières années du VI.ᵉ siècle qu'on rapporte généralement cette fondation.

La renommée de ses vertus et les miracles qu'il opéra dans diverses circonstances, attirèrent au nouvel abbé de nombreux disciples. Nous citerons un de ces prodiges qui rentre dans notre sujet, et qui s'est en quelque manière perpétué jusqu'à nos jours. L'emplacement que le saint avait choisi pour y fonder son monastère, disent quelques auteurs, ne présentant ni cours d'eau, ni fontaine, il invoqua le secours du ciel, et enfonçant le bout de son bâton dans le sol, il en fit jaillir une source abondante, qui put suffire au besoin des ouvriers et de sa communauté. Dans la suite, cette fontaine merveilleuse acquit la vertu de guérir le mal qu'on a appelé *de Saint-Méen*, et qui n'est autre chose qu'une gale très-opiniâtre, mais très-commune, surtout autrefois. On venait de fort loin se laver à cette fontaine, et il faut bien qu'il s'y soit opéré des guérisons remarquables, car le nombre des pèlerins devint très-nombreux, et au XVII.ᵉ siècle, il était encore tel qu'on crut devoir bâtir, dans la petite ville de Saint-Méen, un hospice pour loger ces étrangers. C'est à Pierre Cornulier, évêque de Rennes, qu'est due cette maison servant aujourd'hui d'hôpital. Cette fontaine qui se trouve auprès d'une chapelle restaurée depuis peu et dédiée à saint Méen, est environ à une demi-lieue de la ville, et désignerait la place occupée primitivement par le monastère, si le miracle que nous venons de raconter s'était réellement opéré à l'occasion de sa construction; mais il est bien probable, comme nous l'observerons bientôt, que ce fut pour un autre motif, et que les bâtiments actuels occupent à peu près l'emplacement primitif du monastère.

L'abbaye reçut d'abord pour patron saint Jean-Baptiste, et s'appela *S.-Jean-de-Gaël* (1); ce ne fut qu'après la mort du saint fondateur qu'elle prit son nom, ainsi que la petite ville qui s'est peu à peu formée à son ombre. Mais

---

(1) Gaël était alors le point le plus important du pays; les princes bretons y avaient un château, dont on voit l'emplacement sur le bord du Meu, auprès du bourg. L'église offre encore des portions très-anciennes.

elle était déjà si célèbre, et les vertus monastiques y étaient si florissantes, que le roi Judicaël, après avoir vainement revendiqué son droit de souveraineté sur la Bretagne, usurpé par Salomon II, son frère, voulut y prendre l'habit de religieux, et que plus tard, lorsqu'il eût entièrement renoncé aux grandeurs du monde et au gouvernement dont la mort de son frère l'avait remis en possession, il vint finir sa carrière dans ce pieux asile de la perfection évangélique.

Il est probable que, lors de cette seconde entrée de Judicaël dans le monastère, S. Méen n'existait plus. Après une longue vie, toute pleine de vertus et de bonnes œuvres, il était allé recueillir dans un autre monde le fruit de ses mérites. On croit que son corps fut enterré sous le portail de l'église, où saint Judicaël choisit lui-même sa sépulture, pour se trouver à côté de son père spirituel.

En 799, l'abbaye fut incendiée par le comte Gui, pendant la révolte des Bretons, sous Charlemagne, et ses revenus furent livrés à l'avidité des gens de guerre. Mais Hélocar, qui était abbé de Saint-Méen en même temps qu'évêque de Saint-Malo, obtint de l'empereur la permission de la rétablir, et des lettres-patentes de Louis-le-Débonnaire, qui nous ont été conservées, lui confirmèrent cette permission en 816.

Deux ans après, le même prince fit introduire à Saint-Méen la règle de saint Benoît, déjà établie dans le reste de l'empire; mais sa protection et celle de ses successeurs, ne purent préserver cette pieuse maison de la fureur des Normands qui, dans le xe siècle, la détruisirent de fond en comble (1).

Ce fut Hingueten, abbé de Saint-Jacut, qui fut chargé en 1008, par la duchesse Havoise et par les princes Alain et Eudon, ses enfants, de relever une seconde fois de ses ruines cette ancienne abbaye. Il s'acquitta si bien de cette charge, qu'il mérita le titre de restaurateur de Saint-Méen qu'il gouverna jusqu'à sa mort.

De ce moment nous possédons le catalogue des abbés de Saint-Méen. Dans ce nombre, on remarque Robert de Coetlogon (1), en 1443, qui

---

(1) C'est à l'occasion de ces ravages causés par les invasions désastreuses des Normands, que les reliques de saint Méen et de saint Judicaël furent transportées à Saint-Florent, d'où elles furent rapportées d'abord au prieuré de la Madeleine de Dinan, en 1074, puis ensuite, mais à une époque inconnue, à Saint-Méen même, où on les garde encore.

(1) On voit encore son tombeau près des fonts baptismaux. Il y est représenté en relief, couché, avec la mitre et la crosse. Près de lui sont ses armes qui étaient *de gueules à trois écussons d'hermines*, 2, 1. L'inscription porte, en lettres gothiques :

fut victime de la rapacité du trésorier Landais, emprisonné et dépouillé, puis ensuite rétabli dans sa dignité qu'il occupa pendant cinquante ans; Pierre de Laval, archevêque de Reims, en 1492; Robert Guibé, évêque de Nantes et cardinal du titre de saint Anastase, en 1493; Juvénal des Ursins, en 1539; Charles de Bourbon, archevêque de Rouen et cardinal de la sainte église romaine, en 1574; Jean d'Espinay, frère de Charles, évêque de Dol; Pierre Cornulier, qui assista en sa qualité d'abbé aux Etats tenus à Rennes en 1604, et plus tard comme évêque de Tréguier, puis de Rennes. C'est lui qui fit bâtir l'hôpital des pèlerins à Saint-Méen. Achille de Harlay-Sanci, évêque de Saint-Malo, nommé en 1639, obtint, le 20 octobre 1643, la permission d'ériger un séminaire diocésain dans son abbaye. Cette permission lui fut confirmée par lettres-patentes du mois de mars 1646, portant union de la mense conventuelle, des offices claustraux et des bâtiments de l'abbaye au séminaire confié à la congrégation de la mission fondée par saint Vincent-de-Paul (1).

Cy gist : F : Robert : de Coetlogon : abbé : de céan. Le tout est d'une seule pierre de granit.

(1) On peut voir dans la vie de ce saint prêtre les difficultés qui s'élevèrent dans cette circonstance, entre les religieux de

Les religieux, réduits dès lors à un très-petit nombre, reçurent une pension convenable, et le titre d'abbé fut donné, comme précédemment, à divers ecclésiastiques, dont le dernier, au moment de la révolution, était N. Descognets, grand archidiacre, chanoine et vicaire général de Quimper.

En 1712, les bâtiments de l'ancienne abbaye tombant en ruines ainsi que la partie de l'église qui s'étendait au-delà de la tour, vers l'ouest, et qu'on appelait *la chapelle du cloître,* les Lazaristes détruisirent ces constructions, et bâtirent la maison qui sert aujourd'hui de petit séminaire.

La chapelle occidentale ne paraît toutefois avoir été entièrement détruite qu'en 1771; car le tombeau de saint Méen qui devait s'y trouver et qui maintenant se voit dans le transept nord, n'y a été transféré qu'en 1771, comme le porte une inscription qui s'y trouve. Ce tombeau, du reste, n'est pas le premier dans lequel aient

---

l'abbaye et sa société, ou plutôt l'évêque commendataire, les divers arrêts du parlement de Bretagne, cassés par la cour, et enfin l'heureuse issue de cette longue affaire. On sait qu'à cette occasion, saint Vincent-de-Paul vint à Saint-Méen pour y régler les choses par lui-même. On conserve encore, dans la chapelle de l'hospice tenu par ses filles, un siége de confessionnal qu'on croit lui avoir servi.

reposé les restes de saint Méen ; il a dû nécessairement subir le même sort que l'abbaye, et comme elle être détruit au moins deux fois. D'ailleurs, il est d'une forme qui annonce le XIII.e ou le XIV.e siècle, et la pierre qui le recouvre, ornée d'une crosse fleuronnée et d'une espèce de fronton sculpté en relief, ressemble à plusieurs autres qu'on voit dans l'église, et qui doivent être de l'époque que nous indiquons (V. l'Atlas, détails de l'église S.-Méen). On montre aussi un cercueil de granit creusé en forme de coffre, à une extrémité duquel la place de la tête est marquée par un espace circulaire. On dit que c'est le premier tombeau du saint abbé, mais cette opinion est encore peu probable, car, d'après M. de Caumont, cette forme de cercueil se trouve plutôt après qu'avant le XII.e siècle, et est, par conséquent, bien postérieure au temps de saint Méen.

On ne paraît pas non plus attacher grande importance ni grand respect à cette pierre, qui est reléguée dans un coin, parmi des décombres, et qui ne sert qu'à recevoir les eaux d'une gouttière. Il est à regretter qu'on soit obligé d'en dire autant d'un ancien font baptismal, que sa valeur même, sous le rapport de l'art, aurait dû préserver d'un pareil sort.

Le 12 juillet 1640, M. Achille de Harlay,

évêque de Saint-Malo, tira de leur ancien sépulcre, pour les exposer à la vénération publique, les reliques de saint Méen et de saint Judicaël, qui furent alors renfermées dans de riches châsses d'argent ornées de pierreries dont les révolutionnaires s'emparèrent (1).

Outre ces reliques, l'abbaye en possédait un grand nombre d'autres ; car, aujourd'hui encore, on en conserve des débris considérables, et plusieurs reliquaires, dont deux en cuivre doré et d'assez grande dimension, annoncent par leur forme, leur décoration et les caractères gothiques des inscriptions, la fin du xv.ᵉ siècle.

Mais venons enfin à la description de l'église qui est un de nos plus curieux monuments religieux, et dont l'architecture offre un intéressant sujet d'étude. La forme que présente actuellement cet édifice est celle d'une croix tronquée par le pied. Elle est, comme toutes nos anciennes églises, orientée de l'est à l'ouest, d'après la règle adoptée de tout temps, et pour des raisons mystiques qu'on ne saurait mépriser ; et, n'en déplaise à ceux qui pensent qu'il faudrait, pour la rendre plus belle et plus commode, changer cette disposition, nous dirons

(1) L'abbé Manet, hist. de la petite Bretagne

qu'elle ne serait alors ni plus commode, ni plus belle, et nous pourrions, au besoin, en donner les raisons. Du reste, le bon sens et l'amour pour les traditions liturgiques que nous reconnaissons à ceux qui ont la garde de ce précieux monument, nous rassurent assez sur sa destinée, qui serait plus compromise qu'on ne pense si l'on tentait cet absurde changement.

La tour qui se trouve à l'entrée et laisse à sa base un large passage, est portée sur une voûte en ogive aigue et assez élevée pour continuer le prolongement de la chapelle du cloître aujourd'hui détruit et servant autrefois de nef. La porte qui précède l'entrée est probablement celle de cette ancienne chapelle, qu'on a replacée à l'ouverture de la tour. Elle ne manque ni d'ornements ni de détails curieux, mais on voit qu'elle n'a pas été faite pour la place qu'elle occupe; des parties essentielles à l'ensemble de son plan manquent et laissent de graves défauts dans l'arrangement général. Au-dessus de ce portail, on voit encore la trace d'une ancienne toiture et d'une voûte qui couvraient la chapelle du cloître.

Si nous étudions cette tour, qui a paru à tous les connaisseurs la partie la plus ancienne de l'édifice, nous remarquerons d'abord sa forme carrée, ses contre-forts peu étagés et la tourelle également carrée qui contient l'escalier, et dont le toit est à double égout, toutes choses qui annoncent une certaine antiquité. De plus, en pénétrant sous la voûte qui sert de passage dans l'église, nous remarquerons qu'à la retombée de l'arcade intérieure, des tronçons de colonnes terminés par des têtes à langues pendantes et ornés de chapiteaux romans à larges feuilles palmées, soutiennent les impostes formées d'un large filet et d'un chanfrein. Les angles de cette même arcade sont en arête vive et de la plus grande simplicité, un seul tore borde la seconde plate-bande qui double l'arcade; autres caractères d'antiquité.

Mais en sortant de nouveau à l'extérieur, et dans la cour occidentale du petit séminaire, nous trouvons à la base de la tour une porte à moitié enfouie par l'exhaussement du terrain, et qui a tous les caractères du style ogival primitif; deux petites colonnes détachées entre les piédroits soutiennent l'arcade en ogive que surmonte une archivolte ornée de grosses perles. Cette porte communiquait probablement avec les bâtiments claustraux.

A peu près aux deux tiers de sa hauteur, la tour se resserre un peu sans changer de forme, et là se trouvent sur chaque face des fenêtres géminées du même faire que la porte dont nous venons de parler. Sur les côtés nord et sud, on retrouve encore d'autres fenêtres au-dessous des premières ; elles sont en lancettes plus allongées et inscrites, au moins du côté nord, dans une arcade plus large. Le haut des murs se termine par un couronnement en machicoulis, dont les consoles sont ornées de têtes d'hommes et d'animaux très-variées. La toiture en forme de dôme surmonté d'une petite flèche et flanqué de quatre clochetons est nécessairement plus récente. Nous dirons tout-à-l'heure ce que nous pensons de la date de cette tour.

En pénétrant dans l'intérieur de l'église, on arrive immédiatement au centre de la croisée. Cette partie centrale se compose de quatre grandes arcades bordées d'un simple tore, et reposant sur des piliers carrés sur lesquels se détachent à moitié des colonnes dont les chapiteaux sont plus romans que gothiques ; il en est de même des bases. Il est à remarquer que l'ouverture de la tour qui forme une de ces arcades n'est pas régulièrement correspondante à celle qui ouvre le chœur, mais un peu reportée à la gauche du spectateur ; ce qui annoncerait, ainsi que sa forme plus simple, qu'elle est antérieure aux autres.

Le mur oriental de chaque transept est percé de deux arcades; à gauche, celle qui ouvre le collatéral nord du chœur et une autre sous laquelle est un autel; celle-ci forme comme une grande niche, dont le fond plat était percé primitivement d'une fenêtre; ce devait être une imitation des anciennes absides latérales, si fréquentes dans nos églises romanes. On voit encore dans l'épaisseur des murs, de chaque côté de l'autel, des crédences dont une est carrée et partagée dans sa hauteur par un montant en pierre; l'autre prend la forme trilobée. Elles servaient de piscines et d'armoires pour déposer les vases et ornements de l'autel.

Dans le transept sud, ces deux arcades se répètent également, mais la première est bouchée, à l'exception d'une porte qui est prise à la partie inférieure et donne entrée dans la sacristie. La seconde contient dans sa profondeur les fonts baptismaux; les boiseries dont elle est revêtue jusqu'à une hauteur de sept pieds environ, empêchent de voir les crédences qui doivent y exister comme dans la correspondante. La grande fenêtre qui éclaire ce transept est très-curieuse par la forme de son ornementation et les débris de vitraux peints qu'elle conserve dans son tympan. Elle est en ogive, mais large et évasée; son arcade et ses piédroits sont ornés de voussures formées de tores et de gorges profondes; des meneaux droits et prismatiques la divisent en six compartiments terminés par une arcade trilobée, puis ils se croisent ensuite pour former de petites ogives très-aiguës remplies par des rosaces, et inscrites dans deux plus grandes ogives séparées par une plus large rosace polylobée. Cette fenêtre et la plupart des autres ont quelque chose du style perpendiculaire des Anglais, en usage surtout au xv.ᵉ siècle, mais elles sont évidemment plus anciennes, et celle-ci en particulier porte un cachet qu'il est impossible de méconnaître, et qui la fait remonter au moins aux dernières années du xiii.ᵉ siècle ou aux premières du xivᵉ. C'est un écusson aux armes des princes de Dreux, portées par Pierre Mauclerc et ses trois successeurs immédiats, mais changées par Jean III en 1322. Ces armes sont *échiqueté d'or et d'azur au canton d'hermine* (1).

Si nous retournons dans le transept nord,

(1) Les autres peintures conservées dans les réseaux de l'arcade représentent en petite dimension diverses scènes assez difficiles à expliquer. Dans la grande rosace, on voit le Christ dont la tête est ornée du nimbe crucifère et les mains étendues; autour de lui sont des anges; dans un autre endroit, deux figures de rois assis l'un devant l'autre, la couronne sur la tête; l'un d'eux joue de la viole, peut-être c'est David et Saül. Plus bas, saint Pierre tenant une clef à la main semble

nous trouvons encore une fenêtre assez remarquable, quoique d'une ornementation plus en rapport avec celle des xiii.ᵉ et xiv.ᵉ siècles. Il n'y a plus aucun vestige de vitraux. Dans le mur occidental et près de l'ouverture de la tour, est le tombeau de saint Méen déjà décrit. L'arcade qui le renferme est en plein-cintre, mais le fronton surbaissé qui est au-dessus et les colonnes qui portent le cintre appartiennent bien au gothique de la première période.

Reste maintenant le chœur et son collatéral. Cette partie de l'édifice est évidemment surajoutée aux transepts, et leur est bien postérieure d'un demi-siècle, à en juger par l'élégance des détails et la multiplicité des moulures; malheureusement elle n'est pas régulière. Un seul collatéral accompagne le chœur. Il est vrai

conduit par un personnage plus petit vers une porte de ville ou de château, où l'on aperçoit une personne drapée de rouge qui s'apprête à le recevoir. A la même hauteur, plusieurs figures nues élèvent des mains suppliantes vers le ciel. De l'autre côté, on voit une espèce de serpent qui menace deux hommes également nus, que protége un saint dont la main est levée pour les bénir, et au-dessous, un nain replié sur lui-même, et qui semble fuir devant un personnage à demi vêtu d'une draperie verte, mais presque invisible. Ailleurs, des anges, des fleurs de lis de forme allongée, des fleurons et étoiles d'un dessin varié. Tous ces précieux débris annoncent par la couleur et le dessin une époque très-reculée.

qu'une longue sacristie, qui semble une ancienne chapelle ou une salle de chapitre, se trouve en regard, mais elle n'est point ouverte par des arcades comme l'autre côté, et ne paraît pas l'avoir jamais été. On remarque seulement près de la chaire une grande porte bouchée qui devait donner communication entre le chœur et cette salle ou chapelle.

Le chœur, qui peut avoir cinquante pieds de profondeur et dont la moitié sert de nef, se termine par un chevet droit, sans fenêtre, du moins à présent. L'extrémité du collatéral en avait une, dont on voit encore une partie des nervures. Les autels, dans le style de la renaissance, ont été sans doute construits par les Lazaristes ; ils n'ont rien de bien riche ni de très-élégant.

Les piliers soutenant les arcades qui partagent le chœur et son bas côté, sont, à coup sûr, ce qu'il y a de plus intéressant et d'un plus beau travail : huit faisceaux de légères colonnes les entourent et reçoivent sur leurs chapiteaux les nervures alternativement rondes et creuses, qui composent les voussures des arcades. Ces chapiteaux sont d'une délicieuse composition et d'une exécution qui ne le cède en rien à ceux de Dol, quoique sculptés aussi dans le granit. A l'un des piliers ce sont des serpents entrelacés avec tant d'art et de naturel, qu'ils semblent s'agiter et se mouvoir; aux autres, des bouquets de feuilles de lierre, de chêne, etc. Chaque colonne a sa base formée de deux tores saillants, séparés par une profonde scotie. Le tore inférieur est très-aplati et très-développé. Les fenêtres du collatéral ressemblent beaucoup à celle que nous avons décrite plus haut, mais elles sont beaucoup plus simples et moins évasées.

L'intérieur de la sacristie est encore très-remarquable. De charmantes colonnes se détachent dans les angles et le long des murs pour porter les nervures qui se croisent à la voûte et la soutiennent. Les chapiteaux ornés de têtes grimaçantes, de larges feuilles d'eau ou d'autres moulures qui rappellent le roman de troisième époque; les bases ont deux tores dont le second, qui n'est guère qu'un quart de rond, repose sur un socle très-peu élevé, et il touche immédiatement le premier, un peu aplati lui-même.

Les fenêtres se composent d'une ogive géminée, surmontée d'une petite rosace en quatre-feuille. L'une d'elles est seule ouverte, la seconde est bouchée par un meuble insignifiant.

Cette sacristie est la seule partie de l'église qui soit voûtée en pierre.

Maintenant, quelle époque assignerons-nous aux diverses parties de l'église? En nous conformant au système de classification de M. de Caumont, nous attribuerions la tour et la sacristie au commencement du XIII.ᵉ siècle, la croisée à la fin, et le chœur au XIV.ᵉ siècle. Mais en nous rappelant l'histoire des diverses constructions de l'abbaye et surtout cette circonstance, que lors de sa dernière reconstruction par l'abbé Hingueten, la duchesse Havoise et les princes ses fils furent extrêmement satisfaits des nouveaux édifices, nous avons bien de la peine à croire qu'au bout d'un siècle et demi, toute l'église bâtie par cet habile homme, à la grande satisfaction de ses bienfaiteurs, ait dû disparaître, sans qu'il soit fait mention dans l'histoire d'aucun évènement funeste dans tout ce laps de temps, et faire place à un nouvel édifice qui évidemment n'a pas été construit simultanément, mais pourtant à des époques peu éloignées l'une de l'autre. Nous serions donc porté à croire, d'après cette observation et les remarques que nous avons faites au sujet des églises de Saint-Malo, de Saint-Melaine et de Saint-Georges, que la tour de Saint-Méen remonte au XI.ᵉ siècle, les transepts au XII.ᵉ tout au plus tard, moins les fenêtres des extrémités, et le chœur au commencement du xiv.ᵉ; nous placerions la sacristie au même temps que la tour (1).

Nous ne nous dissimulons pas que cette opinion est en contradiction avec celle des hommes les plus distingués dans la science de l'archéologie; mais nous savons que parmi eux quelques-uns n'ont pas tellement arrêté leur jugement sur cette grave question, qu'ils ne soient disposés à recevoir de nouvelles observations et à faire de nouvelles recherches. On nous a assuré à Saint-Méen que le comte de Montalembert donnait à la tour la même date que nous, et l'on sait que l'opinion du grand orateur n'est pas sans autorité, même sur la question présente.

Nous ajouterons maintenant quelques mots des autres curiosités que nous avons remarquées à Saint-Méen et qui ne font pas essentiellement partie de l'église.

Nous devons signaler d'abord un grand nombre de dalles couvertes d'inscriptions, indiquant les noms des moines et abbés qui ont été inhumés dans ce saint lieu. L'une d'elles nous a paru très-ancienne; les caractères de

(1) Pendant la lutte entre Charles de Blois et Jean de Montfort, l'abbaye souffrit nécessairement de plusieurs combats qui s'y livrèrent; il ne serait pas étonnant que par suite on eût restauré beaucoup de choses à l'église.

l'inscription et l'ornementation sculptée semblent appartenir au xiiie siècle. La plupart se distinguent par un assez beau travail de décoration, et par des reliefs représentant les crosses et armoiries ou même les figures entières et saillantes des pieux personnages qu'elles recouvrent. Plusieurs de ces dernières ont été déplacées, et sont maintenant dans un état de mutilation complète. Toutes ces dalles et statues, tant à l'intérieur qu'en dehors de l'église, sont en pierre de granit, à l'exception d'une seule représentant une dame vêtue à la manière du xve siècle, laquelle est en pierre blanche et un peu mieux conservée que les autres. Nous savons qu'on a l'heureuse idée de recueillir tous ces précieux débris dans une partie de l'église, où ils seront à l'abri des injures de l'air et des mutilations nouvelles dont ils ne manqueraient pas d'être victimes.

Un mur qui se prolonge en avant de la tour et qui sert de clôture à la cour intérieure du petit séminaire, paraît en grande partie plus ancien que tout ce que nous venons d'examiner. Il devait nécessairement faire partie de l'ancienne chapelle du cloître, et peut-être serait-ce un débris de la seconde construction, sous Hélocar. Du moins les traces de petit appareil romain qu'il conserve annoncent une haute antiquité. Si cela était, il faudrait en conclure que c'est dès cette époque que le monastère de Saint-Méen fut déplacé et éloigné de la fontaine miraculeuse, si tant est qu'il en ait jamais été plus voisin; car il nous semble que, outre beaucoup de raisons que l'on devait avoir de reconstruire dans le même lieu, le seul motif de respect pour le tombeau du saint fondateur et de saint Judicaël, devait être assez puissant pour qu'on ne songeât pas à transporter le monastère à une demi-lieue plus loin. Du reste, l'opinion de cette translation n'étant fondée que sur l'occasion probablement supposée du miracle de la fontaine, je veux dire sur ce que saint Méen l'aurait fait jaillir pour procurer de l'eau à ses ouvriers, ce qui n'est nullement prouvé, cette opinion ne semble pas très-solide, surtout quand on songe que la petite ville formée autour de l'abbaye est mentionnée dans des actes très-anciens, et que rien, dans les environs de la fontaine, ne fait supposer qu'il y ait eu jamais aucunes constructions importantes.

Une croix de pierre, de forme très-gracieuse et connue sous le nom de croix de l'abbaye, se trouve au sortir de la ville, à gauche de la route de Loudéac. Elle pourrait bien désigner l'entrée de l'ancienne abbaye, située à l'occident de l'église et formant, dit-on, un grand parallélogramme, orienté de l'est à l'ouest. Quatre petites figures sont groupées aux pieds du Christ. L'une est vêtue en abbé, une autre porte une espèce de diadème, une troisième paraît représenter une femme, et la dernière un homme dont le costume n'a rien de particulier. On pense qu'on a voulu réunir ainsi les images de saint Méen, de saint Judicaël, de sa sœur sainte Onene et de son frère saint Josse.

Voilà tout ce qui reste de cette vieille abbaye : le temps et les révolutions ne l'ont guère plus épargnée que les autres ; du moins elle n'est pas tombée, comme un trop grand nombre de nos monuments religieux, aux mains de ces modernes vandales qui, souvent, n'ont pas laissé pierre sur pierre des édifices les plus remarquables pour l'art et les plus précieux pour l'histoire. Ses bâtiments conservent une destination toute sainte, et les murs de la vieille église sont encore témoins des solennités chrétiennes et tressaillent aux accents de la prière catholique.

Eglise de l'ancienne abbaye de Redon. — L'église de l'abbaye de Saint-Sauveur de Redon (1), reconstruite à des époques très-

(1) Saint Convoïon, natif de Comblessac, diacre de l'église

éloignées, nous offre un curieux rapprochement des styles d'architecture les plus divers. Une tour séparée maintenant du corps de l'église fait le principal ornement de la grande place qui l'avoisine et fixe l'attention de tous les connaisseurs. Nous l'avons décrite suffisamment à la page 123 (2). La nef reconstruite à la fin du dernier siècle par suite de l'incendie de 1780 nous donne un exemple des constructions mesquines de cette époque ; mais en arrivant au transept, nous trouvons les arcades en plein-cintre, la voûte hémisphérique, les colonnes

de Vannes, fut ordonné prêtre par l'évêque Renier, et jeta les fondements de son abbaye vers l'an 823. Il obtint pour cela l'agrément d'un seigneur du pays de Redon, nommé Ratuili, qui lui concéda un emplacement convenable. (Un tableau donné depuis quelques années par le gouvernement, et placé dans un des transepts, rappelle cette concession).

Dès les premières années, l'abbaye fut en butte aux incursions et aux ravages des Normands. Le saint fondateur fut obligé même de l'abandonner, et se retira dans un château appartenant au roi Salomon III, auprès de Plélan, où il fonda un nouveau monastère. C'est là qu'il termina sa carrière ; son corps y resta jusqu'à ce qu'on pût le transporter à Redon. On peut voir dans Ogée, nouvelle édition, à l'article *Maxent*, une note très-curieuse de M. H. V. où l'on établit que le monastère, bâti en second lieu par saint Convoïon, était situé non à Plélan mais à Maxent, où l'on trouve en effet des restes d'anciennes constructions qui pourraient avoir appartenu à l'église de ce monastère.

(2) Cette tour a 56 mètres 85 centimètres d'élévation.

engagées, les chapiteaux ornés de filets, de figures humaines et d'imitations de volutes antiques, et toute la grandeur, la solidité et la sévérité du roman de seconde époque. Quelques antiquaires ont cru que toute la croisée et la tour qu'elle porte à son centre étaient de la première construction de l'abbaye au ix.ᵉ siècle. Il faut convenir cependant que cette tour ressemble, dans des proportions plus grandes, à celle de Livré qui ne date que du xi.ᵉ siècle, et que les chapiteaux qui décorent les colonnes massives des fenêtres, et les billettes qu'on remarque aux archivoltes des mêmes ouvertures, annoncent aussi une phase plus rapprochée que le ix.ᵉ siècle. Quoi qu'il en soit, elle est dans son style, comme celle de la place, dans le sien, ce que nous possédons de plus remarquable dans le diocèse, en fait de tours anciennes.

D'après le dessin que nous avons donné de cette tour (V. l'Atlas), on peut voir quelle est carrée et à trois étages, dont le premier est orné d'arcades pleines et cintrées, et les deux autres de plus petites arcades à doubles et triples arceaux soutenus par des colonnes courtes, dont plusieurs chapiteaux, tout massifs et grossiers qu'ils semblent de loin, sont couverts cependant d'assez riches dessins. Ces deux derniers rangs d'arcades sont à jour et éclairent l'intérieur. Les angles du second étage, en retraite sur le premier, sont arrondis en forme de tourelles; le troisième étage qui se rétrécit encore, est à pans coupés et ouverts comme les côtés par une arcade à jour. Le toit est de forme pyramidale surbaissée (1).

Reste maintenant le chœur qui est la partie la plus remarquable sous le rapport des formes architecturales, et tout à la fois d'une simplicité de décoration déjà rare à l'époque où il semble avoir été bâti. Nous l'avons dit plus haut, nous n'avons aucun document positif sur la date de sa construction; cependant, on sait que l'abbaye fut reconstruite vers le milieu du XIII.ᵉ siècle, après les ravages causés par la rapacité et les exactions de Pierre Mauclerc (2). Il est donc à présumer que, vers le

(1) Une personne soi-disant bien informée nous avait assuré que sur plusieurs pierres de cette tour on trouvait une date du IX.ᵉ siècle; mais de nouveaux renseignements nous ont appris que les ornements seuls des chapiteaux indiquent une époque reculée et ont donné lieu à cette méprise.

(2) « Enfin, dit l'abbé Tresvaux, la tranquillité ayant été » rétablie en 1256, par l'intervention du pape Alexandre IV, » les religieux fugitifs retournèrent à leur maison, et s'appli- » quèrent à réparer les pertes qu'ils avaient faites. Le monas- » tère de Redon se trouva dans une si grande désolation,

même temps, on s'occupa aussi de rebâtir en partie l'église du monastère dont le chœur et la tour, aujourd'hui séparée de l'église, portent les caractères de cette époque.

Ce chœur, en effet, présente les trois ordres que nous retrouvons dans toutes les grandes églises du style ogival, les grandes arcades inférieures (1), le triforium ou galerie prise dans l'épaisseur du mur supérieur, et enfin le clerestory comprenant les grandes fenêtres du troisième étage. Ce qu'il y a de particulier ici, par rapport à nos autres églises de la même importance et du même style, c'est que tous les chapiteaux des colonnes inférieures et des colon-

» qu'il fallut le rebâtir entièrement, les anciens bâtiments » n'étant pas en état d'être réparés ». *Histoire de l'église de Bretagne.*

L'abbé Manet, dans son histoire de la petite Bretagne, t. 2, p. 172, dit aussi : « La nouvelle maison, dont l'établissement » avait éprouvé plusieurs difficultés, et à la construction de » laquelle Louis-le-Débonnaire et son fils Charles-le-Chauve » avaient puissamment contribué, eut beaucoup à souffrir » dans la suite de la part des Normands, notamment en 869. » — Elle fut rebâtie aux années 1253, 1256 et 1628. — A » cette dernière époque, le cardinal de Richelieu, qui en était » abbé, y introduisit la réforme de saint Maur et y fit de » grands biens ». C'est à lui que l'on doit en effet ce qui reste des bâtiments de l'abbaye, le cloître en particulier, l'ancienne sacristie qui sert de chapelle au collége et le maître-autel de l'église.

(1) Elles affectent la forme lancéolée.

nettes décorant les fenêtres du pourtour sont d'une extrême simplicité; pas une fleur, pas une feuille sculptée, mais de simples tores marquant la hauteur et dessinant le contour arrondi de chaque chapiteau. De plus, un grand nombre des fenêtres sont remplies par des meneaux se croisant au sommet de l'ogive à la manière du style perpendiculaire, comme nous l'avons observé à Saint-Méen. Auraient-elles été refaites au xv.ᵉ siècle ? Il n'y a pas la moindre apparence ; ou bien serait-ce un caractère spécial à notre pays? Nous n'oserions encore l'affirmer.

Enfin le triforium est à jour; trois arcades trilobées correspondent à trois autres servant de fenêtres à l'extérieur, dans chaque travée ; aucune colonne ne décore ni ces fenêtres, ni ces arcades; on n'en remarque qu'à la séparation de chaque travée; encore ne descendent-elles point jusque sur le chapiteau de la colonne du pilier, pour se relier à elle et aller recevoir à la voûte le faisceau des nervures ; elles s'arrêtent à la hauteur de la galerie du triforium, et se terminent en recevant la forme des simples moulures qui partagent cet étage des grandes arcades.

L'intérieur de ce chœur est, malgré cette simplicité, d'un aspect imposant; et si, dans les ouvertures du triforium, on voyait, comme ailleurs, une suite de grands personnages peints sur les vitraux, et dans les grandes baies du clerestory ces brillantes mosaïques qu'on retrouve aussi dans quelques-unes de nos vieilles cathédrales, le jour qui abonde dans le sanctuaire serait adouci, et prendrait ces teintes mystérieuses et sombres qui conviennent si bien au saint lieu.

L'ensemble forme une abside à pans coupés composée de onze travées, qui diminuent de largeur dans la courbure du fond. Un déambulatoire circule tout autour, et donne entrée aux chapelles correspondant aux travées. Les fenêtres de ces chapelles, quoique plus étroites que celles du clerestory, sont généralement plus ornées; cependant plusieurs ne présentent qu'une lancette géminée. Il ne reste pas un autel ancien, mais en revanche on trouve encore épars dans l'église des débris de l'ancien pavé en terre cuite, et orné de dessins en enroulements émaillés.

Toutes les voûtes sont d'une admirable légèreté; elles sont partagées en sections carrées que des nervures arrondies et saillantes subdivisent en portions triangulaires, et agencées avec beaucoup d'art dans les chapelles et l'hémicycle du pourtour.

A l'extérieur, l'aspect de cet édifice n'est pas aussi satisfaisant ; les contre-forts sont peu soignés, la saillie des chapelles ne présente pas un ensemble assez régulier, et les doubles arcs-boutants qui appuient les murs du sanctuaire ont quelque chose de lourd et d'affaissé. Une balustrade en quatre-feuilles légèrement découpés qui entoure le grand comble relève un peu la sévérité et le nu de l'ensemble.

Un grand nombre de personnages illustres et pieux ont eu leurs tombeaux dans cette église. On cite en particulier le duc Alain Fergent, qui se retira sur la fin de sa vie dans l'abbaye de Redon, et y mourut en 1119 ; sa femme, la duchesse Hermengarde, voulut être enterrée près de lui, et y fut déposée en 1148. L'abbé Jean de Guipry, mort le 12 février 1307, reçut la sépulture dans son église, où l'on retrouve encore son épitaphe (1). Yves Le Sénéchal, autre abbé de Redon, qui bâtit la chapelle de la Sainte-Vierge, sous le titre de Notre-Dame-de-bon-Secours, située à l'extrémité du transept nord, y fut enterré le 3 janvier 1467. On retrouve en effet le style de cette époque dans

---

(1) Mille datis annis centum ter et ἑπτὰ Joannis
　　Funere patroni plebs doluit Rotoni.
　Simplex, pacificus, humilis, facundus, honestus,
　　Justus, munificus, mitis, honorificus.

l'ornementation d'une fenêtre de cette chapelle (V. l'Atlas).

Mais deux tombeaux attirent particulièrement l'attention par la richesse et le fini des sculptures en pierre qui les décorent; ce sont ceux de l'abbé Raoul de Pontbrient, mort en 1422, et de François Ier, duc de Bretagne. Tous deux sont placés sous des arcades pratiquées dans les murs de chapelles situées au sud et sud-est du chœur. Toute la finesse de ciselure et l'abondance de détails qui caractérisent l'ornementation architecturale du xve siècle s'y retrouvent, malgré les mutilations que ces monuments ont subies pendant la révolution et sans doute depuis, car il y a peu d'années encore on en paraissait faire si peu de cas, qu'on les avait entièrement masqués par des confessionnaux d'un style assurément très peu remarquable.

Peu d'églises ont reçu dans ces dernières années une plus grande part des faveurs du gouvernement : outre le tableau de saint Convoion, dont nous avons parlé plus haut, on en a obtenu un autre pour tenir lieu de pendant et qui représente l'action charitable du Samaritain. Ces deux tableaux sont de grande dimension et présentent au moins des parties bien traitées. Dans le premier, nous aimons particulièrement un groupe de moines qui rappelle assez bien ceux de Lesueur dans la vie de saint Bruno. De plus, on voit au maître-autel un christ en croix, sculpté en bois par un artiste de notre pays et qui lui a, dit-on, été payé 6,000 francs par le ministre.

Autour de l'église on remarque des ruines de tours et de murs de défense qui furent élevés par Jean de Tréal, abbé de Redon, pendant la lutte de Jean de Montfort et Charles de Blois, dont il soutenait le parti.

En somme, l'église de Redon est à coup sûr une des plus intéressantes du diocèse sous le rapport de l'histoire et de l'archéologie. Nous ignorons si elle est classée parmi les monuments nationaux que le gouvernement restaure et conserve à ses frais; mais nous pouvons dire que plusieurs ont obtenu sa protection, sans en être aussi dignes que celle-ci (1).

---

(1) Voici les dimensions qu'on a bien voulu nous transmettre :

L'église de Redon présente une longueur totale de 63 m. 35 c., savoir : 31 m. la nef et les bas côtés, sur une largeur de 18 m. 80 c. ; hauteur de la voûte, 16 m. 50 c.

8 m. 30 c. la tour romane, sur une largeur de 10 m. 40 c., une hauteur de voûte de 18 m. 50 c., et une hauteur totale de 27 m. 30 c. Toute la croisée est large de 32 m. 50 c.

13 m. 90 c. le chœur, sur 10 m. 40 c. de largeur, plus les ailes et les chapelles qui donnent une largeur totale de 30 m.

L'ancienne église paroissiale de Redon offre aussi quelques portions remarquables : une partie de la façade occidentale et la tour qui la surmonte sont romanes, et problablement d'une époque déjà avancée, à en juger par l'élancement des arcades simulées et ouvertes qui la décorent.

LA GUERCHE. — Un savant archéologue (1) prétend que le mot celtique *guerc'h*, qui signifie *vierge*, est devenu par extension le nom de la ville de La Guerche, où il existait, dès le x.ᵉ siècle, un célèbre pèlerinage à la sainte Vierge. La chapelle qui lui était consacrée fut agrandie à diverses reprises, mais surtout à l'époque où Guillaume, II.ᵉ du nom, seigneur de La Guerche, y fonda une collégiale. Ce fut en 1206 que se fit cette fondation pour douze chanoines,

---

70 c. La hauteur de la voûte du chœur est de 22 m. 40 c.

4 m. 20 c. le pourtour du chœur.

5 m. 95 c. profondeur de la chapelle absidale.

La même personne qui nous communique ces détails ajoute, par rapport à la tour séparée de l'église, qu'on a découvert depuis peu dans une carrière de granit ouverte pour les travaux du bassin de Redon, une pierre portant une inscription conçue à peu près en ces termes : *De cette carrière sont sorties les pierres employées à la construction de la tour de Redon, 1175;* et, qu'en effet, c'est absolument la même qualité de pierre que celle de la tour. Au reste, on ne cite point les personnes qui ont lu cette curieuse inscription.

(1) M. de Blois.

du consentement de l'épouse et des enfants de Guillaume, et en présence de Pierre de Dinan, évêque de Rennes.

Aujourd'hui cette église, qui est celle de la paroisse, se compose d'une nef et d'un bas côté de style ogival de la dernière période, xvi.ᵉ siècle, puis d'un chœur aussi du style gothique, mais beaucoup plus ancien, et c'est là très-probablement la portion bâtie au commencement du xiii.ᵉ siècle, lors de l'établissement de la collégiale. La forme de ce chœur est celle d'une abside à pans coupés; les fenêtres sont en tiers-point, sans divisions intérieures et décorées seulement à l'extérieur d'une archivolte en forme de larmier. Les contreforts, terminés par un toit à double égout, s'élèvent par étages en retraites les uns sur les autres et sans pesanteur. Une tour carrée est accolée au côté sud du chœur. Il serait difficile de bien déterminer la date de sa construction, attendu qu'elle manque totalement de caractère; mais comme elle paraît se relier, à l'intérieur, avec une grande arcade triomphale et en plein-cintre qui précède le chœur, on peut croire qu'elle doit être, comme cette arcade, d'une époque antérieure au xiii.ᵉ siècle (V. l'Atlas).

Plusieurs fenêtres du côté sud de l'église

conservent d'assez beaux restes de vitraux peints du xvi.ᵉ siècle; malheureusement ils sont si rares et si endommagés, qu'on a peine à y retrouver quelque sujet entier. L'extérieur de cette même façade sud avait été construit avec une certaine élégance; les fenêtres sont bien dessinées, et les contre-forts qui les séparent ne manquent pas de grâce et de légèreté, mais la pierre employée dans cette partie surtout de l'édifice cède et se détériore singulièrement à l'action de l'air; il faudrait des réparations considérables, et on trouve plus commode de supprimer que de refaire. Ainsi des clochetons menaçaient ruine, on les a démolis; des gargouilles assez curieuses de forme se détachaient de leurs appuis, on les a remplacées par des tuyaux ordinaires, et de la sorte disparaîtra peu à peu ce qui faisait l'ornement de cette église assez remarquable cependant pour notre pays.

Un curieux travail de menuiserie moins usé par le temps, mais maladroitement couvert de peinture, est le double rang de stalles qui décore le chœur. Les accoudoirs, les miséricordes et les montants des extrémités son couverts de ciselures et de figurines pleines d'originalité et de finesse; le dais qui se prolonge au-dessus des stalles est une découpure d'un dessin très-heureux et d'une exécution plus délicate encore que tout le reste. Après celles de Champeaux, nous ne connaissons point dans le diocèse de stalles plus remarquables que celles-ci. Mais encore une fois, pourquoi laisse-t-on les soi-disant décorateurs de nos églises empâter au moyen d'épaisses couches de couleur nos sculptures les plus exquises, et en faire disparaître tout leur effet de relief, sous prétexte de les restaurer et de leur donner un air de nouveauté précisément opposé à leur caractère? Ne serait-il pas plus simple, plus économique et surtout plus sage, dans l'intérêt de ces précieux chefs-d'œuvre, de les nettoyer simplement et d'y passer une légère couche de vernis qui ferait revivre la couleur naturelle du bois sans remplir les creux fouillés à dessin et sans nuire à la pureté des lignes et des contours?

A l'entrée de la ville, sur la route de Rennes, on voit les débris d'un ancien prieuré fondé en 1115 par Sylvestre, seigneur de La Guerche, en l'honneur de saint Nicolas. Ce seigneur qui, après la mort de sa femme s'était fait prêtre et était devenu évêque de Rennes, donna le prieuré de Saint-Nicolas à l'abbaye de Saint-Melaine. Ce qui reste des constructions consiste en une chapelle dont une grande partie a été refaite récemment et dans un tout autre but que celui qu'elle eut d'abord; puis une porte en plein-cintre ornée de tores à l'intrados de l'arcade et sur les angles des piédroits. Cette porte, qui est restée seule du bâtiment auquel elle se rattachait, n'est plus qu'une ruine sans grande importance sous le rapport de l'art; cependant elle conserve les caractères de l'époque où elle fut construite, et couronnée de lierres et d'autres plantes grimpantes, elle présente un aspect intéressant et pittoresque au milieu des pelouses verdoyantes et des jeunes plantations qui l'environnent (1).

PAIMPONT *(Penpont)* (1). — L'ancienne abbaye de Notre-Dame de Paimpont fut fondée par saint Judicaël, dans la première moitié du vii.ᵉ siècle, et soumise à celle de Saint-Méen; mais en 1211, Tual, qui en était alors prieur,

---

(1) Il paraît qu'il existait deux autres prieurés sur le territoire de La Guerche, et une templerie qui devint ensuite une commanderie de Malte; mais il n'en reste plus de traces, si ce n'est quelques pierres tombales que l'on voit encore sur l'emplacement de l'ancienne chapelle du temple, et sur une desquelles on lit l'inscription suivante, reproduite dans la nouvelle édition d'Ogée : « *Cy gist frère Guy de Domaigné, humble hospitalier et serf des pauvres.... qui trespassa en 1552. Priez à Dieu que en paradis soit son âme. Amen* ».

(1) Se compose de deux mots bretons signifiant tête ou extrémité du pont; ce qui s'explique par la situation de l'abbaye, auprès de l'étang d'où sort la rivière d'Aph.

ayant été transféré à l'abbaye de S.-Jacques de Montfort, obtint du pape Innocent III d'y établir des chanoines réguliers de S. Augustin, et l'enleva ainsi à la juridiction des abbés de Saint-Méen. Dans l'intervalle de 1407 à 1452, Olivier Guiho, l'un de ses abbés, fit reconstruire presque tous les édifices qui étaient tombés en ruines; et en 1649, Bernard de Sariac y introduisit la réforme de sainte Geneviève qui a subsisté jusqu'à la révolution.

Aujourd'hui l'église sert à la paroisse, et les bâtiments principaux, qui datent du dernier siècle, sont occupés en partie par le clergé et par l'école primaire.

L'aspect de cette abbaye et de ses dépendances a quelque chose de triste et de solennel tout à la fois. L'étang qui baigne ses murailles, la forêt de Brécilien toute pleine encore des souvenirs fabuleux qu'y ont attachés nos romanciers du moyen âge, et dont les immenses contours l'environnent et lui servent de ceinture; son isolement au milieu d'un paysage de pierres, de landes, d'étangs et de bois; son vaste enclos dont les portes ne se ferment plus, et dont les murs noircis par le temps s'écroulent de plus en plus chaque hiver; son jardin trop grand aujourd'hui pour être soigneusement cultivé; enfin sa vieille église encore tout humiliée des mutilations que l'impiété et la fureur des révolutions lui ont fait subir, et pourtant fière encore de ce qui lui reste de beauté et de richesses, tout cela présente un ensemble de grandeur et d'abaissement, d'opulence et de misère, de vie et de mort, qui rappelle à la fois les bénédictions que le ciel a répandues long-temps sur ses premiers habitants, et les fléaux que méritèrent plus tard leurs successeurs dégénérés ; tout cela excite l'intérêt et la curiosité, mais cause aussi à l'âme une impression de mélancolie et de tristesse.

Autant que nos souvenirs nous le rappellent, l'église offre divers caractères du XIII.e siècle, mais plus ou moins altérés par des reprises postérieures ; ainsi plusieurs fenêtres à lancettes géminées, surmontées d'une rosace assez simple, paraissent avoir été replacées dans des murs reconstruits à une époque plus rapprochée. Celle du chevet surtout semble bien avoir été remaniée ; elle se raccorde péniblement avec les pierres d'appareil qui l'encadrent, et l'arcade qui en forme le contour n'a ni la grâce ni l'élancement des baies de la bonne époque du style gothique. Il est probable que l'abbé Olivier Guiho, qui reconstruisit au XV.e siècle les bâtiments de l'abbaye, eut aussi à s'occuper de l'église.

Dans son plan général, cet édifice présente la forme d'une croix latine, sans collatéraux, ni au chœur ni à la nef; seulement une espèce de cloître peu élevé, et sans caractère architectural, règne de chaque côté de la nef et sert d'entrée latérale, au moins au midi. Le portail occidental, dont nous donnons un dessin à la planche XVIII de l'Atlas, est la partie la plus soignée de tout le monument, quoique d'une extrême simplicité. Deux légères colonnettes supportent de chaque côté les voussures de l'arcade en tiers-point, formées de tores et de scoties bordées de filets. Le centre est percé de deux ouvertures trilobées, entre lesquelles une fort belle statue de la Vierge tenant l'enfant Jésus s'élève sur un léger piédestal, et foule aux pieds un monstre qui expire en se repliant sur lui-même. Dans le haut du tympan, un petit dais en saillie abritait la tête de la madone, mais les vandales de 93 ont décapité la mère, l'enfant et les deux charmants petits anges qui s'inclinaient devant eux, de chaque côté de l'arcade. Espérons que ces précieuses sculptures seront bientôt restaurées par les enfants de ceux qui, dans un moment de terreur, n'osèrent pas se lever pour les défendre.

A l'intérieur, la nef, les transepts et le chœur sont décorés de boiseries d'une ornementation un peu lourde, mais riche et exécutée avec un soin et un talent remarquables, des bustes et des médaillons sculptés en chêne, des guirlandes de fleurs et de fruits, ainsi que de grosses moulures profondément fouillées annoncent le xvii.ᵉ siècle qui a produit tant de beaux travaux en bois. Les revêtements des murs et les meubles de la sacristie sont en grande partie dans le même genre. C'est ce qui reste de plus propre à donner une idée de la richesse de l'ancienne abbaye.

Le transept sud est éclairé par une assez large rose formée de petites arcades en trilobes, que soutiennent des colonnes rayonnant autour d'un cercle polylobé. C'est la seule que nous connaissions dans le diocèse, au moins d'une forme et d'un caractère aussi anciens.

Les voûtes de la croisée sont seules en pierre; celles du chœur et de la nef qui sont en bois et de forme ogivale sont, dit-on, surmontées d'un second lambris en plein-cintre, couvert de peintures probablement anciennes, mais que nous n'avons pu voir, et sur lesquelles nous n'avons aucuns renseignements assez positifs pour en donner une description exacte.

L'autel principal, de forme plus singulière que gracieuse, laisse voir entre les consoles de son couronnement une statue très-vénérée de Notre-Dame, qu'on couvre de voiles et de draperies précieuses dans les jours de fêtes. Une foule d'*ex voto* laissés par les pèlerins en présence de cette pieuse image, rappellent la dévotion et la confiance que les fidèles ont depuis long-temps pour elle, et qui se manifeste surtout aux fêtes de la Pentecôte.

Nous ne nous rappelons pas avoir vu de pierres tombales dans l'église de Paimpont. Peut-être existait-il un caveau commun pour les membres de la communauté ; ou bien les révolutionnaires auront peut-être voulu effacer jusqu'aux noms des religieux, en brisant les dalles où ils étaient inscrits. Heureux si leurs cendres n'ont pas été retirées de leurs tombes et semées au vent de la colère divine !

Combourg. — Le comté de Combourg appartenait autrefois aux princes de la maison de Bretagne. Après avoir passé en différentes mains, il fut vendu en 1731 par la duchesse de Duras à la famille de Châteaubriand qui possède encore le château et une partie des terres qui en dépendaient. Le célèbre vicomte de Châteaubriand y a passé une partie de sa jeunesse, et l'on y montre encore le cabinet où il a fait ses premières études. Cette forteresse composée d'un assez grand pavillon carré avec cour intérieure et flanqué de quatre grosses tours de différentes époques, est probablement ce que nous avons de mieux conservé en fait de châteaux forts du moyen âge. La tour située à l'angle nord-est, plus élevée que les autres, est aussi la plus ancienne. Le reste semble appartenir aux xiv.ᵉ, xv.ᵉ et xvi.ᵉ siècles. Quelques appartements, dans le corps principal, sont décorés de boiseries sculptées et de peintures qui ne doivent guère remonter qu'au xvii.ᵉ. Vu de la route de Rennes, au-delà de l'étang qui le précède, au milieu des grands arbres dont il est environné, et des maisons antiques de la petite ville qu'il domine comme un grand seigneur environné de ses vassaux, ce château présente un charmant tableau que tous les dessinateurs veulent au moins esquisser.

L'église reconstruite partiellement à différentes époques n'a rien de bien remarquable dans son ensemble; quelques fenêtres conservées des anciennes constructions rappellent l'architecture du xiii.ᵉ et du xiv.ᵉ siècle; une petite porte située au côté sud, ornée dans le style de la renaissance et déjà en ruines, porte cette inscription : *l'an 1617 fut rebast. la prés. église*. Sur la façade occidentale, une autre inscription en caractères gothiques que nous n'avons pu déchiffrer en entier, mentionne aussi la reconstruction de cette partie de l'église, dans le siècle précédent. Ogée prétend qu'il existait de son temps un très-beau clocher : on ne pourrait assurément pas en dire autant aujourd'hui ; mais les piliers qui soutenaient l'ancienne tour existent encore au centre de l'église, en forme de massifs anguleux, ornés de colonnes dont les chapiteaux portent les nervures des arcades et de la voûte en ogive : ces restes d'architecture, ainsi qu'une arcade du collatéral sud, sont évidemment du style ogival primitif. C'est la portion la plus intéressante de l'édifice; aussi un architecte du gouvernement qui l'a vue depuis peu, a-t-il eu soin de la recommander à l'administration départementale comme un objet à conserver. Nous croyons aussi que c'est là une des antiquités précieuses sur lesquels Mgr l'évêque de Rennes attire, chaque année, l'attention du clergé et des conseils de fabrique, dans l'*ordo* du diocèse, et qu'il défend de détruire ou de déplacer, sans son avis. Du reste, ces arcades forment la base du clocher et si, plus tard, on voulait en reconstruire un nouveau plus digne de la belle paroisse de Combourg, on serait heureux de trouver ce premier étage dont la solidité garantit pour long-temps la durée.

Saint-Suliac. — Rien de plus curieux dans

les environs de Saint-Malo, en fait de monuments, que la charmante église de Saint-Suliac, située entre deux collines et au milieu d'un bourg encaissé lui-même d'une manière assez pittoresque dans le creux et le long d'un vallon qui s'ouvre sur la grande plaine d'eau que la Rance forme en cet endroit; modestement assise à l'ombre de quelques jeunes ormeaux et environnée de cabanes de pêcheurs, elle semble une princesse exilée qui cache son ancienne grandeur, et cherche à se faire oublier, au sein d'une petite peuplade, qui ignore son origine et soupçonne à peine sa noblesse.

Cette église, si remarquable pour notre pays, nous semble porter le cachet du XIII.e siècle, et si elle présentait un plan plus régulier, si son clocher de pierre avait atteint la hauteur que suppose sa base, si enfin sa façade ouest était du même style que le reste de l'édifice, ce serait certainement un modèle d'églises rurales. Cependant, malgré tant de défectuosités, elle présente encore aux amis de l'antiquité chrétienne un beau sujet d'étude.

Dès l'entrée du cimetière qui l'environne, on trouve le caractère de simplicité, de grâce et d'élégance de l'architecture du XIII.e siècle. Ce portail se compose d'une grande ouverture en ogive surmontée d'un fronton aigu, et de deux plus petites pratiquées dans les murs latéraux pour le passage ordinaire. Le tout est en pierre de granit, d'un appareil soigné comme celui de l'église.

Au côté nord, l'entrée de l'église est abritée par un porche d'une forme à la fois gracieuse et sévère. C'est encore une grande arcade en ogive, ornée de tores et de gorges profondes, au moyen desquelles on obtient toujours un si bel effet de lumière et d'ombre, et que supportent de chaque côté deux colonnes élancées. Au fond du portique, s'ouvrent deux portes de forme trilobée, et divisées par un pilastre et une légère colonne dont le chapiteau sert de base à une statue de saint Suliac vêtu en abbé, et enfonçant le bout de sa crosse dans la gueule d'un monstre qu'il tient sous ses pieds. On sait que ce symbole, très-usité au moyen âge, représentait la victoire du saint sur l'ennemi des âmes, surtout lorsque, comme celui-ci, il avait combattu l'idolâtrie et implanté la foi dans la contrée.

Des deux côtés du saint sont deux autres supports et deux petits dais qui supposent des statuettes dont il ne reste plus de vestiges. De même, sur les parois latérales ornées d'une série de colonnes et d'arcatures du meilleur goût, et ciselées avec un art et une précision rare, il existait autrefois six grandes statues de différents saints dont il ne reste plus que quatre. Elles sont aussi dans le style de l'édifice; la pose est roide, les épaules peu développées et les draperies plissées et collantes. On regrette seulement qu'une épaisse couche de chaux détruise en partie le modelé et le relief de ces curieuses sculptures.

Pendant la révolution, toutes ces statues furent plus ou moins endommagées; celle du saint patron elle-même ne fut pas respectée; on s'efforça de l'arracher de sa place, et comme elle présentait une forte résistance, on se contenta d'en détacher la tête qui a été replacée depuis pour le mieux.

Une tour carrée et d'assez grande dimension à sa base forme un des côtés du transept et sert de chapelle latérale. Des fenêtres à lancettes geminées et ornées de nervures en trèfles, des arcatures et des bordures ou frises en quatre-feuilles décorent les quatre faces : deux tourelles servaient d'escaliers, mais une d'elles est détruite. Il est à croire que l'assaut qu'a soutenu cette tour du temps de la ligue a contribué à l'état de délabrement où elle est. La plate-forme est environnée d'un parapet qui permet de circuler autour d'une base de pyramide en pierre qui semble n'avoir jamais été terminée.

L'intérieur de l'église présente à peu près l'aspect d'une croix latine dessinée au moyen d'arcades en ogives, soutenues par des faisceaux de colonnes extrêmement sveltes et admirablement taillées. Les chapiteaux composés de légers feuillages, de roses, d'étoiles, etc., sont reliés entre eux par une couronne également formée de moulures circulaires, et de feuilles découpées avec une habileté et une finesse d'exécution si grande, que nous ne pensons pas qu'on ait jamais mieux sculpté le granit. Les bases sont aussi décorées d'une multitude de tores, de filets et de scoties d'une pureté exquise. Nous avons surtout admiré une double arcade qui partage en deux le côté sud du transept, et qui surpasse tout le reste en légèreté et en grâce.

Les fenêtres sont généralement bien dessinées et d'une ornementation curieuse. Celle du transept sud, au lieu de prendre la forme ogivale, se termine par un arc surbaissé. Cette modification tient à l'ornementation de l'intérieur, qui consiste en une belle rose supportée par des meneaux droits et courts, réunis par des arcs trilobés. C'est évidemment une fantaisie de l'architecte, mais trop heureusement rendue pour qu'on lui en fasse un reproche.

Au bas de l'église, probablement beaucoup

plus ancien que le haut, on voit un autel (1) dédié à saint Suliac, et élevé sur un tombeau qu'on croit être celui du saint abbé lui-même. Aucune inscription ne vient à l'appui de cette croyance, mais une tradition très-ancienne, et qui semble conforme à l'histoire, est un fondement assez raisonnable. Nos historiens, en effet, disent que saint *Suliau* ou *Sulia* vint du pays de Galles s'établir en cet endroit au viii.ᵉ siècle, et qu'il y fonda un monastère où il termina ses jours. Rien n'empêche donc de croire qu'une première église a été construite sur son tombeau, et que l'église actuelle a pris la place de l'ancienne, dans des proportions plus grandes et un style plus en rapport avec le développement des arts.

Ceux qui n'aiment pas moins les belles scènes de la nature que les chefs-d'œuvre de l'art, trouveront encore à Saint-Suliac de véritables jouissances. Montez sur le haut du tertre qui

---

(1) L'abbé Manet mentionne dans deux de ses ouvrages, et regrette infiniment un tableau qu'on voyait autrefois à cet autel, et dont le sujet était un miracle que la légende du saint rapporte. Des ânes passaient en grand nombre du village de Rigourdenne au-delà de la Rance, pour venir dévorer les légumes du pieux abbé. Celui-ci, ennuyé des désastres que causaient dans son jardin ces étranges maraudeurs, les maudit, et aussitôt leurs têtes furent tournées en arrière et continuèrent apparemment de demeurer dans cette position.

domine le bourg, et qu'on nomme la montagne du *Garrot,* vous aurez à vos pieds le cours de la Rance qui porte majestueusement ses eaux à travers les prés, les vallons et les bois; vous suivrez long-temps les contours de ses rives parsemées de châteaux, de chaumières et de clochers; plus loin et tout autour de vous, les hauteurs de Dinan, de Bécherel, de Combourg, les villes de Saint-Servan, de Saint-Malo, de Dol, et par delà encore le Mont-Saint-Michel, Avranches, Granville, Coutances, et la mer qui s'étend sous le ciel à perte de vue. Choisissez, pour mieux apprécier ce magnifique tableau, un temps qui ne soit pas entièrement sans nuages, où tout ne soit pas en lumière, mais où de grandes zones de terre et de mer paraissent dans l'ombre et produisent ces beaux contrastes qu'on admire dans les peintures des grands paysagistes, alors vous jouirez d'un des plus curieux aspects que l'on puisse trouver en France.

Après cela, si vous retournez à Saint-Malo par la rivière, n'oubliez pas en quittant Saint-Suliac de demander à vos rameurs qu'ils vous montrent l'*île au Moine.* Ils vous raconteront naïvement qu'un vieil ermite, dernier débris peut-être du monastère de Saint-Suliac, avait fixé sa demeure sur ce rocher solitaire pour avertir les bateaux pêcheurs d'en éviter la rencontre dans les nuits orageuses, n'exigeant d'autre redevance pour les services qu'il rendait ainsi à la contrée, que quelques fagots qu'on lui jetait en passant, et qu'il brûlait pendant l'obscurité pour servir de fanal et réchauffer ses membres transis par le froid. Ils ajouteront peut-être que, souvent encore, pendant les nuits obscures et mauvaises de l'équinoxe, on croit voir l'ombre de cette sentinelle vigilante exciter de son souffle bienfaisant une flamme légère, ou qu'on croit distinguer au milieu du mugissement des flots sa voix rauque et forte qui crie aux mariniers de se tenir au large.

STYLE OGIVAL SECONDAIRE ET TERTIAIRE.

BAZOUGES-LA-PÉROUSE. — L'origine de la paroisse de Bazouges-la-Pérouse ou *Bazoges-la-Pierreuse*, comme dit Albert-le-Grand, n'est pas connue. La cure était, du temps d'Ogée, en présentation de l'abbé de Rillé (ordre de saint Augustin), et c'était un chanoine de cet ordre qui y faisait alors les fonctions de curé. C'était un ancien prieuré qui, l'an 1541, fut donné par le roi à Jean Clercé, évêque de Macerat, auditeur de Rote et archidiacre de Dinan.

L'église, bâtie à différentes époques et sans

plan suivi, n'était, jusqu'à ces dernières années, qu'un bizarre assemblage de constructions incohérentes; mais aujourd'hui elle prend une forme plus régulière et plus commode. Pour en donner une description exacte, nous sommes heureux de pouvoir transcrire ici les notes intéressantes d'un habitant du pays qui l'a étudiée, dans son état ancien, avec toute l'intelligence d'un habile antiquaire, comme il s'est employé depuis à sa reconstruction avec tout le dévoûment d'un fervent catholique. Nous devons dire à la louange de ceux qui avec lui ont consacré leurs soins à cette pieuse entreprise, qu'ils ont eu l'heureuse attention de rebâtir dans le style dominant de l'ancienne église. C'est un progrès à constater, et une preuve du goût plus éclairé qui commence à se répandre et à prouver l'utilité des études archéologiques.

« Avant les travaux qui ont commencé à la transformer, l'église de Bazouges était, pour la forme extérieure et pour la distribution, la plus étonnante et la plus incompréhensible église, non pas du diocèse de Rennes, ou même du royaume de France, mais de tout l'univers catholique. Elle se composait de six nefs parallèlement juxta-posées, mais qui toutes différaient plus ou moins de largeur, de longueur et de hauteur de voûte. Il existait d'ailleurs entre les trois nefs du nord et celles du midi une différence de niveau d'environ 60 centimètres qui était rachetée par quatre marches en granit; et pour que rien ne manquât à cette prodigieuse irrégularité, de tous les angles de ce vaste bâtiment il n'en était pas un seul qui ne fût de fausse équerre ».

« On conçoit que quand même la *liste des trésoriers de la paroisse de Bazouges*, vieux registre qui remonte jusqu'au milieu du XVI.ᵉ siècle, ne donnerait pas l'historique des vicissitudes de la vieille église, il serait facile de reconnaître qu'elle est l'œuvre successive et inharmonique de plusieurs siècles ».

« La dernière construction importante a été faite dans les années 1568 et suivantes, jusqu'à 1574. Cette date existe non seulement dans le vieux registre des trésoriers, mais aussi sur un chapiteau et sur le beau vitrail de la *basse église*. Le style architectural peut seul faire déterminer l'âge des autres parties de l'édifice. Parmi les plus anciennes, il faut ranger les deux premières nefs du côté du sud et la voûte à nervures qui, avec ses quatre énormes piliers, soutient la tour massive dont la partie supérieure ne remonte qu'aux premières années du XVIII.ᵉ siècle. Les figures grimaçantes et les têtes de monstres qui forment les chapiteaux des lourds piliers, doivent ainsi que le style des fenêtres ogivales, faire rapporter ces constructions au xiv.ᵉ siècle (1). Le pignon est de la troisième nef, qui est celle de la Vierge, contient une fort belle fenêtre du meilleur gothique et doit remonter à la même époque, quoiqu'il soit évident qu'il a été accolé aux deux autres nefs voisines, probablement à la suite d'une catastrophe qui aurait détruit une partie de l'église primitive ».

« Des trois autres nefs, une, celle du nord, a été séparée du reste de l'église vers 1810, et transformée en un lieu de dépôt pour le matériel de l'église. Les deux autres qui ont été reconstruites, comme on l'a dit, de 1568 à 1574, contiennent dans leurs pignons est, l'une la grande porte, l'autre le beau vitrail que beaucoup de cathédrales pourraient envier à la pauvre église de Bazouges ».

« Dans son ancien état, l'église avait quatre portes : deux au midi, une autre, la porte mortuaire, au nord, et enfin la grande porte

(1) Cette partie de l'église nous avait semblé encore plus ancienne. Nous l'attribuerions volontiers au xiii ᵉ siècle. Une balustrade extérieure qui couronne le mur d'une de ces nefs est semblable à celle qui se voit autour de l'église de Dol, et les fenêtres sont d'un style évidemment ancien.

ouvrant à l'est, sur la principale rue de Bazouges. Celle-ci seule a quelque mérite architectural. Son ornementation fleurie annonce le dernier âge du gothique ».

« Quant à la belle verrière qui est encadrée dans la double fenêtre ogivale du pignon voisin, elle se compose d'une douzaine de tableaux qui retracent les principales scènes de la naissance, de la vie et de la mort du Sauveur du monde. Le premier tableau à gauche et en bas représente l'Annonciation, puis en s'élevant vers l'ogive, la naissance de Jésus-Christ, l'adoration des mages, et enfin un tableau plus grand que les autres qui semble retracer les derniers moments de la sainte Vierge. Dans l'autre partie de la fenêtre, se voient plusieurs scènes de la Passion, la descente de Jésus-Christ aux enfers et la résurrection. Dans les ornements des deux ogives, sont quelques sujets qu'on n'explique pas bien; mais on y remarque la figure d'un pontife avec la tiare, probablement celle du pape Grégoire XIII, qui occupait la chaire de saint Pierre en 1574. Ces tableaux sont loin d'être tous d'un égal mérite, sous le rapport du dessin, mais les plus médiocres sont incomparablement au-dessus des pauvretés que l'on paie si cher aujourd'hui. La date 1574 se trouve deux fois écrite sur ce beau vitrail dont le vieux registre déjà mentionné donne le prix, 552 livres. Pour faire juger de la dimension des personnages, il suffit de donner celle des têtes qui est d'environ huit centimètres ».

» Le chapiteau que l'on remarque sur la massive colonne qui existe entre le chœur actuel et la nef de la sainte Vierge, est un chef-d'œuvre de patience et d'art. Le tuffeau si favorable à l'ornementation n'est pas mieux taillé, refouillé, évidé que ce bloc de granit sur lequel le meilleur ouvrier du meilleur temps a dû user ses plus fines pointes pendant quelques centaines de journées peut-être. Il faudrait être plus habile que l'auteur de cette note pour découvrir un sujet intellectuel, une pensée dans ces animaux bizarres, griffons, scorpions, dragons, qui s'entremêlent au feuillage de cette capricieuse fantaisie. Il paraît même assez difficile d'en déterminer l'âge ».

« En creusant les fondations des nouvelles constructions qui s'élèvent, ou en enlevant des pierres tombales pour les utiliser, on a trouvé parmi les ossements et principalement dans la tête d'un grand nombre de squelettes, de petites pièces de monnaie de cuivre qui portent presque toutes cette inscription : *double tournois*. Du côté opposé on voit assez distinctement encore une tête avec le nom du roi ou du duc sous le règne duquel ces pièces ont été frappées, Henri III, Henri IV, Louis XIII, un duc de Bouillon, etc. » On a signalé, l'année dernière, dans le Bulletin du comité historique des arts et monuments, une découverte toute semblable faite à Grenoble dans un ancien cimetière.

« La restauration entreprise, et qui a tout à la fois pour but de réformer l'église quant à sa distribution, et de remplacer ses plus mauvaises parties, consiste principalement dans la réunion des nefs de la grande porte et de la Vierge, en une seul nef qui aura près de douze mètres de largeur, et qui se termine vers l'ouest, par une abside entièrement neuve où sera placé le maître-autel, et dans le fond de laquelle ont trouvé place deux grandes fenêtres, dont l'une est sortie de la nef saint Gilles, qui est avec une autre la plus ancienne de toute l'église. Ainsi désormais, contre l'usage presque général, le maître-autel sera placé à l'ouest ». Cette disposition est commandée par l'état des lieux.

« Une question dont la solution a été vainement cherchée jusqu'ici, est celle de savoir si la différence de niveau entre la haute et la basse église était motivée par l'affectation de ces deux parties à des usages différents, ainsi que pouvaient le faire penser des gonds en fer scellés dans les piliers des arcades qui séparaient les deux églises. Il n'a pas existé, que l'on sache, de collégiale à Bazouges, ni de communauté qui ait rendu nécessaires deux églises distinctes. La copie du vieux registre, car hélas! l'original est perdu, ne donne aucune lumière sur ce point important de l'histoire de Bazouges ».

Nous avons remarqué en outre dans l'église de Bazouges une ancienne cuve baptismale, de forme carrée, longue d'un mètre environ, et large de cinquante ou soixante centimètres; elle diminue de dimension vers sa base, et est ornée d'une moulure en forme de colonnette à chaque angle. Sur les quatre faces latérales on voit sculptés grossièrement les attributs symboliques des évangélistes portant des phylactères où l'on ne reconnaît aucune trace d'écriture. Elle paraît avoir été conservée ici sous forme de bénitier. Il serait à souhaiter que partout on eût le même respect pour de pareils objets qu'on voit souvent employés aux usages profanes, après avoir servi à l'administration d'un sacrement, ou tout au moins jetés pêle-mêle avec des décombres, quoiqu'ils aient parfois une grande valeur artistique.

Saint-Aubin-du-Cormier. — En 1223, « le

» duc Pierre, dit D'Argentré, fit bastir le chas-
» teau de S. Aulbin du Cormier, petite place
» quant à l'enclos, mais de telle forteresse, que
» de ce temps là elle estait imprenable à tous
» hommes, estant deffendue et garnie d'hom-
» mes et viures. Ce chasteau dura jusques à
» quelques ans après la journée de S. Aulbin :
» lequel estant rendu par composition aux
» François, le roy Charles huictiesme le fist
» desmolir, comme encor il est, mais la struc-
» ture en fut telle, que nul ouvrier ne sçaurait
» encores aujourd'huy à force de marteaux
» rompre, ny en tirer plus que son faix de
» pierres, tant il estait bien cimenté et la mu-
» raille bonne, et telle qu'il ne s'en fait plus :
» et y a encores aujourd'huy une demie tour
» debout de grande hauteur, laquelle tient par
» le haut une moitié de son ancienne circon-
» férence, et hauteur, et par le bas ne tient
» pas un quart, où elle fut sappée, chose qui
» tesmoigne la force du ciment qui a duré
» depuis ledit an M. CCXXIII ».

Les restes de ce château sont encore dans l'état où notre historien les avait vus, la tour sapée par sa base reste debout, les murs d'enceinte existent en grande partie, et un pignon percé d'une ouverture circulaire qui annonce une grande salle d'armes ou une chapelle intérieure est encore très-solide; des demi-lunes, des portions considérables du donjon, un souterrain qui devait avoir une issue dans la campagne et qui, au rapport des gens du pays, se continuait jusqu'à Fougères, présentent un sujet d'étude très-intéressant pour les ingénieurs militaires. En outre de ses solides murailles, ce château était défendu par un étang qui le baigne d'un côté et par une profonde vallée qui, de l'autre, en rendait l'accès assez difficile. La petite ville qui l'avoisine s'était formée promptement à raison des priviléges et des exemptions d'impôts dont le duc l'avait favorisée.

La bataille qui eut lieu auprès de Saint-Aubin en 1488, entre l'armée de Charles VIII, commandée par le jeune Louis de la Trémoille, et les Bretons, a rendu ce lieu célèbre; on sait que le duc d'Orléans, depuis Louis XII, y fut fait prisonnier par les troupes du roi; et on montre encore dans une maison de la ville une cave dans laquelle il fut, dit-on, enfermé.

L'église paroissiale située à quelque distance au sud du château est complètement détruite; celle qui en tient lieu aujourd'hui, n'était primitivement que la chapelle des seigneurs. Elle est d'une extrême simplicité, composée seulement d'une nef à laquelle deux petites chapelles et une tour ont été ajoutées au xvi.ᵉ siècle et plus tard encore. La porte principale, ornée de moulures arrondies et en ogive, annonce le xiv.ᵉ siècle, ainsi qu'une rose assez peu gracieuse qui se voit au-dessus. La fenêtre du chevet plus curieuse et plus ornée rappelle par l'arrangement de ses meneaux et les restes de vitraux peints qu'elle conserve, les premières années du xvi.ᵉ siècle. Cette verrière représente, au sommet de l'ogive, le Sauveur descendant sur l'arc-en-ciel pour procéder au jugement général : il est revêtu d'une chape ouverte en avant et relevée sur les genoux; sa tête est entourée du nimbe crucifère; des anges l'environnent, les uns sonnant de la trompette, les autres portant les instruments de la Passion. Saint Jean est à genoux à la gauche, suppliant pour les pécheurs; à la droite se trouvait probablement la sainte Vierge, mais un verre blanc a remplacé cette figure. Il est, au reste, assez difficile de voir ce tableau qui se trouve en grande partie masqué par le couronnement de l'autel.

Dans une des petites chapelles latérales se trouvait un ancien autel dont nous avons parlé à la fin de la seconde partie et qui a malheureusement disparu.

Chapelle de Broualan, paroisse de La

Boussac. — Cette chapelle beaucoup mieux construite et plus grande que beaucoup de nos églises paroissiales, est située à une extrémité de la paroisse de La Boussac, sur une éminence où il paraît qu'il existait jadis plusieurs monuments druidiques. Elle se compose d'une nef divisée en deux parties à peu près égales, par une grande arcade qui supporte le clocher ou plutôt un fronton élevé sur le milieu de l'église et servant de campanille. Il est de forme élégante, orné de colonnettes et d'aiguilles fleuronnées, et présente trois ouvertures où les cloches étaient suspendues. On y arrive par un escalier pratiqué à l'extérieur dans une tourelle octogone construite avec beaucoup de soin et d'habileté. La partie orientale de la nef qui comprend le chœur, est d'un style plus pur que l'autre; on y remarque des colonnes très-délicates dont les chapiteaux devaient supporter les nervures d'une voûte qui n'a pas été exécutée. Les fenêtres dont on a fermé presque entièrement les ouvertures au moyen d'une terrasse, apparemment pour éviter la dépense des vitraux, sont dans de belles proportions; les meneaux qui en décoraient le tympan et qui paraissent encore à la surface du terrassement sont d'un bel arrangement, dans le style du xv.ᵉ siècle. Tous les murs sont en grand appareil et en beau granit du pays. La seconde partie de la nef qui semble appartenir au XVI.ᵉ siècle est d'un caractère moins sévère; la porte principale, la corniche et plusieurs crédences qu'on voit à l'intérieur sont sculptées avec plus de coquetterie et de légèreté, les moulures sont plus multipliées et plus maigres.

Mais ce qu'il y a de particulièrement remarquable dans cette chapelle, c'est que les autels sont tous du même temps que le reste et parfaitement conservés. Le tombeau est un simple massif de maçonnerie, mais les contre-retables des deux petits autels, aussi en granit et assez élevés sont ornés de légers pilastres et de niches ornées de feuillages très-délicatement ciselés. Les statues qui les remplissent pourraient bien être du même temps.

Sous l'autel principal, se trouve une crypte assez profonde où l'on suppose qu'étaient les reliques de martyrs que l'on place ordinairement dans les autels lors de la consécration (1).

---

(1) Voici quelques détails qu'a bien voulu nous transmettre un des plus respectables habitants de La Boussac, M. Racine, ancien maire de la commune.

La tradition, dit-il, rapporte qu'une dame de haut parage, à laquelle elle donne le nom de *Maure* (probablement Maurte-

Les ruines du château de Landal, situé au milieu de ravins et d'étangs profondément en-

Mart), et attribue la propriété de l'antique baronnie de Landal, pleurant sur l'absence prolongée de son mari, engagé dans un voyage de long cours, fit vœu de faire construire en ce lieu une chapelle dédiée à l'Étoile des mers, si elle avait le bonheur de voir son époux revenir sain et sauf. Ses prières furent en effet exaucées, et elle songea à remplir sa promesse. Alors, soit à cause de l'éminence du lieu, soit à l'instar des premiers chrétiens de notre pays qui sanctifièrent jadis nos vieux chênes et nos monuments druidiques en y plaçant une croix, comme pour jeter une pensée chrétienne à travers les rits idolâtriques, elle plaça cette chapelle votive au lieu même où la tradition indiquait l'ancien sanctuaire des sacrifices druidiques, et la dédia à la Vierge sous le nom *Notre-Dame-de-toutes-Joies*; et pour en perpétuer le souvenir elle fit pratiquer au-dessus de la porte d'entrée une niche où elle fit placer, croit-on, une madone tenant entre ses bras son divin enfant, laquelle fut brisée en 93.

Ce fut, suivant quelques-uns, l'an mil un, que fut commencée cette chapelle; suivant d'autres, à l'opinion desquels la majorité paraît se ranger, l'an 1443. Il se trouve en effet à l'intérieur une inscription en caractères gothiques qui commence par ces mots : *Mil quatre cents quarante-trois, le huitième jour de mars fut commencée cette chapelle...* La partie orientale fut faite la première. Une tradition rapporte que la pierre en fut amenée par deux bœufs qui allaient à la carrière sans guide et en revenaient de même, et qu'une seule vache nourrissait les ouvriers de son lait et de son beurre. Ce serait à peine un miracle si on pense que les ouvriers du moyen-âge s'employaient aux constructions religieuses avec un dévoûment et un désintéressement qui expliquent les prodigieux travaux de cette époque. La tradition dit encore que cette première partie s'étant trouvée trop petite pour contenir

caissés entre des coteaux couverts de bois, sont encore à visiter, plus peut-être pour sa

le peuple qui y venait en foule, la piété des fidèles y ajouta la seconde qu'on peut regarder aujourd'hui comme la nef de la chapelle.

Cette église n'a jamais été succursale quoique le village de Broualan ait porté le nom de bourg, de temps immémorial. Érigée en chapelle vicariale, suivant les lois du temps, elle a toujours été desservie par un prêtre *chapelain* qui, néanmoins, avait le droit de célébrer des services pour les défunts. Suivant un usage ancien, ce prêtre devait être natif de la paroisse de La Boussac, et à sa mort, la chapellenie restait vacante s'il ne s'en trouvait pas un autre qui présentât cette condition. On ne cite qu'une circonstance où cela soit arrivé.

Dans ce cas, dès que le plus âgé des étudiants ecclésiastiques de la paroisse était admis aux ordres mineurs, non seulement il avait le titre de chapelain de Broualan, mais encore il en était l'administrateur et en touchait les revenus à charge de la faire desservir par un prêtre qu'il rétribuait, jusqu'à l'époque de son ordination. Les revenus consistaient dans les offrandes faites à la chapelle, à charge au chapelain de l'entretenir, et dans ceux des immeubles en dépendant et qui ont été vendus à une époque encore peu éloignée, et enfin dans une quote-part du casuel de l'église de La Boussac.

Les chapelains n'avaient point de demeure fixe; cependant en 1732, une demoiselle Uguet de la Guerche, fit construire un presbytère auquel elle annexa un jardin. Elle demanda pour condition d'avoir part aux prières nominales à la messe de chaque dimanche. Mais l'ancien seigneur de Landal s'y opposa, prétendant que lui seul, comme seigneur, y avait droit. Il produisit comme preuve de ce droit la découverte qu'il avait faite à cette occasion de son écusson portant quatre fusées, sur la base d'un pilier au midi de l'autel. Ladite demoiselle, ayant perdu son procès, garda son bien qui est resté dans sa famille jusqu'en 1821.

situation pittoresque que pour l'importance des vestiges de son ancienne grandeur. C'était une des plus antiques forteresses de Bretagne; elle était destinée à protéger le pays dolois contre les incursions des Normands, et sous nos ducs, elle était la résidence d'un capitaine, d'un lieutenant et d'une forte garnison.

Eglise Notre-Dame de Vitré. — La ville

> Telle est l'histoire de cette chapelle jusqu'à 1793, époque où elle fut dévastée; mais de nombreux pèlerins continuèrent d'y venir prier la mère de Dieu, qui si souvent y avait accordé des faveurs. On cite une guérison obtenue à la fin du siècle dernier, et depuis cette époque on continue d'y faire fréquemment des pèlerinages et des processions surtout dans les temps de sécheresse.
>
> Il y a peu d'années encore, toute la paroisse était partie du bourg se rendant à Broualan demander la fin d'une sécheresse trop prolongée; le temps était pur et serein et l'on arriva couvert de poussière à la chapelle. Après la messe, la procession s'organise de nouveau pour retourner à La Boussac, et l'on se met en marche. Aussitôt de gros nuages se forment et une pluie copieuse s'en échappe par torrents. Chacun alors, croyant n'avoir plus rien à demander à Dieu, songe à trouver un abri; la procession tout entière allait se débander et disparaître, lorsque le bon curé entre dans une sainte colère et adresse d'amères reproches à ses paroissiens de ce qu'ayant demandé de la pluie, ils s'en trouvaient sitôt incommodés et ne songeaient pas à remercier Dieu de ce qu'il avait exaucé leurs prières. Alors les rangs se reforment et le pèlerinage s'achève avec foi et courage. De tous ceux que l'on a faits de la sorte, on n'en cite pas un qui n'ait été suivi d'un plein succès.

de Vitré, dont l'origine paraît remonter à une haute antiquité, et qui fut dès long-temps le siége d'une des principales baronnies de Bretagne, conserve encore beaucoup de son aspect au moyen-âge, malgré les efforts qu'on semble faire depuis un certain nombre d'années, pour le lui ôter, en détruisant ou défigurant ses portes fortifiées, son château, ses murailles et ses monuments anciens. Du moins on a jusqu'ici respecté son église principale, que ses dimensions plus qu'ordinaires, et le mérite de son architecture placent, sans contredit, à la tête de nos églises de la troisième période ogivale.

Bâtie, dit-on, sur les ruines d'un temple de Cérès, lorsque saint Clair conquit au culte chrétien cette partie de l'Armorique, dans le III.e siècle, et dédiée à la sainte Vierge, elle fut long-temps desservie par des chanoines réguliers qui s'y établirent à une époque inconnue. Mais en 1116, André I, de concert avec Marbod, évêque de Rennes, les éloigna pour mettre à leur place des religieux de l'abbaye de Saint-Melaine, dont la réputation de sainteté les rendait plus recommandables que les anciens chanoines qui passaient pour très-dissolus. Ceux-ci pourtant firent différentes tentatives pour rentrer dans leurs droits; ils parvinrent même à chasser leurs successeurs, et il fallut recourir de nouveau à l'autorité des évêques de Rennes, des ducs de Bretagne, et des souverains Pontifes, pour terminer cette grave affaire en faveur des Bénédictins. Enfin une bulle du pape Eugène III réunit irrévocablement la collégiale de Notre-Dame de Vitré à l'abbaye de Saint-Melaine, le 8 des ides d'avril (6 avril) 1148.

La paroisse, desservie par des vicaires perpétuels entretenus au compte du prieuré, était sous le patronage de saint Pierre; le prieuré lui-même resta sous celui de Notre-Dame, et la paroisse actuelle, qui a toujours eu le pas sur toutes les autres de la ville, est encore sous le même vocable de Notre-Dame. C'est dans cette église que la reine Anne tint sur les fonts baptismaux, le 18 septembre 1505, Anne, troisième enfant de Guy XVI et de Charlotte d'Aragon.

L'église Notre-Dame, reconstruite et restaurée à diverses époques, se compose d'une nef de 35 mètres de longueur, sur 7 de largeur; six arcades de chaque côté la mettent en communication avec des collatéraux voûtés en pierre, et garnis de chapelles au nombre de six au nord, et de quatre seulement au midi; une porte latérale et une espèce de sacristie à deux étages et contenant l'escalier de la tour, occupant l'emplacement de deux autres chapelles qui correspondraient à celles du côté opposé. Le transept qui suit la nef et forme la croisée présente une profondeur de 7 m. et donne entrée dans l'ancien chœur des religieux, qui a lui-même une longueur de 19 m., ce qui donne à tout l'édifice une longueur totale de 61 m. La nef qui n'a jamais été voûtée en pierre, offre une largeur de 7 m.; le bas côté nord est large de 3 m. 70 c., et celui du midi, de 4 m. Les chapelles du nord n'ont que 3 m. de profondeur, et celles du sud, 4 m. 50 c.

La partie la plus ancienne de l'église paraît être l'intérieur des transepts et le chœur des Bénédictins; ces portions pourraient dater des XIIe et XIIIe siècles. Le clocher qui s'élevait autrefois sur la plate-forme de la tour centrale ne fut terminé qu'en 1442 (1). Il a été détruit par la foudre dans le dernier siècle. Tout le reste de l'édifice paraît appartenir au XVe et au XVIe siècle. Ainsi nous lisons dans des notes prises aux archives de la ville que, en 1466, les paroissiens et la fabrique demandèrent à retoucher l'église du côté des cloîtres du prieuré

---

(1) Du bois de la vraie croix, des reliques de saint Martin et autres reliques furent déposées dans la croix de fer qui surmontait ce clocher. *Arch. de N.-D.*

(côté nord), à la charge de reconstruire le côté dudit cloître, et de donner une chape au prieur; d'après un acte daté du premier dimanche d'octobre 1469, les paroissiens assemblés en grand nombre consentirent que Pierre Landais, receveur général de la Bretagne, fît achever la troisième chapelle du même côté à ses propres dépens, et qu'il la fît voûter et vitrer, au moyen de quoi ladite chapelle serait et demeurerait audit Landais et à ses successeurs, et qu'en icelle il pût avoir droit d'enfeu et de sépulture. Cette chapelle qui est dédiée à saint Jean porte encore, dit-on, à la voûte les armoiries du fondateur.

Nous ne connaissons point la date certaine des chapelles situées au sud, ni celle de la nef elle-même; mais il est probable qu'elle est peu distante de la première, et l'on peut croire que toute cette partie, la plus considérable de l'église, a été refaite dans la seconde moitié du xv.ᵉ siècle et les premières années du xvıᵉ. Les piliers de la nef, de forme octogone, presque sans chapiteaux, et supportant des arcades à moulures anguleuses et prismatiques, sont bien de cette dernière époque. De même la façade méridionale qui est la plus ornée, la plus riche de sculpture, décèle par le caractère de son ornementation les derniers temps du gothique fleuri.

L'autel principal, qui est maintenant placé sous la première arcade de l'inter-transept, et qui anciennement était situé au fond du chœur, fut élevé vers l'an 1626. La chapelle Sainte-Barbe, alors dédiée à saint Pierre, était réservée à l'office paroissial. Cet autel resserré entre deux piliers et écrasé sous la voûte de la tour, manque d'air et d'élégance. On y voit une statue de la religion qui décorait autrefois la chapelle de la collégiale de la Madeleine. Aucuns des autels renfermés dans les chapelles de la nef ne sont de date plus ancienne, et généralement ils appartiennent à une époque plus récente.

Dans la chapelle la plus voisine des fonts baptismaux, on voit le tombeau d'un doyen de Vitré, Mre Pierre Hubert, recteur de la Chapelle-Erbrée, chanoine prébendé de la collégiale de Vitré. Cet ecclésiastique fonda, en 1488, une messe qui devait être dite chaque jour à l'autel de Notre-Dame-de-Pitié (dans la chapelle où est le tombeau). Dans le titre de fondation, il est dit que le fondateur fit faire lui-même son tombeau, sur lequel il se fit représenter, comme on le voit encore, en habits sacerdotaux et les mains jointes. Son testament porte la date de 1498. Ce tombeau, qui est le plus curieux de l'église, est orné de sculptures dans le style de l'époque, et placé sous une arcade pratiquée dans l'épaisseur du mur; malheureusement, il est très-mutilé.

Dans la chapelle de la sainte Vierge, même côté, on retrouve avec grand plaisir un ancien dyptique contenant trente-deux petits tableaux en émail partagés en quatre séries, et représentant toute l'histoire de la sainte Vierge et de Notre-Seigneur Jésus-Christ.

Voici l'ordre et le sujet des tableaux : 1.re série : 1.° Mariage de S. Joachim et sainte Anne; 2.° naissance de la Vierge; 3.° sa Présentation au temple; 4.° son mariage avec saint Joseph; 5.° l'Annonciation; 6.° la Visitation; 7.° la naissance de Notre-Seigneur; 8.° l'Annonce de l'ange aux bergers.

2.me série : 1.° l'adoration des Mages; 2.° la Circoncision; 3.° la fuite en Egypte; 4.° le massacre des innocents; 5.° le baptême de Notre-Seigneur; 6.° son entrée à Jérusalem; 7.° un sujet difficile à expliquer; une femme couverte d'une draperie bleue, la tête revêtue du nimbe uni, d'une physionomie déjà âgée, est à genoux devant le Sauveur qui tient les deux index de la main droite élevés et qui semble lui parler; deux personnages nimbés sont debout derrière elle; de même deux autres portant le nimbe des saints et dont un paraît présenter la figure traditionnelle de saint Pierre, sont aussi debout derrière le Sauveur. On ne saurait dire quelle est cette scène qui probablement n'est plus à sa place. Peut-être, si elle se trouvait dans un autre rang, pourrait-on supposer que c'est la mère des fils de Zébédée demandant pour eux les places d'honneur dans le royaume du Messie; peut-être la Madeleine aux pieds du Sauveur; mais dans le premier cas surtout, pourquoi serait-elle nimbée; et dans le second, comment tous les autres personnages seraient-ils debout? 15.° la cène.

3.° série : 1.° le lavement des pieds; 2.° l'agonie de Notre-Seigneur au jardin des Oliviers; 3.° le Sauveur entre les mains des soldats envoyés pour le saisir; 4.° Jésus-Christ devant Pilate; 5.° la flagellation; 6.° le couronnement d'épines; 7.° l'*eccè homo*; 8.° Pilate se lave les mains.

4.° série : 1.° une des saintes femmes (*Véronique*) essuie le visage de Notre-Seigneur; 2.° le crucifiement; 3.° la descente de croix; 4.° le corps de Jésus-Christ sur les genoux de sa mère; 5.° Jésus-Christ déposé dans le tombeau; 6.° descente aux limbes; 7.° la résurrection; 8.° l'ascension.

Ces précieux émaux dont le dessin et la couleur annoncent une certaine antiquité, avaient été jetés pêle-mêle, pendant la révolution, avec une foule d'autres objets, dans le chœur des religieux. Plus tard ils furent retrouvés par un employé de l'église, qui après les avoir retirés de la poussière reconnut des traces de couleurs au moyen desquelles il soupçonna qu'il pouvait y avoir, sous l'épaisse couche de saletés dont ils étaient encore recouverts, quelque chose d'intéressant. Il les nettoya de son mieux et les remit au curé de la paroisse qui sut les apprécier, et les replaça où on les voit aujourd'hui.

Dans le mur oriental de chaque transept se trouve une chapelle voûtée qui correspond à l'ouverture des collatéraux et termine heureusement la perspective. Elles ont sans doute remplacé les absides latérales de l'église primitive.

Au fond de l'ancien chœur, on voit un tombeau de forme extrêmement simple, sur lequel sont gravés en creux les noms et les armoiries de Marie de Retz, veuve de l'amiral de Coetivi et épouse d'André de Laval, maréchal de France, morte en 1458. Une ou deux fenêtres de ce chœur sont encore ornées de vitraux peints, mais très-usés et en lambeaux : ils ne contiennent guère que des imitations de frontispices et de façades du style fleuri et délicat de la dernière époque ogivale. On pourrait obtenir, en les décalquant, de beaux dessins de l'architecture de ce temps.

En descendant le long du collatéral sud, on remarque la petite sacristie que nous avons précédemment indiquée, dont la porte en ogive et une grande crédence qui se trouve auprès, n'ont pas été entièrement sculptées; au-dessus règnent une balustrade et une espèce de galerie qu'on a appelée un jubé. Nous ignorons si jamais on a eu l'intention d'en placer un dans ce lieu, qui ne semblait pas sa place naturelle. On y remarque une figure sculptée représentant un arracheur de dents qui fait faire à son malade une épouvantable grimace. Un peu plus bas, au-dessus de la porte méridionale, s'ouvre une fenêtre de moyenne dimension, où s'est conservée à peu près intacte la seule verrière intéressante de l'église; elle représente l'entrée triomphante de J.-C. à Jérusalem, et cette scène nous a paru si bien rendue, le dessin en est si correct, il y a dans la pose du Christ tant de dignité et en même temps de simplicité, tant d'enthousiasme et de joie dans l'expression des assistants, et en même temps la couleur de tout le tableau est si pure et si riche que nous ne craindrions pas de donner cette composition pour modèle à un artiste qui aurait à traiter le même sujet. Un ou deux tableaux à l'huile qui se trouvent aux autels de ce même côté, semblent aussi très-dignes d'attention.

Vue à l'extérieur, Notre-Dame de Vitré est un édifice élégant et gracieux. Malheureusement on a gâté la façade occidentale en construisant au-dessus de la porte, probablement au XVIIe siècle, une arcade en cintre surbaissé qui détruit le caractère architectural de cette portion importante. Dans la fenêtre qui surmonte le portail, il reste de précieux fragments de vitraux plus anciens que ceux que nous avons signalés, et où l'on retrouve des inscriptions en lettres gothiques, mais toutes tronquées.

La façade méridionale présente une suite de pignons aigus percés de fenêtres flamboyantes, ornés de sculptures délicates, et séparés par des contre-forts saillants, étagés avec grâce, et couronnés d'aiguilles dont les angles sont hérissés de crochets placés horizontalement, et qui imitent assez bien certaines arêtes de poissons. La porte centrale de cette façade est la partie la plus soignée, toutes les moulures sont conduites avec un soin, une rectitude et une pureté rares; les festons qui décorent l'arcade supérieure, les feuilles frisées du contour de cette même arcade, de la fenêtre et du pignon, les guirlandes et feuilles courantes qu'on remarque sur l'arc Tudor servant de linteau, et sur les bords du fronton, enfin les pinacles appliqués sur les faces des contre-forts, tous ces détails sont traités avec une finesse et un poli que ne comportent pas généralement nos matériaux. Le grès tendre qu'on a pu employer ici a permis aux ouvriers de déployer plus de talent et de délicatesse de ciseau. Mais outre cette facilité que leur a présentée la pierre, il faut aussi leur accorder un talent véritable qui se manifeste dans la pureté des dessins qu'ils ont reproduits, dans la grâce des petites statues et des figures d'animaux qu'ils ont parsemés au milieu des ornements de tout ce délicieux portail. Au reste, toute cette décoration de pierre et celle de la porte sculptée en chêne, qui semble du même temps, annoncent le commencement de la renaissance, et si tout ce côté sud de l'église a été reconstruit à la même époque, il faudra l'attribuer aux premières années du xvi.ᵉ siècle.

Non loin de la porte que nous venons de décrire, se voit une chaire en pierre, de forme très-élégante : elle est soutenue sur un pédicule de forme octogone; chaque face de la caisse est ornée d'arcatures géminées; les angles sont marqués par de petites colonnes soutenant les moulures du bord supérieur, et le couronnement pyramidal se découpe à sa base en festons surmontés de pinacles et d'aiguilles fleuries qui composent un riche diadème. On y arrive par un escalier intérieur et une porte qui s'ouvre au dossier même de la chaire.

Telle est à peu près cette église que tous les amis de l'art chrétien visitent avec intérêt et que nous regrettons de ne pouvoir décrire plus en détail; mais nous sentons encore ici qu'il faut être sur les lieux pour dire des choses exactes et ne rien omettre d'important. Nous avons lieu d'espérer que d'autres plus à lieu de l'étudier nous en donneront chaque jour une monographie plus complète.

Dans l'avant-cour du château de Vitré, on trouve l'ancienne église de la collégiale fondée le 7 décembre 1209, par André II, fils aîné de Robert III et d'Emma de Dinan, comme on le voit par un acte que D. Lobineau a conservé.

« L'église (dit l'auteur anonyme d'une no-
» tice intéressante sur cette collégiale) nous
» paraît présenter trois époques de construc-
» tions bien distinctes. La plus ancienne, à
» partir de la porte romane jusqu'au premier

» contre-fort comprenant les deux fenêtres lon-
» gues et étroites. Le plein-cintre en pierres
» schisteuses recourbées, annonce une époque
» antérieure au moins au xii.ᵉ siècle. Les fe-
» nêtres ne nous ont pas paru de la même
» époque, et elles ne nous ont pas présenté de
» caractère qui pût les rapporter à une époque
» fixe, mais elles nous semblent toujours avoir
» précédé la partie de l'église plus à l'ouest.
» A partir du contre-fort le plus à l'ouest jus-
» qu'à l'extrémité est, la construction est évi-
» demment distincte de la précédente; le toit
» même du bâtiment est sur-exhaussé. Toute
» cette partie, y compris une petite chapelle
» accolée au mur nord, à l'extrémité du chœur,
» et que l'église masque, est de la première
» époque ».

« Malgré le peu de caractères architectoni-
» ques que les fenêtres seules et les contre-forts
» présentent, nous pensons que toute cette par-
» tie doit être rapportée au xv.ᵉ siècle. C'est à
» cette époque, d'ailleurs, qu'avaient lieu à
» Vitré plusieurs constructions religieuses im-
» portantes : Notre-Dame, en partie, l'église
» entière de l'hôpital; et on peut croire que
» les chanoines de la Madeleine auront voulu
» suivre ces exemples en faisant reconstruire
» au moins leur chœur ».

« Quant à la partie ouest de l'église, à partir
» de la porte primitive, la date de construction
» en est précise. A la base même du pignon,
» on lit sur une pierre carrée reposant sur le
» roc :

A. D. D.
1. 5. 3. 5.

» Il est à remarquer que, quoiqu'on fût en
» pleine renaissance, on eut soin de donner à
» la fenêtre la forme ogivale pour l'harmoniser
» avec celle du fond du chœur. Le fait du travail
» d'accroissement de l'église et sa date furent
» constatés par l'inscription, sur le parement
» sud de l'angle sud-ouest, du nom du tréso-
» rier et de celui de tous les chanoines. Treize
« pierres portent des inscriptions, la plus éle-
» vée relative au trésorier, et les douze sui-
» vantes pour les chanoines ».

Cette chapelle sert maintenant de caserne et de corps-de-garde.

Dans l'intérieur du château, on montre une espèce de tribune accolée au pignon d'une construction qui servait vraisemblablement de chapelle intérieure, et qui n'a rien de remarquable; mais la tribune elle-même est un délicieux produit de l'art de la renaissance. Elle présente la forme d'une petite abside à pans coupés, ouverte par des arcades en plein-cintre que soutiennent d'élégants pilastres chargés, comme tout le reste, de rinceaux, d'arabesques et de figurines d'un travail exquis.

L'auteur de la notice citée plus haut suppose que ce joli monument est dû à Guy XVI, à cause des armoiries qu'on y retrouve et qui sont celles de ce baron et celles de sa troisième femme, Antoinette de Daillon. De plus, il pense que, ce même seigneur ayant eu pour femme précédemment une fille du roi de Naples, il s'était trouvé à la suite de son épouse des artistes italiens qui ont dû séjourner au moins quelque temps à Vitré, et à l'habileté desquels on serait redevable de ce beau travail, ainsi que de plusieurs travaux particuliers exécutés dans la ville à la même époque, et qui ne sont sûrement pas l'ouvrage des gens du pays.

« Ainsi, continue-t-il, se trouverait détruite
» l'opinion que cette chapelle aurait été un
» travail de la Réforme, qui n'entra dans la fa-
» mille des Laval qu'environ quarante ans
» après, opinion d'ailleurs qui n'était fondée
» que sur une interprétation donnée à une
» inscription qui s'y trouve : *Post tenebras spero*
» *lucem* (1), inscription tout aussi catholique
» que protestante. »

(1) Nous devons la note suivante au savant M. Baron Dutaya, dont l'extrême obligeance et la profonde érudition nous

Nous signalerons encore, dans la cour du château, des débris d'une construction très-ancienne; ce sont des arcades en plein-cintre qui présentent des arceaux formés de claveaux alternatifs de granit gris et de schiste noir, et que l'on voit parfaitement conservés en entrant à droite. M. Louis Dubois, dans son essai sur Vitré, les attribue au xe siècle au plus tard, contrairement à l'opinion de M. P. Mérimée, qui a cru y voir une construction du xiie.

Enfin il nous reste à dire un mot de la chapelle de l'hôpital, située à l'entrée du faubourg du Rachat, monument entier de la même époque et d'une architecture très-élégante.

Cette chapelle fut reconstruite par les soins de Robert de Grasmenil, chanoine de la Madeleine et aumônier de l'hôpital Saint-Nicolas, vers la fin du xve siècle. Pour conserver l'orientation traditionnelle, on n'a pas craint d'adosser à la rue le chevet de l'église, et de

ont été d'un grand secours chaque fois que nous avons eu quelque recherche à faire.

« La ville de Genève ayant depuis plusieurs siècles pris une devise dont le corps était la figure du soleil, et la légende ces paroles : *Post tenebras spero lucem*, lorsqu'elle eut embrassé le calvinisme (néanmoins non pas d'abord, mais plusieurs années après), *on changea* la devise tirée du livre de Job, ch. xvii, et l'on prit : *Post tenebras lux;* et on la mit depuis dans les inscriptions publiques et sur les monnaies » *(La Martinière).*

placer l'entrée dans le côté au fond d'un passage assez resserré. De nos jours, on n'aurait pas manqué de choisir une disposition contraire. La fenêtre orientale et le pignon tout entier avec ses contre-forts et clochetons sont de la même pierre et du même style que l'église Notre-Dame; la porte elle-même qui est un petit chef-d'œuvre de sculpture et de pureté, ainsi que la fenêtre qui la surmonte, ressemble beaucoup à la porte de la principale église que nous venons de décrire, mais elle conserve mieux le caractère de son époque. On y sent moins les annonces de la renaissance.

A l'intérieur, on remarque en face de la porte le tombeau du fondateur placé sous une arcade en cintre surbaissé et garni d'une ornementation dans le style de l'époque, et exécutée avec soin. La statue couchée sur le sarcophage représente un prêtre revêtu de ses habits de chœur, anciennement peints et dorés; la tête est surmontée d'un dais ciselé délicatement, les mains sont jointes sur la poitrine, et les pieds s'appuient sur un agneau. Le devant du sarcophage est orné d'arcatures et de colonnettes, et sur le bord de la corniche on lit une inscription, en caractères gothiques, rappelant les noms du défunt et la date de sa mort, 21 juillet 1500. L'autel est un curieux travail de menuiserie et de sculpture.

Nous devons rendre hommage ici aux ecclésiastiques et aux habitants de Vitré qui ont su conserver leurs édifices religieux dans leur état et leur caractère primitifs; le badigeon et la chaux n'ont point encore déshonoré l'intérieur de Notre-Dame, qui se présente avec sa teinte naturelle et son aspect vénérable et sévère. C'est une exception trop rare et par cela même plus recommandable.

L'église des Iffs et le Chateau de Montmuran. — Sur la chaîne de collines qui s'étend de Bécherel à Hédé, et à peu près à moitié route entre ces deux points, est située la petite paroisse des Iffs, ainsi nommée apparemment à cause du grand nombre d'arbres de ce nom dont elle était jadis plantée, et que l'on retrouve encore sur plusieurs points de son territoire. Nous ignorons l'époque où cette paroisse, autrefois du diocèse de Saint-Malo, fut fondée; mais si elle existait, comme le suppose Ogée, lorsque le château de Montmuran fut bâti, elle remonterait à une assez haute antiquité, puisqu'on indique le XI.e siècle comme date de la construction de cette forteresse.

Quoi qu'il en soit, l'église paroissiale, évidemment d'une époque beaucoup plus récente, est une des plus curieuses de notre diocèse et mériterait, même dans un pays plus riche en monuments, une mention honorable. Les actes et registres du lieu, qui ne remontent qu'au XVI.ᵉ siècle, ne contiennent rien au sujet de sa construction. Cependant nous aurions peine à croire qu'elle fût antérieure à la fin du XV.ᵉ siècle, et même il paraît certain, comme nous le verrons bientôt, que quelques parties au moins appartiennent à la fin du XVI.ᵉ siècle. Du reste, elle est tout entière du style ogival flamboyant et ne présente aucune nuance de transition trop tranchée.

Examinons-en d'abord l'extérieur. La porte principale est précédée d'un porche assez vaste, mais un peu lourd. Il se compose de grandes arcades dont une sur le front, avec pignon orné de crochets et d'une croix fleuronnée et flanqué de contre-forts avec clochetons, et deux autres d'égales dimensions sur les flancs. Ces trois ouvertures sont de larges ogives dont les arcs sont ornés de moulures prismatiques qui viennent mourir et s'effacer sur les parois des piliers arrondis qui forment les angles du carré. Les clochetons des contre-forts ont cela de remarquable, qu'ils ne sont pas, comme beaucoup d'autres, de simples pyramides, dont les arêtes sont décorées de feuilles en crochets;

c'est un bouquet de forme conique composé de fleurs et de fruits; du moins c'est ce que nous avons cru reconnaître sous l'épais gazon de mousse qui les couvre en partie. Chacun des piliers est entouré à la base d'un banc de pierre qui lui sert de soubassement.

Au fond du porche, s'ouvre la grande porte, de forme ogivale et surmontée d'une archivolte très-simple, mais bien conduite. Sur les piédroits, des colonnettes arrondies portent une double frise composée de deux guirlandes de feuilles de chêne et de lierre terminées par des têtes humaines.

Une large tour carrée forme le bas de l'église et supporte un clocher en charpente qui s'élève en retraites répétées et se termine par une petite flèche peu gracieuse. C'est encore ici la partie la moins remarquable. Sur la façade sud une chapelle latérale percée d'une belle fenêtre avec de nombreux meneaux contournés en flammes, et d'une porte basse à laquelle on arrive par une arcade de construction plus récente et en plein-cintre, se détache en saillie sur le corps de l'église. Cette chapelle correspond à une autre toute semblable et qui forme avec elle la première croisée; car l'église présente dans son ensemble la figure d'une croix archiépiscopale. La seconde croisée se compose de deux autres chapelles plus petites et placées aux deux côtés du chœur. Celle du sud est hexagone, un peu plus grande et plus élevée que la correspondante, et aussi plus riche de sculptures. C'est comme la perle et le morceau délicieux de tout l'édifice. Chaque face présente une fenêtre bien dessinée et se termine par un fronton aigu décoré de moulures en festons et de choux frisés d'une grande délicatesse. Aux angles, s'élancent légèrement des contre-forts enrichis eux-mêmes de panneaux sculptés en ogives croisées, d'un rang de grosses perles au-dessous de chaque moulure marquant les différentes retraites, de gargouilles à figures de monstres, enfin d'aiguilles élancées qui surgissent autour du toit conique dont tout ce charmant édifice est couvert.

Dans le mur droit du chevet est pratiquée une belle fenêtre au tympan de laquelle rayonnent de légers et élégants meneaux. Le côté nord est à peu près semblable à celui-ci. Tous les murs sont couronnés d'une corniche composée de petites arcatures trilobées et de modillons saillants et à têtes carrées en forme de machicoulis. Maintenant que nous avons circulé autour de ce gracieux monument et que nous en avons admiré l'extérieur, entrons avec confiance : de nouvelles curiosités vont encore captiver à un plus haut point notre attention. Le premier aspect ne frappe pas, on n'éprouve point de surprise : mais je ne sais quel calme religieux repose l'ame et les sens. C'est l'effet de cette grande simplicité et de l'obscurité douce qui y règne. Allez d'abord vous agenouiller au pied de l'autel où repose le Dieu qui inspira les auteurs des merveilles que vous allez voir. Quand même vous n'auriez pas une foi robuste, je vous défie d'être impie dans ce sanctuaire de la religion. Voyez-vous au-dessus de l'autel ce magnifique tableau ou plutôt cette réunion de tableaux d'un coloris si brillant, d'un effet d'ensemble si riche? C'est une verrière du XVI.ᵉ siècle. L'artiste n'y a pas inscrit son nom : ce n'était pas pour sa gloire qu'il peignait. Dans vingt panneaux enchâssés entre les meneaux de la fenêtre se développe toute l'histoire de la Passion. Depuis l'agonie du jardin des Oliviers jusqu'à la sépulture, tout est là fidèlement et simplement représenté comme dans l'Evangile. Parcourez en détail tous ces sujets traités avec tant de soin, de piété et de savoir, vous trouverez dans chaque tête le caractère qui lui est propre, dans chaque pose le sentiment qu'elle doit rendre, dans toutes les draperies une simplicité, un naturel, une décence qu'on devrait toujours observer dans les compositions religieuses. Elevez vos regards jusqu'au tympan de cette riche fenêtre, dans les cœurs et les flammes formés par les nervures, vous allez voir le Christ ressuscité, juge souverain des vivants et des morts, assis sur un arc-en-ciel, la croix à la main, ayant au-dessus de lui le Saint-Esprit et le Père éternel, témoins de la justice de ses sentences; à ses pieds, des anges embouchant la trompette dernière; à sa droite vous voyez l'archange saint Michel combattant le démon qui, non content des âmes qui lui sont dévouées, veut encore s'emparer de celles qui sont destinées au ciel; et à gauche une énorme gueule vomissant la flamme et engouffrant les damnés qu'un démon y précipite à grands coups de trident.

La chapelle à droite, dont nous avons décrit l'extérieur, est décorée de trois verrières peut-être encore plus curieuses. Celle de l'est représente un combat sous les murs d'une ville assiégée. La mêlée est terrible : les hommes et les chevaux se foulent et s'embarrassent, les lances et les boucliers se croisent et se heurtent; un cavalier renversé semble tourner ses regards vers le Sauveur du monde qui apparaît au-dessus des combattants et les bénit à la manière grecque. La tête du Christ est noble, pleine de calme, de douceur et de bonté. Elle est ornée du nimbe crucifère dont trois fleurs de lys, forme ancienne, figurent la croix. Quel est le fait d'armes que rappelle cette peinture? Personne ne l'a encore deviné. Quelques-uns ont cru reconnaître les armes de Du Guesclin, une aigle éployée sur un drapeau jaune et rouge flottant au milieu des bataillons. Les costumes des guerriers et leurs armures appartiennent plutôt à l'antique qu'à l'époque du vaillant connétable. Je laisse à de plus habiles antiquaires à expliquer cette énigme.

Il en existe une autre non moins embarrassante dans la vitre qui fait face à celle-ci. On y voit, en grandes dimensions, un cardinal portant le nimbe des saints et revêtu d'un rochet couvert d'hermines. Un grand nombre de personnages de costumes divers l'environnent. Quelques-uns sont sans coiffures, d'autres portent une espèce de turban; plusieurs semblent appartenir aux classes inférieures. L'un d'eux, en costume de gentilhomme du temps, lui offre une médaille d'or aux armes de France, ayant pour exergue ces lettres : CALES DE VALO, et pour millésime 1587 (sic). De l'autre côté, un homme du peuple lui présente une charte roulée. Nous ne savons pas encore à quel point de notre histoire cette représentation peut faire allusion. La date et l'inscription semblent plus embarrasser que mettre sur la voie.

Mais voici quelque chose de positif et de très-remarquable encore sous le rapport de l'exécution, c'est l'intéressant épisode de la chaste Suzanne, représenté en douze médaillons d'un fini, d'une délicatesse et d'une couleur admirable. Rien qui choque les regards les plus timorés dans la représentation des circonstances les plus délicates de cette histoire; rien qui ne rappelle la vertu et la modestie de l'héroïne. Tout est pur, tout est senti, tout est simple et biblique. La vertueuse épouse est belle comme son innocence; ses femmes sont formées à son école, et comme elle, modestes et gracieuses. Leurs costumes sont orientaux et français du temps. Les vieillards respirent près d'elle la passion qui les brûle; en présence des juges et du jeune Daniel, ils sont tour à tour effrontés, confus, tremblants et furieux. Elle, est partout calme, digne et pleine de confiance en celui qui protége la vertu. La tête du jeune prophète annonce la candeur de l'enfance, et en même temps la sagacité et la sagesse surnaturelles dont il est inspiré. Des inscriptions en lettres gothiques font connaître le sujet de chaque tableau. Peut-être ces caractères et la plus petite dimension des figures annonceraient une époque antérieure à celle des deux premières vitres. Si vous êtes artiste, vous passerez là une heure en pleine jouissance; et pourtant ce n'est pas tout, peut-être même ce n'est pas le plus délicieux. Allez de l'autre côté du chœur, dans la toute petite chapelle de Montmuran, ainsi nommée, parce qu'elle était autrefois et est encore réservée aux propriétaires de ce château; là, il n'y a que deux fenêtres, mais à elles seules, elles valent tout ce que nous connaissons de vitraux de nouvelle fabrique, et mille fois plus encore. Dans la fenêtre nord, on voit la naissance de Jésus-Christ adoré par la Vierge, saint Joseph et des anges. La Vierge est ici dans un état de contemplation parfaite. C'est la figure principale du tableau, aussi Raphaël n'aurait pas mieux fait. Toute la piété, la reconnaissance, l'admiration, la haute intelligence de Marie sont là. La Circoncision occupe un autre panneau. Deux prêtres à longue barbe, l'un enveloppé d'une draperie qui couvre sa tête, tient l'enfant; l'autre, au front chauve et vénérable, se sert du couteau sacré. L'enfant souffre, et déjà on lit dans ses traits toute sa grandeur d'âme et son esprit de sacrifice. Cette expression qui paraît d'abord exagérée, n'est que la peinture excessivement vraie de la réalité. Un groupe d'assistants environne la scène et semble prendre part au mystère de sang qui commence. Tout ici se voit, et pourtant il y a tant d'art dans la disposition générale, que l'œil n'est attiré que par les objets les plus purs. Plus haut, c'est la Présentation au Temple, et dans le tympan, l'Assomption de la Vierge; sa tête est déjà dans la gloire, et les anges l'environnent et l'assistent comme leur reine.

La fenêtre à l'est contient dans le haut l'Annonciation, et au bas l'adoration des Mages, en deux tableaux de moyenne dimension. Nous passerions pour enthousiaste et pour exagéré, si nous disions tout ce que nous avons éprouvé de plaisir, de bonheur et de sensation délicieuse à la vue de ces suaves compositions dont le dessin, la couleur, la richesse des détails sont comparables à tout ce que l'école italienne a produit de plus séduisant en peinture.

Nous ne dirons rien des autres verrières qui se trouvent dans les chapelles de la première croisée et dans la nef, ce ne sont plus malheureusement que de belles ruines. Il y a encore des portions intactes, on y retrouve les sujets, mais on y remarque aussi des vides fréquents, et le lichen qui s'y attache en abondance les fait paraître opaques, sales et sans harmonie. Cet ennemi des vitraux n'épargne pas non plus ceux que nous avons décrits, et si l'on ne s'empresse d'y porter remède, bientôt tous ces trésors seront comme enfouis sous cette malencontreuse végétation. Tous ont aussi le plus grand besoin d'être consolidés au moyen d'une remise en plomb générale; sans quoi ils tomberont pièce à pièce, et le premier ouragan achevera de les détruire. Nous savons que la préfecture a mis une somme à la disposition de la commune pour cet objet, mais elle est plus qu'insuffisante non seulement pour une restauration, mais pour une simple consolidation soignée. Il est vraiment pénible de voir des chefs-d'œuvre dans un pareil état de souffrance, et à la veille de disparaître totalement. Pour nous, si nous avions l'honneur d'être maire ou curé de cette paroisse, nous voudrions remuer ciel et terre pour intéresser l'administration supérieure et tous les amis de l'art, à une œuvre urgente et vraiment artistique.

Mais nous n'avons pas encore vu tout ce que contient de curieux cette localité intéressante. Sans parler d'un magnifique calice en vermeil portant la date de 1550 ou 60 et qui mériterait une description à part, sans nous arrêter aux fonts baptismaux que nous croyons d'un beau travail, et que les ecclésiastiques éclairés de la paroisse vont faire dégarnir d'une insignifiante boiserie qui les couvre, nous sortons de l'église par la porte du nord, et de suite nous nous trouvons en face d'un paysage du plus grand effet. La colline s'abaisse légèrement à droite et à gauche ; l'entre-deux en face de vous se creuse profondément à mesure qu'il s'éloigne, et forme un ravin qui bientôt devient une belle pièce d'eau terminée par une chaussée couverte de peupliers et de frênes. A ce second plan se dresse de chaque côté et presque à pic une croupe de rochers. Sur l'éminence à droite paraît, dans toute sa sévérité monumentale, le château de Montmuran ; l'autre est couronnée de bois. Entre les deux, l'œil plonge à perte de vue sur un immense bassin qui, verdoyant encore à son ouverture, devient insensiblement bleuâtre au point de se confondre avec le ciel à l'extrémité de l'horizon. Nous n'avons pu nous empêcher de prendre un croquis de ce magnifique point de vue, malgré la résolution bien prise de ne nous occuper que d'architecture et d'antiquités.

Après dix minutes de marche, nous arrivons sous les tours du château, bâti au xi.[e] siècle par Donoald, avec l'agrément d'Adèle de Bretagne, première abbesse de Saint-Georges de Rennes. Voilà encore entre les deux belles tours du donjon, la porte en ogive et les restes du pont-levis par où s'élancèrent notre Du Guesclin et le fameux seigneur d'Andrehan, à la poursuite de leur ennemi Hue de Caurelé qui, profitant d'une fête qui se donnait au château, était venu l'attaquer. Voilà sur le revers du coteau opposé, le chemin encore appelé *Sanglant*, où ils le rejoignirent et taillèrent en pièces ses archers anglais, après l'avoir fait lui-même prisonnier. Voilà enfin au-dessus de l'entrée et ouvrant sur la cour intérieure, la chapelle où, le même jour, ce brave Bertrand fut armé chevalier par Aleastre du Marest, chevalier normand. Cette chapelle est demeurée à l'intérieur ce qu'elle était probablement au XIV.ᵉ siècle. Des colonnettes engagées dans les angles reçoivent sur leurs chapiteaux les nervures d'une voûte en pierre. Un autel, qui n'est qu'une belle table de granit supportée en avant par deux colonnes courtes et peu ornementées, se lie au mur de la façade orientale. Tout ici rappelle le XIII.ᵉ ou le commencement du XIV.ᵉ siècle; mais la fenêtre dont le large tympan est décoré de trois belles rosaces composées de nervures flamboyantes semblerait avoir été refaite au XV.ᵉ. C'est la plus riche ornementation de cette époque que nous connaissions dans le département. Les deux rosaces inférieures se composent de quatre cœurs allongés dont les pointes partent de la circonférence du cercle et se contournent avec souplesse deux à deux en sens inverse. Celle du haut est remplie par huit figures de même espèce, qui vont se réunir au centre en décrivant des courbes on ne peut plus gracieuses. Nous laissons à ceux qui s'occupent de l'architecture militaire, le soin de décrire plus amplement les restes du château vraiment historique de Montmuran.

Champeaux, près Vitré. — Voici peut-être la plus intéressante de nos églises rurales, à cause de ses beaux vitraux peints, de ses délicieuses sculptures et des souvenirs historiques qui s'y rattachent. L'ancienne et illustre famille d'Epinay, qui a donné des hommes remarquables à l'Eglise et à l'Etat pendant plusieurs siècles, et dont la race, déjà noble et grande par elle-même, a été honorée encore par l'éclat de ses alliances, a fait refléter une partie de sa gloire sur cette église, et s'est plu à l'enrichir de ses largesses.

L'église actuelle n'était d'abord qu'une chapelle réservée à la sépulture des seigneurs d'Epinay. Celle qui servait aux besoins de la paroisse, située à quelque distance, était peu convenable et menaçait ruine depuis longtemps, lorsque Robert d'Epinay, deuxième du nom, résolut d'en transférer les droits à sa chapelle particulière, qu'il agrandit et restaura comme nous la voyons probablement encore aujourd'hui, moins les deux chapelles qui avoisinent le chœur au sud et au nord, et qui furent construites plus tard. Il obtint pour l'exécution de ce projet l'autorisation de Guillaume Brillet, évêque de Rennes, et établit un doyen et cinq chapelains qui devaient célébrer l'office journellement comme dans les églises cathédrales et collégiales, pour lui et ses parents défunts. Le pape Eugène IV, par une bulle donnée à Florence, le 15 février 1441, créa les chapelains chanoines et éleva l'église au rang de collégiale. De plus, il annexa à chaque chanoine une église paroissiale, à savoir : Champeaux, sous le titre de Sainte-Madeleine, au doyen, qui en était de droit recteur et en percevait les dîmes; et Saint-Jean-sur-Vilaine, Guipel, Saint-M'Hervé, Vergeal et Montreuil-sur-Pérouse aux cinq autres titulaires; ce qui fut approuvé ensuite par les papes Nicolas V, Sixte IV et Léon X. Chacun de ces bénéficiers devait avoir sous lui un ecclésiastique de second ordre, ce qui composait un assez nombreux clergé. Il y avait en outre un maître de psallette et quatre enfants de chœur, pour donner plus de solennité aux divins offices. Tout ce personnel était entretenu au moyen des fondations faites par différents membres de la famille d'Epinay. Mais depuis que le tourbillon révolutionnaire a renversé toutes les antiques institutions et dispersé les pierres du sanctuaire, la Madeleine de Champeaux, comme bien d'autres collégiales, a beaucoup changé,

> .... Et de tant de grandeur,
> Il ne nous reste plus que la triste mémoire.

Tous ces guerriers tant redoutés des ennemis du pays, tous ces évêques savants et vertueux, toutes ces femmes illustres par leurs talents et leur piété, autant que par leur naissance, toutes ces nobles générations enfin qui avaient cru trouver pour leurs cendres un asile de paix et de durée, et pour leurs âmes une prière continuelle, ont été déçues dans leurs espérances; la prière qu'ils avaient établie ne s'élève plus au-dessus de leurs tombeaux, les sacrifices multipliés qu'ils faisaient offrir pour leurs fautes ont été interrompus, les dalles qui portaient leurs noms et recouvraient leurs corps ont été déplacées; à peine on retrouve quelques mots de leurs épitaphes sur les monuments qui sont demeurés; les couleurs de leurs blasons sont effacées, leurs écussons brisés, et ainsi après eux, ont disparu à leur tour les insignes qui rappelaient leur grandeur passée. C'est là qu'on peut étudier le néant des choses de ce monde, et qu'on s'écrie avec Massillon sur la tombe des grands de la terre : *Dieu seul est grand !...*

Mais étudions un moment ces nobles ruines, elles sont encore pleines d'intérêt. L'église ne présente rien de bien remarquable dans son architecture, si ce n'est peut-être la belle fenêtre du chevet, dont les meneaux flamboyants appartiennent au gothique du xv.ᵉ siècle. Elle est décorée d'une admirable verrière. Les panneaux inférieurs ont malheureusement disparu. Il est à croire qu'ils contenaient les armoiries de la famille seigneuriale. Ce qui reste s'est conservé dans un état de fraîcheur et de transparence peu ordinaire. Là est peinte en grande dimension la scène imposante du Calvaire. Aux pieds du Christ est la Madeleine éplorée, et la Vierge, mère de Jésus. Dans l'Evangile, Marie participant au sacrifice de son fils et l'offrant elle-même comme victime du monde, est plus que mère, elle est prêtre, et c'est pour cela qu'elle est représentée debout auprès de l'autel de l'immolation. La plupart de nos peintres lui ont conservé ce caractère et cette pose, et ils ont bien fait. Ici elle est assise et comme accablée de douleur ; ses yeux se fixent sur la victime et son expression est trop celle de la nature. Du reste, cette figure, comme toutes les autres, est parfaitement drapée et d'un dessin qu'on pourrait attribuer à Jean Cousin. Autour de la croix sont groupés le grand-prêtre, les bourreaux et les soldats. A droite et à gauche, le bon et le mauvais larron expirants, et leurs âmes, représentées par de petites figures nues, s'échappent de leurs têtes et sont reçues, l'une par un ange, l'autre par un démon. Au-dessus du chef du Christ brille en couleur d'or, l'entrée de la cité céleste où il vient de donner rendez-vous au bon larron. Sur la même ligne et de chaque côté de ce portique, on voit deux trônes occupés par deux personnages, qui ne peuvent être que Enoch et Elie. Enfin dans le tympan de l'ogive, le Père éternel, couronné comme un empereur et vêtu en pape, tient son fils mort sur ses genoux. Il est environné d'une triple bordure de petits anges groupés en cercles, dont chacun est de couleur différente.

Toutes les autres fenêtres présentent encore quelques restes de vitraux plus ou moins bien conservés. Dans la vitre qui surmonte le portail ouest, par exemple, on reconnaît le baptême de Notre-Seigneur. La fenêtre latérale du chœur contient une représentation de Dieu le Père, une main appuyée sur le globe terrestre et paraissant occupé de ce qui se passe au-dessous de lui ; quelques anges l'environnent, mais le sujet inférieur a disparu. Une autre fenêtre de la même chapelle contenait la peinture du sacrifice d'Abraham. Au fond du transept sud, c'est la descente du Saint-Esprit sur les apôtres ; plusieurs têtes, entre autres celle de la Vierge, sont d'un caractère noble et original. Il y a cependant encore une verrière comparable à celle du maître-autel, c'est celle qui décore la chapelle située à droite du chœur, côté de l'évangile. Nous pensons qu'elle représente l'histoire du martyre de sainte Claude. On voit la vierge appliquée à la torture, et martyrisée, puis reparaissant triomphante, la palme à la main, dans une attitude pleine de dignité, de grandeur et de céleste ravissement. Cette figure rappelle la sainte Cécile de Jules Romain, et la sainte Catherine de Raphaël. Non loin d'elle, on voit un apostat que le démon saisit et entraîne. Ce qui nous porte à croire que cette peinture est une représentation du martyre de sainte Claude, c'est que dans cette même chapelle repose le corps d'une fille de Guy III d'Epinay et de Louise de Goulaine, nommée Claude, pour laquelle, son frère Charles, alors abbé de Saint-Gildas-des-Bois et du Tronchet, et plus tard évêque de Dol, fit sans doute décorer cette chapelle, comme il lui fit élever le modeste monument que nous y voyons encore. On y lit l'inscription suivante qui nous semble un type tout à fait caractéristique de cette époque, où il se fit une révolution si complète dans les idées, le langage et les arts. A la place des inspirations religieuses, des sentiments de la piété chrétienne, des ornements marqués d'un caractère sacré, on ne trouve plus que les réminiscences de la fable, de la poésie et des arts païens.

D. D. CASTITAT.. ET
MEMOR..
CLAUDIÆ SPINAIÆ VIRGIN.. GENEROSSIS.... CERR.
ERUDITISS. GUDONIS SPINAI ET LODOICÆ GOULINÆ
NOBILISS. EX ANTIQUISS. FAMIL. PARENTUM FILIÆ.
QUÆ ET AD MUSAS NATA ET A MUSIS, UT CR....
EDUCATA SIC ARTIS MUSICÆ CÆTERUMQ. BON. ART.
COMMENDATIONI, ALTERAM MINERVÆ CASTITATEM ET
FUTURAM DE SUO INGENIO MEMORIAM ADDIDIT UT ET CASTISS.
UT ET MEMORIA DIGNISS. UT EX MUSIS UNA PROPEMODUM
HABEATUR. QUÆ SIC DENIQ. INTER SUOS VIXIT, QUÆ
SIC DENJQ. ANN. MDXXXXJIII ET ÆTATIS SUÆ
XX INTER SUORUM AMPLEXUS VITA FUNCTA EST
UT ET OPT. ET FELICISS. VIRGINEM VIVERE ET MORI
DOCUIT.

CAROLUS SPINAIUS D. G... ABBAS FRATER SORORI
PIUS PIÆ PLUSQUAM VOLGARIS AMICITIÆ ERGO ET IN
VESTRAM O D. D. CASTITAS ET MEMORIA GLORIAM
NON SINE LACRIMIS ET VOTIS PERENNIB.

Nous n'essaierons pas de traduire littéralement cette épitaphe qui présente d'assez grandes difficultés tant à cause des mots effacés et remplacés ici par des points, qu'à cause du style étudié, emphatique et torturé dont elle est écrite. Cependant voici le sens que nous croyons pouvoir lui donner :

« A la chasteté et à la mémoire de Claude d'Epinay, vierge illustre par ses vertus, sa beauté et sa science, fille de Guy d'Epinay et de Louise de Goulaine, de famille noble et ancienne. Née pour les muses et élevée, comme on pourrait le croire, par les muses elles-mêmes, elle ne fut pas seulement remarquable par son habileté dans la musique et les autres beaux-arts ; telles furent encore et sa chasteté qui a fait d'elle une autre Minerve, et la gloire de son génie, qu'elle peut être regardée comme une des neuf sœurs. Enfin par sa vie au milieu des siens, par sa mort qui l'a ravie aux embrassements de sa famille, l'année 1554, la vingtième de sa vie, elle a donné le spectacle d'une vierge vivant et mourant également bonne et heureuse.

» Charles d'Epinay, par la grâce de Dieu, abbé, frère aimant à une sœur qui m'aimait, pour gage de cette amitié plus qu'ordinaire, et en votre gloire, ô chasteté et mémoire de ma sœur, je dédie ce monument, non sans des larmes et des regrets éternels ».

Dans cette même chapelle ont dû être enterrés Guy d'Epinay, premier du nom, et Isabelle de Goyon, son épouse, à la fin du xv.ᵉ siècle. Guy en était le fondateur et l'avait dédiée à S. Julien. On ne retrouve pas de traces de leur sépulture.

En rentrant dans le chœur, au côté de l'évangile et tout près de l'autel, on aperçoit un grand et beau tombeau; la date de 1553 qui s'y trouve fait croire qu'il ne peut être que celui de Guy III et de Louise de Goulaine, parents de la jeune muse dont nous venons de parler. Le père était mort trois ans avant sa fille, emportant les regrets de toute la Bretagne dont il était aimé et estimé à cause de ses belles qualités; la mère alla les rejoindre quatorze ans après et dut être enterrée dans le riche monument de son mari. Deux statues de grandeur naturelle sont couchées sur le sarcophage, représentant les deux époux à l'état de cadavres, dépouillés de toute pompe, nus, les yeux fermés, les lèvres légèrement crispées, les muscles du cou raidis, vraie image de la mort. Ces sculptures, exécutées en pierre, semblent avoir été moulées d'abord sur nature, tant il y a de vérités dans les formes. Celle du cardinal Duprat que l'on conserve à la cathédrale de Sens, et qui dut être faite à la même époque, est absolument dans le même genre. Tout le mausolée est décoré de sculptures et d'incrustations en marbre de différentes couleurs. La richesse et la beauté du travail annoncent qu'on n'a ménagé ni la dépense, ni les soins; malheureusement on n'y voit que des emblêmes de mort, ou des ornements insignifiants, mais rien de religieux, rien pour ainsi dire de chrétien dans toute cette composition qui rappelle aussi à sa manière le caractère du temps où elle a été exécutée. On n'y trouve plus d'inscriptions.

De l'autre côté du chœur se trouve une chapelle parallèle à celle de Saint-Julien, mais plus élevée que le sanctuaire, à cause d'un caveau souterrain qui est construit au-dessous et dont la voûte est supérieure au sol. C'est dans cette crypte que l'on avait déposé, depuis la révolution, les deux statues de Guy et de Louise de Goulaine. Là, adossées au mur et vues à la lumière d'un flambeau, elles avaient quelque chose de plus lugubre et de plus funèbre; mais ce n'était pas leur place, et on les a rétablies avec raison sur le monument auquel elles appartiennent. Ce caveau et la chapelle supérieure furent construits par Marguerite d'Escepeaux, femme de Jean d'Epinay, en 1593, sans doute pour leur servir de sépulture commune. Aussi un vieillard du pays assure-t-il y avoir vu, avant 93, deux châsses de plomb et un cœur. N'était-ce point le cœur de Charles, évêque de Dol, dont le corps fut déposé dans sa cathédrale, et le cœur transporté, selon son désir, à la collégiale de Champeaux? Quoi qu'il en soit, tous ces objets n'existent plus.

Beaucoup d'autres membres de cette famille, au sujet de laquelle on trouve d'intéressants détails dans Ogée, et mieux encore dans Dupaz, furent enterrés dans l'église que nous décrivons, entre autres, Jacques, évêque de Rennes, mort en 1482; et Guy II, échanson de la reine Anne et de Claude de Bretagne, lequel obtint une place de chanoine au chœur de la cathédrale de Rennes. Mort en 1522, il fut transporté de son château à l'église, par six de ses métayers, qui reçurent chacun deux aunes et demie de drap noir, avec une mine de seigle.

La plupart des inscriptions tumulaires sont effacées et presque illisibles. Les armes qui étaient d'*argent au lion de gueules coupé de sinople, armé, couronné et lampassé d'or*, ne se trouvent plus en entier; on les a brisées ou grattées avec la même fureur que partout. Le chapiteau d'une petite colonne soutenant le centre de la voûte du caveau de Jean et de sa femme porte seul encore la figure du lion.

Mais ce qui s'est mieux conservé, c'est la précieuse boiserie et les remarquables sculptures des stalles. Rien de plus gracieux que la broderie légère, riche et délicate qui décore le baldaquin régnant au-dessus du double rang de siéges des anciens chanoines; rien de plus varié que les décorations des panneaux formant le dossier des supports des accoudoirs, des miséricordes elles-mêmes. L'imagination la plus féconde et le goût le plus exquis semblent avoir présidé à ce travail à peu près unique dans son genre, dans notre diocèse; car les stalles de La Guerche qu'on pourrait seules comparer à celles-ci, leur sont inférieures et ont beaucoup perdu par suite des couches de couleurs à l'huile dont elles sont revêtues. A Champeaux, c'est l'original dans toute sa franchise, sa hardiesse, sa vigueur de ciseau; tandis qu'à La Guerche, on ne trouve qu'une belle copie exécutée avec timidité et défiance de talent. Tout ce qui manque ici, c'est la pensée chrétienne, c'est l'inspiration et la direction de la foi. Toutes ces dentelles légères, tous ces enroulements et arabesques, toutes ces figures mythologiques ou grotesques, toutes ces décorations en un mot exécutées avec tant de verve et de facilité, ne contiennent rien qui annonce la piété des artistes, ni l'intention chrétienne des donateurs. C'est le xvi.ᵉ siècle avec ses beautés et ses défauts.

La chapelle du transept sud contient aussi un autel enrichi d'un dais sculpté dans le genre des stalles, et d'un retable présentant en demi-ronde-bosse, plusieurs sujets de la Passion, tels que le Sauveur attaché à la colonne, le portement de croix et le crucifiement; puis la descente aux limbes et les saintes femmes au tombeau, avec l'ange chargé de leur annoncer la résurrection. Tout cela est sculpté en bois et présente des groupes d'un arrangement heureux et souvent d'une exécution remarquable.

En terminant cette notice, nous devons rendre hommage au soin que prennent les ecclésiastiques de cette paroisse pour conserver dans le meilleur état possible les objets précieux dont ils sont les gardiens naturels et dont ils savent apprécier la valeur (1).

(1) Après avoir visité la sépulture des seigneurs d'Epinay, on voit avec plaisir leur ancien manoir. De l'église au château, la distance n'est pas grande, et le chemin qui se prolonge le long d'un coteau dominant une romantique vallée n'est pas sans agrément. A peu près à moitié route, on rencontre deux petites chapelles bâties, selon Dupaz, par Guy II, vers 1542.

EGLISES DE BAIS, DOMALAIN, MOUTIERS et
GENNES. — La paroisse de Bays (ancienne or-

Elles furent dédiées l'une à saint Abraham, l'autre à saint
Job, et il fut réglé qu'on y dirait la messe une fois par se-
maine et que, trois fois l'an, on y ferait une procession solennelle.

L'histoire ne dit point quels furent l'occasion et le motif
qui firent construire et dédier aux deux patriarches ces petits
oratoires, mais la chronique populaire y a suppléé en racontant qu'un chevalier, poursuivi apparemment par l'ennemi,
fit franchir à son cheval tout l'espace compris entre les deux
collines qui forment une assez large vallée, et qu'il voulut y
construire ces deux chapelles pour rappeler la place et remer-
cier Dieu du succès qu'il avait accordé à sa témérité. Une circonstance qui ne manque pas d'ajouter au merveilleux de la
légende, c'est que les ouvriers employés à la construction de
ce double monument, n'avaient qu'un seul marteau et une
seule truelle qu'ils se lançaient d'un côté à l'autre du vallon
à mesure qu'ils avaient à placer ou à tailler une pierre; ce
qui ne retarda nullement le travail. Un peu plus loin, le
ruisseau qui coule dans ce lieu rencontre, avant de se jeter
dans les fossés du château, un amas de rochers d'où il tombe
en se brisant avec éclat sur d'autres blocs qu'il n'a pas encore assez usés pour se faire un libre passage. Enfin, on aperçoit le château qui ne conserve rien de son ancien aspect, si
ce n'est quelques tours en ruines restées en dehors des bâtiments actuels. Le corps principal de l'édifice est du XVIe siècle, et contient plusieurs grandes pièces conservées dans l'état
où le nouveau propriétaire les a trouvées et qu'il montre aux
étrangers avec une politesse et une bonté exquises.

On y remarque de belles cheminées décorées d'incrustations
en marbres précieux et d'arabesques peints à la détrempe,
avec une délicatesse de dessin et une vivacité de couleur encore très-remarquables. Sur la frise qui règne autour de la

thographe) paraît avoir été illustrée au v.ᵉ siècle par la naissance de saint Marse, que l'on honore dans ce lieu comme confesseur, pontife et patron de la paroisse. Le village de *Marsé* s'est formé, dit-on, sur le territoire habité par le saint évêque, et on a bâti dernièrement une chapelle sur les fondements d'une maison qu'on croit lui avoir appartenu. Un puits qui semble très-ancien se trouve au même endroit, et porte aussi le nom de Saint-Marse; enfin une tradition constante désigne ce lieu comme celui de sa naissance et de sa mort, et des reliques considérables et authentiquement reconnues sont exposées dans l'église, à la droite du maître-autel. On conserve au presbytère de Bais un manuscrit du dernier siècle, dans lequel on expose longuement les motifs qui peuvent déterminer à croire à l'épiscopat contesté de saint Mars, ainsi que les

---

plus grande de ces salles, on voit les monogrammes du Christ et de la Vierge répétés alternativement un grand nombre de fois; ce qui pourrait faire croire que cette décoration fut faite par un des évêques de la famille, ou que ces nobles seigneurs voulurent ainsi protester de leur attachement à la foi catholique, à une époque où tant d'autres l'abandonnaient.

La maison est environnée de magnifiques jardins, d'où la vue s'étend au midi sur un paysage délicieux. Beaucoup de princes ne se trouveraient pas trop mal dans une pareille habitation.

diverses et intéressantes translations et pérégrinations de ses reliques (1).

(1) On lit à la page 29 de ce manuscrit et suiv. : « Il est certain que du temps de la guerre des Anglais contre les Bretons sous la conduite du duc de Betfort, vers l'an 1427, les habitants de Bays craignant que leur saint ne leur fût enlevé, le portèrent au château de Vitré, et le placèrent dans une grosse tour appelée anciennement la tour de Bays et maintenant de Saint-Laurent. Après la guerre, les paroissiens de Bays négligèrent de venir redemander leurs reliques, et elles furent si long-temps renfermées dans cette tour, que le seigneur baron de Vitré, faisant plusieurs années après la visite dans son château, aperçut dans un coin de la tour un coffre tout couvert de poussière auquel il ne fit pas d'abord beaucoup d'attention; mais le voyant fait en forme de chapelle avec un clocher au-dessus qui ressemble assez à l'église et au clocher de Bays, il s'informa de ce que c'était. Aussitôt qu'il eut appris que le corps de saint Mars reposait dans ce reliquaire, il en donna avis aux vénérables thrésorier et chanoines et chapitre de la Magdelène, avec ordre de venir processionnellement jusque sous la voûte du château, où il l'avait fait placer sur une table ornée comme une espèce d'autel, afin de l'ôter d'un lieu si indécent pour le placer dans l'église.

» Le bruit de cette cérémonie s'étant répandu, les habitants de Bays, après avoir délibéré sur ce qu'ils avaient à faire dans cette circonstance, députèrent les plus notables d'entr'eux au baron de Vitré pour le supplier de leur faire rendre leur dépôt; mais toute sa réponse fut qu'ils s'y étaient pris trop tard, et qu'ayant fait présent à son chapitre de cette relique, il n'en était plus le maître.

» Ils espérèrent trouver moins de résistance de la part des chanoines, et allèrent s'adresser à eux pour obtenir justice, mais on leur répondit qu'ayant reçu ce saint corps du seigneur

L'église paroissiale, presque tout entière, appartient au XVI.ᵉ et au XVII.ᵉ siècle. Un porche spacieux mais peu élégant en abrite l'entrée principale, où l'on remarque le plus beau

de Vitré comme un pur don et non autrement, on en ferait toujours bonne et sûre garde.

» Les habitants de Bays, outrés de ces refus, s'adressèrent à Guillaume Brillet, évêque de Rennes; mais celui-ci ayant pris des informations auprès du seigneur de Vitré et des chanoines, les renvoya sans leur donner satisfaction; au contraire, il ordonna l'office de saint Mars dans l'église de la Magdelaine et une procession générale pour être faite tous les ans autour de la ville de Vitré, le jour de sa fête.

» Cette procession fut faite pour la première fois le 24 juin 1530. Tout le clergé séculier et régulier y assista, aussi bien que messieurs les juges et messieurs de l'hôtel-de-ville. Ce fut alors que les habitants de Bays, voyant que toutes les démarches qu'ils avaient faites étaient inutiles, résolurent de faire un dernier effort. En effet, pendant que la procession se faisait au-dehors de la ville, ils descendirent armés de toutes sortes d'instruments offensifs pour enlever de vive force le corps de leur saint; mais malheureusement pour eux la relique était déjà entrée dans l'église, ce qui leur fit manquer leur coup. Cette irruption fut cause qu'on résolut l'année suivante de faire fermer les portes de la ville pendant la procession et de la faire désormais à l'intérieur de l'enceinte. »

Plus tard, les paroissiens de Bays furent mieux écoutés, et maintenant ils possèdent le chef et le fémur gauche de leur saint patron.

Le manuscrit dont nous avons tiré cet extrait contient une foule d'autres détails intéressants dont s'est servi l'auteur que nous avons cité à l'occasion de la collégiale de la Madeleine de Vitré.

frontispice de la renaissance que nous puissions citer dans le diocèse. Aux deux extrémités de la façade, deux belles colonnes supportent un entablement surmonté d'un large fronton triangulaire, au centre duquel on voit un buste imité de l'antique, et qui, sans contrarier les idées du temps, pourrait bien être celui de Sénèque. Dans la frise, se trouvent pêle-mêle des triglyphes, des fleurons, des masques humains. Le milieu du frontispice est percé de deux ouvertures cintrées que couronne un double entablement avec frontons, et porté encore par d'élégantes colonnes. Les chambranles des portes sont ornés de niches et de dais qui rappellent encore un peu les formes du style gothique. Dans le tympan des deux petits frontons et sur la frise inférieure existent des bas-reliefs un peu frustes, mais où l'on reconnaît encore des scènes mythologiques ou pastorales; tous les chapiteaux se composent de feuillages délicatement sculptés, au milieu desquels de charmantes figures, de petits génies se détachent ou se glissent avec grâce. Il faut dire pourtant que toute cette délicieuse ornementation n'a nullement le caractère religieux qui convient à un temple chrétien, et l'on est tout surpris de lire, sur les battants des portes, des passages de l'Écriture qui rappellent, par un contraste frappant, la sévérité de l'Evangile et le respect avec lequel il faut aborder le lieu saint (1).

Le côté sud de l'église offre une suite de pignons percés de fenêtres flamboyantes et de contre-forts élancés et couronnés par des aiguilles, des clochetons ornés de moulures en spirales, ou par des figures debout sur la pointe d'une pyramide. Toute cette façade rappelle Notre-Dame de Vitré par le style de son architecture et l'appareil de la pierre. A l'intérieur, l'église est partagée en trois nefs assez régulières, si ce n'est que la tour interrompt celle du nord et la partage en deux d'une manière fâcheuse pour le coup d'œil.

On trouve encore quelques lambeaux précieux de vitraux peints de la fin du XVI.ᵉ siècle et du commencement du XVII.ᵉ, mais aucun sujet entier, si ce n'est dans de petits médaillons peints avec une extrême finesse et en très-petites dimensions. Sur une des fe-

(1) Sur la porte du côté droit on lit : *Custodi præcepta mea et vives, in custodiendis illis retributio multa. — Non est hic aliud nisi domus Dei et porta cœli.* Au haut de cette porte se trouve la date 1566.

Sur la seconde : *Lex Domini immaculata convertens animas testimonium Domini fidele, sapientiam præstans parvulis. Aperite portas ut ingrediatur gens justa, custodiens veritatem, vetus error abiit.*

nêtres du haut de l'église, nous avons lu ces mots : *Nob. Fr Charol. — Giravlt Prior.* 1632.

DOMALAIN. — L'église de cette paroisse est à peu près du même temps et du même style que la précédente; seulement elle présenterait plus de régularité et d'unité, depuis surtout qu'on a fait terminer le bas côté sud et le portail, en se conformant assez rigoureusement au caractère dominant de l'édifice. Voilà encore un exemple de bon goût dont il faut tenir compte, et qui prouve que, sans recourir à des artistes étrangers et sans faire des frais excessifs, on peut faire aussi bien qu'autrefois. Il est à croire que la tour sera elle-même bientôt achevée et harmonisée avec le reste de l'édifice. L'autel principal de cette église est un des plus beaux dans le style de la renaissance que nous ayons vu dans les campagnes du diocèse. On l'a reproduit à Bais avec un succès complet. Il est fâcheux que souvent la forme de ces autels ait fait boucher de fort belles fenêtres, où se trouvaient ordinairement les plus riches verrières.

MOUTIERS. — Ici nous trouvons encore une église curieuse de la fin du xv.ᵉ siècle et du xvi.ᵉ Nous y avons remarqué différentes gargouilles d'une forme bizarre et grotesque. Un tableau du maître-autel représentant, autant qu'il nous en souvient, l'adoration des Mages, paraît original et d'une touche vigoureuse et assurée, qui, jointe à une certaine richesse de tons, en fait une page digne d'attention et de soin.

Le long du coteau qui avoisine l'église, on a découvert, à diverses époques, un grand nombre de cercueils en calcaire marin et en forme d'auges assez petites. Il est indubitable qu'il a existé dans ce lieu un vaste cimetière près d'un monastère dont la paroisse a pris son nom.

Gennes. — Le bourg est parfaitement situé sur une colline au pied de laquelle coule la Seiche. Son église est comme les précédentes de la dernière période ogivale. L'extérieur a plus souffert et est moins orné, mais l'intérieur annonce plus de richesse. Un grand nombre d'autels du xvii.ᵉ siècle, ornés de colonnes en marbre, de grosses guirlandes et de frontons chargés de sculptures, en font le principal ornement. C'est là que nous avons lu l'expression déjà citée et si juste : *Hanc altaris molem*, etc.

Il n'y a point, à bien dire, de façade occidentale : la tour carrée et trop simple qui s'y trouve, est seulement accompagnée d'un porche de la renaissance, composé d'arcades en plein-cintre assez élevées et surmontées de frontons triangulaires, mais il est peu remarquable et mal associé au reste.

Toutes ces églises, assez curieuses à l'extérieur, ne présentent au dedans que peu d'élévation et point de voûtes heureusement agencées. Aucune n'est voûtée en pierre.

Bazouges-sous-Hédé. — Toute pauvre et chétive qu'elle est, l'église de Bazouges-sous-Hédé ne manque pas d'intérêt sous le rapport archéologique. Le mur nord de la nef est fort ancien et construit en moëllons disposés comme on a fait souvent aux XIe et XIIe siècles, en arête de poisson *(opus spicatum)*. Le reste est du XVe siècle, et d'une époque plus rapprochée encore. Dans le chœur, côté de l'évangile, se trouve un tombeau placé sous une arcade en ogive, dans l'épaisseur du mur. A la jonction des arcs sont sculptées des armoiries timbrées d'un heaume soutenu par deux lions. Sur l'écu placé en biais, est une *croix engrêlée de gueules sur argent*. Sur le tombeau même, une statue couchée représente un chevalier revêtu de son armure et ceint de son épée; sa tête nue repose sur un coussin que deux petits anges soutiennent de chaque côté, ses mains sont jointes, son bras gauche porte son écu et ses pieds reposent sur un lion. Le tout est sculpté en grand relief sur la pierre de granit qui recouvre le tombeau. Il existe sous le monument une crypte dont on ne connaît pas les dimensions et qui, sans doute, servait de caveau à la famille seigneuriale (1). Quelques restes de vitraux peints sont épars dans deux fenêtres; on y trouve les armoiries indiquées ci-dessus, un Christ en croix, accompagné de saint Jean et de la sainte Vierge, et une Madeleine portant un vase de parfums.

Au-dessus des portes, assez bien sculptées,

(1) Un registre de paroisse qui ne date que de quelques années, porte que ce tombeau est celui d'un sire Lemintier de Carmené fondateur de l'église. La tradition du pays dit que cette église paroissiale n'était d'abord qu'une chapelle dépendante du château de Bazouges, que ce seigneur aurait agrandie et reconstruite pour les besoins de la paroisse. Les armes sont bien celles des Lemintier; mais, comme il n'y a aucune inscription qui donne les prénoms et les dates nécessaires pour reconnaître le personnage dont il s'agit, on ne saurait dire à quel membre de la famille appartient le monument. D'après une note de M. Baron du Taya, Jacques Lemintier qui épousa Françoise de Carmené et fit apparemment passer ainsi la seigneurie de Carmené dans sa famille, vivait vers la fin du xvi.e siècle ou le commencement du xvii.e, mais l'ornementation du tombeau paraît plus ancienne que cette date. L'auteur du registre a cru remarquer une décoration sur la cuirasse du chevalier : c'est une erreur. Cette appendice qu'on y voit en effet est une espèce de crochet qu'on retrouve sur un grand nombre d'armures des xv.e et xvi.e siècles, et qui avait pour objet, à ce qu'il paraît, de soutenir la lance.

on retrouve encore les mêmes armoiries du tombeau. Un petit porche de date plus récente précède la porte méridionale (1).

Bédée. — La paroisse de Bédée était un ancien prieuré dépendant de Saint-Mclaine. Aussi voit-on encore à l'angle nord-est du transept nord de l'église actuelle un reste de construction qui rappelle le XI.ᵉ siècle. Le reste de l'église ne semble pas remonter au-delà des premières années du XVI.ᵉ siècle, et même il existe des portions plus récentes. Plusieurs fenêtres dont l'arcade est ornée de cœurs, sont d'un beau travail : on y retrouve deux verrières

---

(1) Un ancien recteur de Bazouges-sous-Hédé avait trouvé fort commode de convertir l'arcade du tombeau dont nous avons parlé en une armoire fermant à deux battants, en sorte qu'on n'apercevait plus ni le tombeau lui-même, ni la statue du chevalier. En revanche, les bouquets et chandeliers d'autel étaient à l'abri de la poussière. Mais M.ᵍʳ l'évêque n'ayant pas trouvé l'expédient convenable lors de sa dernière visite dans cette paroisse, il ordonna d'insérer au procès-verbal de sa visite que le tombeau serait remis en son premier état, et dit plaisamment que ceux qui avaient commis cet acte de vandalisme, auraient dix années de purgatoire de plus à subir pour cette faute. Or le menuisier qui avait fabriqué l'armoire croyant que ces menaces le regardaient plus que personne, n'eut rien de plus pressé, dès que le nouveau recteur lui en eut donné la permission, que de détruire son ouvrage. Nous l'avons vu à l'œuvre, et nous pouvons dire qu'il s'y employait de son mieux.

très-précieuses, quoique déjà fort mutilées. Celle du chevet représente le mystère de la Pentecôte. La Vierge, assise au milieu des saintes femmes et des apôtres, est une des figures les mieux conservées et d'un beau dessin (Cette verrière porte la date de 1550). La fenêtre éclairant le chœur au côté sud, contient une fort belle assomption de la Vierge. Malheureusement la tête est presque complètement effacée et couverte d'une teinte verdâtre qui semble provenir d'une substance acide dont on s'est servi dans l'intention de la nettoyer. On voit aussi dans le chœur un joli tableau représentant la sainte Vierge tenant l'enfant Jésus dans ses bras. Nous ne pensons pas qu'il soit original, mais du moins c'est une bonne copie de l'école française et qui n'est pas sans valeur.

Les tirants et les filières de la nef sont couverts de sculptures assez curieuses. Les arcades du transept et de la nef sont toutes en plein-cintre, ornées de moulures anguleuses et d'une belle élévation; mais celles de la nef sont fortement inclinées vers l'intérieur. En général cette église est peu solide; plusieurs murs et pignons menacent ruine, et avant peu d'années il faudra la rebâtir. Il serait alors bien convenable de conserver les belles fenêtres qui existent, et de les replacer dans la nouvelle construction.

———

Nous aurions pu décrire un plus grand nombre d'églises, et parmi celles dont nous n'avons pas parlé, il y en a plusieurs qui nous auraient fourni au moins des détails intéressants. Les deux églises de Fougères, par exemple, et la façade d'une chapelle de l'hôpital de la même ville, contiennent des portions ornées dans le style des XIIIe, XIVe, XVe et XVIe siècles; mais elles se trouvent suffisamment décrites dans l'ouvrage que viennent de publier MM. Bertin et Maupillé. A Rennes, l'église Saint-Germain présente dans un ensemble de constructions de diverses époques, un tableau assez curieux des modifications qu'a subies l'architecture dans l'intervalle du XVe au XVIIe siècle; la chapelle Saint-Yves est le type le plus complet et le plus gracieux du style gothique fleuri que nous possédions à Rennes, malgré les couches redoublées de chaux et de badigeon dont les sculptures ont été abreuvées; mais nous espérons que l'auteur d'une notice très-remarquable sur l'ancienne cathédrale de Rennes, publiée il y a un an, dans le *Journal de Rennes*, continuera quelque jour ses travaux sur les édifices religieux de notre ville, et nous voulons lui en laisser tout l'honneur, bien persuadé qu'il s'acquittera beaucoup mieux que nous de ce travail. D'ailleurs nous avons déjà dépassé de beaucoup les bornes que nous nous étions tracées, et nous sentons la nécessité de ne pas les reculer davantage, au moins pour le présent. Plus tard, lorsqu'un certain nombre d'ecclésiastiques seront à lieu de concourir plus activement à un travail de ce genre, et que les registres de paroisses, si justement recommandés par l'autorité épiscopale, seront partout rédigés avec soin, il sera plus facile de compléter une statistique monumentale du diocèse, qui serait assurément un ouvrage plein d'intérêt et accueilli par tout le monde avec empressement.

APPENDICE

CONTENANT LA DESCRIPTION DE DIVERS OBJETS D'ARTS APPARTENANT AUX ÉGLISES DU DIOCÈSE, NON COMPRIS DANS LES NOTICES PRÉCÉDENTES, ET QUELQUES NOTIONS GÉNÉRALES SUR LA NUMISMATIQUE BRETONNE.

ORFÈVRERIES. — Le chapitre de Rennes possède une ancienne croix de procession en argent, or et émail, d'un assez grand prix (1). Les branches se terminent par des fleurons en quatre-feuilles, dont le centre renferme un médaillon autrefois émaillé et représentant d'un côté l'un des évangélistes, de l'autre un des grands docteurs de l'Eglise latine. Tous les Evangélistes sont accompagnés de leurs figures emblématiques : l'aigle de saint Jean, le lion de saint Marc, l'ange de saint Matthieu (celui-ci ayant écrit en hébreu, est représenté seul tenant une bande de parchemin ou *volumen*), et le bœuf de saint Luc. Les quatre docteurs sont : saint Grégoire, pape, portant la tiare, saint Augustin et saint Ambroise, le premier avec la mitre et la crosse, le second avec la mitre et une croix d'archevêque, enfin

---

(1) Cette croix, enlevée à une paroisse du diocèse pendant les troubles de la révolution, fut déposée avec d'autres objets aux archives de la préfecture. Retrouvée en 1818, elle fut remise à la disposition de l'évêque qui, n'ayant pu découvrir d'une manière positive à quelle paroisse elle avait pu appartenir, l'adjugea au chapitre de la cathédrale. Les autres objets, portant les noms des localités d'où ils provenaient ou reconnus par les anciens propriétaires, furent rendus immédiatement.

saint Jérôme, à demi-couvert d'une longue draperie. Le Christ porte, appliqué sur le sommet de la tête, un nimbe rempli intérieurement de rayons en forme de flammes; une plaque carrée fixée derrière sa tête, au centre de la croix, contient aussi un disque rayonnant. De chaque côté du Christ, se trouve une petite statuette de la Vierge et de saint Jean, nimbés de la même manière que le Sauveur, et portés sur des espèces de consoles en forme de cornes d'abondance, dont la pointe recourbée est fixée au pied de la croix. Derrière le Christ, au revers de la croix, est une image en demi-relief de saint Pierre. La croix repose sur une énorme boule autour de laquelle se détachent huit médaillons circulaires, dont les dessins gravés en creux étaient revêtus d'un léger émail presque entièrement enlevé. Ils contiennent les bustes du Sauveur, tenant d'une main le globe du monde et bénissant de l'autre, et de sept Apôtres accompagnés de leurs attributs : saint Jean tient un calice surmonté d'une colombe, saint Paul un glaive, etc. Le reste de la boule est orné de têtes de chérubins et d'ornements peu anciens. Nous ne croyons pas que ce travail, plus riche encore que gracieux pour la forme générale, puisse remonter au-delà des dernières années du XVII.º siècle.

Trois autres croix ornées à peu près de la même manière se trouvent dans les paroisses de *Montreuil-le-Gast, Saint-Rémi-du-Plain* et *Rimou*. Celle de Montreuil est la plus grande et la plus belle, elle porte la date 1586 et le nom de la paroisse en lettres émaillées sur les médaillons de la boule. Celle de Saint-Rémi est de 1551 ; la dernière, sur laquelle nous n'avons point lu de date, paraît du même temps que la précédente. Toutes trois sont beaucoup moins massives que celle de la cathédrale et les ornements en sont plus délicats.

La paroisse *Saint-Rémi* possède encore un calice à peu près de la forme de celui des Iffs. De petites colonnes en balustres entourent le support de la coupe au-dessus et au-dessous du nœud; des rayons et des flammes s'étendent sur toutes les parties saillantes et arrondies, le dessous de la coupe, le nœud et le pied. Un petit crucifix, accompagné de la sainte Vierge et de saint Jean, se détache en relief sur le pied; la coupe est évasée et large. Le nœud porte huit médaillons où on lit en lettres émaillées : *De la paroisse Saint-Rvmy*. La patène est ornée aussi de flammes et de rayons qui entourent un cercle dans lequel est gravée en creux la figure du Sauveur, les mains étendues, et portant une chape qui laisse voir la plaie du côté droit. Les pieds reposent sur la boule du monde et le corps est assis sur un arc-en-ciel. Toute cette figure est environnée d'une auréole rayonnante, et de la tête partent trois gerbes de rayons. A l'intérieur de la patène on voit la Vierge et l'enfant Jésus gravés en creux, avec le nimbe uni pour la mère et une espèce de couronne sur la tête de l'enfant.

Deux autres calices du même temps environ mais un peu moins ornés, appartiennent aux églises de *la Chapelle-Saint-Aubert* et *Notre-Dame* de Vitré. Nous en avons vu un autre semblable encore à la chapelle du château de *Saint-Brice*, et un plus récent mais beaucoup plus riche et plus orné de sujets ciselés, au château de *Blossac*. Le plus curieux et le plus ancien que nous connaissions dans le diocèse, est celui de *Saint-Marc-sur-Couësnon*. Il annonce par son ornementation gothique la fin du xv.ᵉ siècle. La coupe est large de 13 centimètres et profonde de 7 environ, la hauteur totale est de 20 centimètres. De légères feuilles imitant celles de l'acanthe, se détachent au-dessous de la coupe et sur la partie convexe du pied; le nœud est gros et orné d'espèces de cabochons en émail bleu-foncé, et de rayons flabelliformes. Entre la coupe et le nœud, des ciselures à jour affectent la forme d'arcatures couronnées de frontons aigus et bordés d'expansions végétales. Au-dessous, des niches décorées de la même manière et séparées par de petits contre-forts étagés, contiennent huit apôtres ciselés en grand relief, nimbés et reposant sur de petits supports en culs-de-lampe. Enfin, le pied lui-même qui n'a pas moins de 17 centimètres de largeur, se découpe en lobes à pointes mousses et bordés d'un rang de petites rosaces en quatre-feuilles d'une extrême délicatesse.

Tous ces calices sont en vermeil et dans un bel état de conservation, surtout le dernier. Il en existe aussi en argent, qui peuvent remonter au XVII.ᵉ siècle; le nœud ordinairement est orné de têtes saillantes de chérubins et une espèce de virole qui précède le pied, est entourée de perles; M.ᵍʳ l'évêque de Rennes en possède un de ce genre dont le pied et la patène sont enrichis de sujets et de figures très-habilement ciselés. En général, ils sont peu élevés et beaucoup plus commodes que les nouveaux qui ressemblent plus à des flambeaux qu'à des coupes, et dont les bords doublés d'un petit bourrelet saillant, sont extrêmement incommodes pour épuiser la coupe ou trop profonds pour la purifier aisément.

CHASSES ET RELIQUAIRES ANCIENS. — Nous avons déjà dit un mot de deux châsses en cuivre appartenant à l'ancienne abbaye de S.-Méen : elles ont environ 50 c.

de long sur 30 de hauteur, et 12 ou 15 de large. Elles sont ornées d'arcatures et de pinacles dans le style du gothique de troisième période; l'une d'elles, plus ornée que l'autre, présente sur les faces latérales les images des apôtres et évangélistes dessinées en creux et accompagnées de légendes en vers latins, que nous regrettons de ne pouvoir donner ici. Les caractères sont gothiques et assez faciles à lire.

L'église de *Saint-Gondran* possède deux petits reliquaires en argent émaillé par endroits : l'un est une croix enrichie de pierres fines dont nous ignorons la valeur, et portant sur le revers une assez longue inscription dont le sens, autant qu'il nous en souvient, indique que la relique contenue dans cette croix est une pierre du saint sépulcre; l'autre est attachée à la première au moyen d'une chaînette en argent, et n'est autre chose qu'une boîte plate aussi en argent et sans importance pour la forme. La croix n'a guère plus de 12 à 15 c. de long.

A *Chienné* (autrefois *Saint-Georges enchaîné*, pendant la révolution, *Chaîné*), il existe un charmant petit reliquaire en argent doré en partie, monté sur un pédicule en forme de colonnette reposant sur un socle octogone. Il consiste en trois tourelles dans le style de la renaissance; celle du centre plus grande que les deux autres, est une fiole en verre reposant immédiatement sur le chapiteau ou couronnement du pédicule, et recouverte d'une bordure de créneaux et d'un toit pyramidal orné d'imbrications. De chaque côté de la principale tourelle s'en élève une autre plus légère annelée à la moitié de sa hauteur, terminée en cul-de-lampe, crénelée et couronnée comme la première. Celles-ci se relient à l'autre en bas, par une courtine, et en haut par une double bande recourbée en console. Le vase de verre contient deux phalanges et un autre petit ossement d'une main très-forte, puis un linge teint d'une couleur lie de vin. On lit sur le pied, en caractères gothiques du xvi.ᵉ siècle, *G. Durochier.* C'est probablement le nom du donateur. On croit que ces reliques sont de saint Georges, patron de la paroisse, mais on n'en a point l'authentique, et le reliquaire ne porte ni sceau d'évêque ni cachet.

La châsse que nous possédons est plus précieuse par son antiquité que les reliquaires précédents ; elle est en cuivre rouge très-épais et de la forme d'un coffret porté sur quatre supports de même métal et faisant corps avec les côtés de la caisse. Le couvercle est en dos d'âne attaché par deux charnières très-solides et fermé en avant au moyen d'une broche entrant dans le fermoir et la boucle qui le traverse. La longueur de la châsse est de 14 c., la largeur de 6 seulement, et la hauteur, y compris les pieds, de 11 c. Sur chacun des grands côtés, on voit trois médaillons sur la caisse, et trois sur le couvercle : ces médaillons se détachent sur un fond d'émail bleu-ciel relevé d'enroulements d'or, et se composent d'un cercle rouge contenant un fond blanc sur lequel un ange s'élève à mi-corps sur des nuages verts bordés d'or ; le visage de l'ange, ses vêtements, ses ailes sont gravés en creux et dorés, ainsi qu'un cercle autour du nimbe qui entoure sa tête et dont le fond est vert. Toutes ces couleurs sont en émail très-solide ; le même sujet se répète sur tous les médaillons qui sont au nombre de quatorze, en y comprenant les deux des petits côtés du coffre. Enfin, trois boutons ciselés en relief et régulièrement espacés, décorent le faîte du couvercle. Cette petite châsse byzantine qui, peut-être, date du XII.ᵉ siècle, est dans un état parfait de conservation. Nous n'avons aucun renseignement sur son origine.

BAS-RELIEFS EN ALBATRE ET EN PIERRE. — A l'église de *Nouvoitou*, peu remarquable d'ailleurs, on trouve un retable d'autel dans la chapelle de la sainte Vierge, plus curieux à lui seul que l'église entière : les bas-reliefs qui le composent sont en albâtre peint et doré dans différentes parties. Le sujet qui décore la porte du tabernacle représente Dieu le Père portant la tiare et le nimbe, et vêtu d'une tunique et d'une large draperie qui pend sur les genoux; d'une main il tient le globe surmonté de la croix, de l'autre il bénit à la manière grecque. Entre ses genoux il tient son Fils en croix, et sur sa poitrine on remarque un trou dans lequel devait être fixée anciennement une colombe figurant le Saint-Esprit, troisième personne de la sainte Trinité, ainsi représentée. Six anges les environnent, deux agitent des encensoirs près de la tête du Père; deux, sur la tête desquels il appuie ses pieds, reçoivent dans un calice d'or le sang qui coule des pieds du crucifix, et les deux autres celui qui s'échappe des mains.

Le bas-relief qui fait le côté droit du tabernacle représente le mystère de l'Annonciation, le Père soufflant son Verbe dans l'oreille de la Vierge; du côté de l'épître, l'adoration des Mages; plus loin, sur le retour, est sainte Barbe près de la tour et un autre petit saint. Au côté gauche du tabernacle, on voit encore la Trinité sous la forme de trois personnes assises l'une auprès de l'autre; aux pieds du Père éternel est la Vierge également assise devant lui et recevant de ses mains une triple couronne. Deux petits anges sont en adoration plus bas, et au sommet est un dais composé de pinacles et d'aiguilles comme au-dessus de tous les autres bas-reliefs.

Le suivant qui répond à l'adoration des Mages, figure encore la glorification de la Vierge : elle est debout, environnée de l'auréole en amande, et porte une couronne d'or. Au-dessus d'elle apparaît Dieu le Père, comme sur le premier sujet, et six anges, dont deux jouent de la harpe et de la cithare, tandis que les quatre autres soutiennent l'auréole lumineuse qui environne la Vierge. A ses pieds, un saint personnage agenouillé lui fait hommage d'une espèce de ceinture, symbole de sa chasteté. Sur le retour du retable, un peu à gauche, sont le Bon-Pasteur et saint Laurent.

Tous ces bas-reliefs ne sont probablement que les débris d'un retable appartenant autrefois au maître-autel qui dut être refait à la fin du xv.ᵉ siècle, en même temps que le sanctuaire de l'église reconstruit à cette époque, comme on le voit d'après une inscription gravée sur une pierre d'ardoise encastrée dans le mur nord et qui contient les rimes suivantes :

> *Mil quatre cent quatre vingt six,*
> *Pour le profit des morts et vifs,*
> *Fut refait tout de nouveau*
> *L'édifice de ce chanceau.*
> *Lors thésoriers estaient pour voir*
> *Gillet Maulyendre et Jehan Maulnoir.*

Au presbytère de *La Mézière* il existe un bas-relief dans le même style que le précédent et aussi en albâtre. Il représente la Résurrection. Il est malheureusement un peu mutilé.

A l'église de *La Chapelle-des-Fougerets* se trouve sur

le tabernacle d'un petit autel un groupe sculpté en pierre tendre, représentant la Mère de douleur tenant le corps de son Fils qu'on vient de descendre de la croix ; saint Jean et un autre disciple l'assistent, des anges soutiennent les pieds et une main du Sauveur, elle-même tient l'autre main élevée et semble prête à la baiser. Il est remarquable que, selon la coutume des Juifs de ne pas toucher à un cadavre, ou bien par un sentiment de respect plus délicat encore, ni la Vierge, ni les anges ne touchent la chair du Sauveur qu'avec les draperies qui leur servent de vêtement. Cette composition qui peut dater du commencement du XVI.ᵉ siècle est empreinte d'une dévotion pure et d'un vif sentiment de douleur.

Dans l'intérieur du tombeau de ce même autel on voit une autre sculpture aussi de pierre et probablement du même artiste, quoiqu'elle semble annoncer une date un peu plus récente : c'est l'ensevelissement du Sauveur. Plusieurs disciples procèdent à l'embaumement ; la Vierge, saint Jean et trois femmes pieuses portent des vases de parfums. L'un des personnages porte un sabre au côté, un autre une escarcelle ; tous ont de longues barbes et sont coiffés de toques relevées en pointe sur le front ou de bonnets phrygiens.

Les fonts baptismaux de la même église sont assez curieux : il n'y a qu'un grand bassin de forme octogone, assez profond et porté sur un pédicule de même forme ; mais une piscine y est jointe : elle est moins élevée et soutenue par une colonnette assez élégante. Quelques restes de vitraux se voient dans une des fenêtres ; on reconnaît un Christ en croix et un saint Pierre en grande dimension.

L'église remaniée à diverses époques est peu curieuse

et singulièrement orientée. Il y reste quelques anciennes gargouilles très-originales et des armoiries répétées dans différents endroits, mais dont il serait impossible de décrire les couleurs ; l'écu porte une bande chargée de trois besants.

Dans l'église d'*Épiniac*, près Dol, église en grande partie romane, nous avons vu un bas-relief en bois peint et doré représentant la mort de la sainte Vierge ; les apôtres environnent son lit et lui administrent les derniers sacrements ; l'un d'eux porte une énorme paire de lunettes ; un ange descend du ciel pour inviter la Vierge à y monter ; des personnages en grands costumes de seigneurs et de grandes dames, représentant apparemment la famille des donateurs, entrent avec respect dans son appartement et viennent lui offrir leurs hommages. Au bas de l'église, une ancienne boiserie environnant les fonts baptismaux présente d'élégantes sculptures. Ces deux objets ne paraissent pas devoir remonter au-delà du xvi.ᵉ siècle.

Il existe encore dans beaucoup de paroisses du diocèse d'anciennes statues en bois que nous ne saurions décrire ici, mais que l'on verra avec plaisir, comme d'anciens types de l'art des xiv.ᵉ et xv.ᵉ siècles. Elles sont reconnaissables à leur raideur et aux petits plis de leurs draperies ; la plupart sont maintenant conservées dans les greniers ou les combles des sacristies et des églises.

TABLEAUX. — Nos églises sont peu riches en bons tableaux anciens ou modernes ; en voici quelques-uns qui nous ont semblé plus dignes de remarque et de soins. A *Dol,* dans la chapelle Saint-Samson, un tableau de l'enfant Jésus et saint Jean, puis un autre du bon Samaritain ; le premier surtout est très-précieux. A *La*

Chapelle-des-Fougerets, un petit tableau qui décore le fond du maître-autel et représente la Résurrection mériterait être plus en vue. A *Renac,* il existe aussi au grand autel un tableau dont nous ne nous rappelons pas bien le sujet, mais qui est d'une couleur et d'une touche extrêmement vigoureuse. Au presbytère de *Servon,* on conserve dans la salle à manger un tableau de saint Pierre, qui est certainement original et d'une bonne école; au *Rheu,* on en voit un aussi représentant le même apôtre, mais que nous croyons inférieur au premier. A *La Chapelle-Bouexic,* nous avons vu, ou plutôt nous avons cru voir, plusieurs tableaux de prix et d'une belle dimension, mais tellement couverts de cette espèce de poussière blanche que produit le vernis, lorsque les toiles sont exposées à l'humidité, qu'il nous a été impossible d'en découvrir les sujets. Nous profitons de l'occasion pour engager les ecclésiastiques à ne pas permettre au premier venu de revernir les tableaux de leurs églises et encore moins de les restaurer; souvent il vaut mieux garder tel qu'il est un tableau endommagé en quelque chose, que de l'exposer à perdre tout son prix par suite d'une restauration mal exécutée et qui est quelquefois impossible. A *Mécé,* l'église, très-peu intéressante par son architecture, est ornée de tableaux qui ne sont pas des chefs-d'œuvre, mais qu'on peut mettre au-dessus de la plupart de nos peintures de campagne. Un tableau d'assez grande dimension représente la mort de saint Joseph, assisté de Notre-Seigneur et de la sainte Vierge; au bas, on voit un saint évêque tenant un cœur à la main, et de l'autre côté une sainte martyre. Un second représente l'adoration des bergers; un troisième, la fuite en Égypte; un quatrième, la Vierge avec l'enfant Jésus, accompagnés de deux anges.

Sculptures en bois. — Nous signalerons en particulier un porche de l'église de *Melesse* qui présente encore de curieux détails de sculptures de l'époque de la renaissance. A *Tinténiac*, une porte sculptée, du xv.° siècle probablement, donnant sous les curieuses arcades formant l'entrée au sud de l'église. A *Rimou*, des poutres, filières et autres boiseries précieuses. A *Sens*, quelques poutres traversant l'église. A *Lanouaye*, un entourage de fonts baptismaux, dont plusieurs panneaux contiennent d'assez belles sculptures à jour. Au château d'*Epinay*, paroisse de Champeaux, une porte sculptée au bas d'une tourelle. A *Saint-Yves* de Rennes, des filières et des poutres enrichies de sculptures variées. A *La Mézière*, un porche comme à Melesse, mais moins curieux. A *Iffendic*, il existait il y a quelques années deux grands reliquaires, l'un en pierre, l'autre en bois, sculptés dans le style du commencement de la renaissance, de forme pyramidale et très-élégante; ils ont été maladroitement détruits pour pouvoir placer six ou huit chaises de plus dans l'église.

Vitraux peints. — La paroisse de *Saint-Gondran* possède une verrière du commencement du xvi.° siècle, qui est peut-être la plus entière et la mieux conservée sous tous les rapports, que nous ayons dans le diocèse. Elle remplit la grande fenêtre du chevet de l'église et contient en un grand nombre de panneaux l'histoire de la passion de Notre-Seigneur. Le dessin est pur et plein de noblesse; beaucoup de têtes semblent imitées des meilleurs maîtres, les draperies sont habilement agencées et le coloris est encore d'une grande richesse.

On retrouve à *La Baussaine* à peu près la même verrière, et à la même place que dans l'église précédente; seulement il est à regretter qu'un retable d'autel assez mesquin en couvre une grande partie. Dans une ou deux autres fenêtres au nord de la nef, on admire des fragments d'autres vitres aussi très-remarquables, quoique peut-être un peu plus récentes; on y reconnaît encore quelques sujets de l'ancien Testament traités d'une manière originale et curieuse, mais la plupart incomplets.

A *Saint-Symphorien*, l'histoire des souffrances de l'Homme-Dieu est aussi représentée dans la grande fenêtre orientale de l'église, mais moins heureusement que dans les précédentes.

L'église de *Moulins* a conservé deux précieuses verrières : l'une contient *un arbre de Jessé* dont l'ingénieuse image se retrouve assez rarement dans notre pays. Le patriarche est couché au bas du tableau ; de son sein partent les rameaux sur lesquels on voit apparaître les divers ancêtres du Christ, selon l'ordre généalogique, et dans le haut, une dernière tige laisse éclore une fleur gracieuse du calice de laquelle semble sortir la rose mystique, Marie tenant dans ses bras le rejeton béni des saints patriarches. L'autre vitre représente encore divers traits de la vie de la sainte Vierge, autant que nos souvenirs nous le rappellent, et dans le tympan de l'ogive est peinte l'Assomption de la reine des cieux que les anges introduisent dans son glorieux séjour.

La Mézière. Au chevet de l'église existait une fenêtre en ogive dont on a fait, il y a peu d'années, une ouverture carrée et d'assez petite dimension, pour cadrer avec la forme du nouvel autel. On y a replacé avec beaucoup de soin les débris de l'ancienne verrière qui représentait les diverses scènes de la passion. Elle ne se compose plus que de six panneaux, contenant l'arrestation du Sauveur au jardin des Olives, sa présentation devant Pilate qu'on voit se lavant les mains; le portement de croix, le crucifiement, l'érection de la croix et la descente de croix. Ces tableaux bien conservés rappellent ceux des Iffs et de Saint-Gondran.

L'église est en grande partie de la fin du xv.ᵉ siècle; le seul mur nord de la nef est plus ancien. Un porche en bois, portant la date 1593 avec les noms des marguilliers du temps, précède la porte méridionale. Il est peu orné de sculptures.

Dans le cimetière, deux pierres tumulaires, dont une surtout doit être très-ancienne, et porte une inscription en lettres onciales, méritent de fixer l'attention des paléographes.

La Chapelle-Janson. Deux fenêtres de l'église contiennent de très-belles verrières du xvi.ᵉ siècle, mais malheureusement très-endommagées. Dans celle du chevet, on retrouve 1.° Job étendu sur son fumier; 2.° le sacrifice d'Abraham, en deux panneaux; 3.° la Vierge et l'enfant Jésus; un ange présente une croix au Sauveur et un glaive transperce le cœur de sa mère; 4.° le prophète Elie reçoit le pain qu'une *levrette* lui apporte de la part de Dieu, et un ange lui adresse les paroles: *Surge et manduca…;* 5.° saint Lezin, évêque d'Angers, bénit une jeune femme richement parée et agenouillée devant un livre; c'est le patron de la paroisse, et sans doute la donatrice de la vitre; 6.° dans le haut de la fenêtre, l'Annonciation en deux panneaux.

Dans la fenêtre du transept nord, 1.° une abbesse de Saint-Georges, mitrée et crossée, en tunique et en chape (la paroisse dépendait de l'abbaye de Saint-Georges de Rennes); 2.° un personnage, portant le gourdon de pèlerin, présente une dame dont le vêtement porte un reste d'armoiries où on voit une demi-aigle déployée, de sable ; elle est aussi agenouillée devant un prie-Dieu. A sa suite, un archevêque tenant en main une double croix, présente un chevalier portant sur son écu une aigle entière déployée. Ce sont probablement les donateurs que leurs patrons accompagnent ; 3.° la Vierge, l'enfant Jésus et l'agneau ; 4.° un religieux revêtu du rochet romain bordé d'une fourrure, à genoux encore devant un livre ; un petit ange soulève sur sa tête une draperie ; auprès, un sujet confus et incomplet ; 5.° dans les deux rayons les plus élevés, la mort de la Vierge : saint Pierre lui donne l'extrême-onction, tous les autres apôtres l'environnent avec la croix, le bénitier et l'encensoir ; saint Jean dépose une palme dans ses mains ; 6.° dans le tympan on retrouve les mêmes armoiries qu'en bas, plus un lion dont la partie supérieure est de gueules et l'autre de sinople, puis le couronnement de la Vierge, et des anges jouant des instruments de musique.

L'église n'offre rien de remarquable sous le rapport de l'architecture.

Romillé. Une belle fenêtre, ornée de nervures en forme de cœurs, contient une verrière où se trouvent la date de 1555 et celle de 1660, indiquant probablement une restauration faite à cette dernière époque. La légende de saint Martin y est représentée en dix-sept panneaux avec tout le brillant coloris et la pureté de dessin du XVI.° siècle : 1.° saint Martin, le genou en terre et une épée à la main, prête le serment militaire au milieu d'une troupe de guerriers ; 2.° il partage son manteau avec un pauvre qu'il rencontre à la porte d'Amiens ; 3.° pendant son sommeil, il voit le Sauveur qui lui apparaît revêtu du manteau qu'il a donné la veille ; 4.° il reçoit le baptême de la main d'un évêque.

il porte une draperie seulement autour des reins; 5.° il reçoit la tonsure et l'habit monastique, agenouillé aux pieds d'un évêque; 6.° un archevêque, la croix en main, lui donne la consécration épiscopale; 7.° pendant qu'il offre le saint sacrifice, un globe de feu brille sur sa tête et un ange tient dans une draperie, au-dessus de l'autel, ses pieuses offrandes; 8.° écrivant sur une table couverte d'un tapis, il regarde un démon qui s'enfuit et laisse tomber une de ses jambes; 9.° il paraît en présence de l'empereur, vieillard à longue barbe, la tête couverte d'une espèce de turban relevé sur le sommet, couvert d'un manteau d'hermines et de pourpre, et le sceptre à la main; 10.° il ressuscite un personnage qui semble sortir de son cercueil et rendre grâce de sa résurrection au saint; 11.° debout, en chape et la crosse à la main, il fait le signe de la croix sur un démon qui vient le tenter sous la figure d'une femme impudente; 12.° il bénit un jeune homme qu'on lui présente; l'empereur avec son riche costume est présent à cette scène; 13.° dans les cœurs du tympan, le saint à genoux et les mains jointes prie avec ferveur; le Saint-Esprit plane sur sa tête et un ange se tient debout derrière lui; 14.° revêtu d'un habit de moine, il est étendu sur la cendre et rend le dernier soupir; un évêque est debout près de lui; 15.° une procession composée de trois évêques et de moines en blanc semble aller à la rencontre du corps; 16.° et 17.° un vaisseau vogue sur la Loire, et est rempli de personnages pieux qui accompagnent la dépouille mortelle du saint évêque. Il manque plusieurs figures dans ce dernier tableau. Toute cette légende est peinte avec soin et en petite dimension. La plupart des tableaux sont entourés d'ornements dans le style de la renaissance.

L'église de *Romillé* présentait à peu près la forme d'une croix grecque avant qu'on eût ajouté au sud une chapelle qui en détruit la régularité. Elle est généralement du XVI.ᵉ siècle ; seulement on remarque au centre des piliers assez bas avec des colonnes engagées qui sembleraient d'une époque plus ancienne.

Louvigné-de-Bais possède une jolie église du XVI.ᵉ siècle en grande partie ; elle a beaucoup de rapport avec celles de Bais et de Domalain ; mais ce qu'elle a de mieux, ce sont des lambris en bois qui servent de voûtes et qui sont beaucoup mieux exécutés que dans nos autres églises. Ce qu'il y a surtout de remarquable dans celle-ci, c'est un certain nombre de verrières très-précieuses encore, quoique bien mutilées.

Dans la fenêtre du chevet, on voit la Transfiguration peinte en assez grande dimension. La tête du Christ est un peu trop celle d'un enfant, mais la draperie blanche qui l'enveloppe est d'une teinte et d'un dessin admirables. Les apôtres qu'on voit à ses pieds sont moins bien dessinés ; Moïse et Elie sont beaucoup mieux. Le haut du tableau représente un frontispice dans le style de la renaissance avec des anges tenant des écussons dont les armoiries sont effacées, puis le Père éternel prononçant les paroles : *Hic est Filius meus....* Dans le bas, on voit un guerrier dont la cuirasse est couverte d'hermines, et un roi la couronne sur la tête et le sceptre à la main.

La première fenêtre au nord contient l'histoire de la sainte Vierge en neuf panneaux : son mariage, l'Annonciation, la Visitation, l'adoration des Mages, le massacre des Innocents, la fuite en Egypte, la mort de la Vierge, son Assomption et son couronnement. Le tout est surmonté d'une ornementation composée de pinacles, de clochetons et de frontons à la manière du gothique de la dernière phase. Dans le tympan, des anges jouent de divers instruments. On retrouve dans cette première vitre deux écussons échiquetés *d'or et gueules*, et un autre en losange *d'argent à la croix épatée de sable*.

Au bas de la seconde fenêtre, des anges tiennent des écussons effacés et un autre un cartouche, sur lequel on lit ce texte de Zachée : *Emisit vinctos de lacu in quo non erat aqua*. Le sujet de cette verrière est très-remarquable et ne se trouve nulle part ailleurs dans nos églises, si ce n'est, peut-être, dans une vitre extrêmement délabrée de l'église de La Baussaine. C'est la grande histoire de la Rédemption : un premier groupe se compose d'Adam et d'Eve tenant dans leurs mains le fruit fatal et suivis de leur postérité compromise par leur faute, et déchue comme eux de leurs droits. Tout auprès, le Rédempteur tient d'une main sa croix d'où pend un oriflamme rouge à la croix blanche, et dont il enfonce le pied dans la gueule d'un monstre de couleur violacée et de forme épouvantable. Il présente l'autre main aux âmes détenues dans une prison en forme d'une large tour circulaire et crénelée, d'où elles s'échappent avec un indicible empressement en disant ces mots écrits sur une banderole : *Advenisti desiderabilis*. Au-dessus d'elles se dresse menaçante une horrible tête de dragon ailé et armé de griffes de lion. Il est rouge comme le feu de l'enfer. Des flammes s'élèvent au-dessus des murailles de la tour, et plus haut, dans le cintre de l'arcade peinte qui encadre le tableau, on voit une foule de petits démons de diverses couleurs mêlés à des fruits. De charmants arabesques, des colonnes torses et de petits génies décorent le contour. Un cartouche, passé en sautoir sur le fût d'une colonne, porte la date de 1567, et un autre au côté opposé, les noms : *Richard Allaires*, probablement ceux du fabricant. Le nimbe qui entoure la tête du Christ est crucifère, et ce sont des fleurs de lis allongées qui forment la croix. Le dessin de cette verrière n'est pas généralement très-pur, les figures sont d'assez grande dimension et le coloris peu harmonieux.

La troisième fenêtre présente en six tableaux l'histoire de saint Jean-Baptiste : 1.° Zacharie agenouillé devant l'autel, en habits sacerdotaux, écoute les paroles de l'ange qui lui annonce de la part de Dieu la naissance de son fils, et la preuve de sa prédiction qui sera en même temps le châtiment de son peu de foi ; 2.° la naissance de saint Jean. On voit au fond d'un appartement la mère du Précurseur couchée sur un lit entouré de riches draperies et une femme âgée qui lui donne ses soins ; puis, sur le devant, deux autres matrones tiennent l'enfant qu'elles lavent dans un large bassin ; 3.° Zacharie, environné de ses parents, écrit avec un stylet le nom que doit porter son fils ; ce sujet surtout est parfaitement traité ; 4.° la prédication de saint Jean-Baptiste, entouré d'un groupe de personnages assis autour de lui ; un autre groupe semble se composer des envoyés des Juifs venant lui demander s'il est le Messie ; 5.° le baptême de Notre-Seigneur avec l'apparition du Saint-Esprit sous la forme d'une colombe ; 6.° saint Jean décapité par les ordres d'Hérode : un bourreau présente la tête à Hérodiade et le corps tout sanglant gît à ses pieds. Le haut de la vitre est décoré de génies tenant en main le globe du monde. Le tout est d'une grande richesse de couleur ; les ombres sont d'un rouge carminé et transparent ; tous les tons jaunes sont brillants d'or.

Aux côtés de la grande porte deux fenêtres sont encore enrichies de vitraux fort remarquables. L'une contient une généalogie de Notre-Seigneur dans le genre de l'arbre de Jessé de *Moulins*, mais très-incomplète; l'autre représente la Résurrection. Malheureusement ces deux verrières sont à moitié brisées, et de nombreux verres blancs remplacent des portions considérables de ces belles peintures.

Iffendic. Au chevet de l'église une grande et belle fenêtre contient la représentation du Sauveur en croix. Les deux larrons sont à ses côtés et les saintes femmes sont debout ou agenouillées à ses pieds. C'est encore une magnifique verrière du xvi.ᵉ siècle, bien endommagée, à la vérité, mais quoique cela très-précieuse.

Chevaigné. La fenêtre orientale contient de très-beaux restes de vitraux peints de 1550. Des armoiries multipliées occupent le tympan de l'ogive : au-dessous, on reconnaît l'ensevelissement de Notre-Seigneur. Les personnages les mieux conservés sont : le Sauveur, la sainte Vierge, saint Pierre et Joseph d'Arimathie. Aux pieds du Christ, on voit le donateur vêtu en chevalier et présenté par un religieux. Toutes ces figures sont de grande dimension, d'un bon dessin et d'un riche coloris.

Lanouaye. La paroisse de Lanouaye a pour patron saint Etienne, premier martyr ; c'est son histoire qui est peinte dans la fenêtre orientale de l'église. Le dessin peu régulier et plus simple que dans les précédentes nous fait penser que cette vitre pourrait être du xv.ᵉ siècle.

Tels sont les objets d'art que possède à notre connaissance le diocèse de Rennes. Il en existe peut-être un plus grand nombre, mais nous croyons avoir vu et signalé ce qu'il y a de plus remarquable. Si nous ne sommes pas aussi riches que d'autres, c'est une raison de plus pour nous de garder précieusement ce que nous possédons et de ne plus détruire ou aliéner, sous divers prétextes, ce que nous ont légué nos pères dont la foi, plus encore que les ressources pécuniaires, avait trouvé moyen de décorer nos églises d'une manière bien supérieure à ce que nous pouvons ou voulons faire aujourd'hui. Du moins, sachons conserver leurs œuvres aussi long-temps que possible, s'il ne nous est pas donné de mieux faire.

NOTIONS GÉNÉRALES DE NUMISMATIQUE,
APPLIQUÉES A LA NUMISMATIQUE BRETONNE.

L'ouvrage qui précède ces quelques pages a pour but de faire apprécier l'importance de nos antiques monuments religieux aux prêtres, appelés, par la nature même de leur mission, à la conservation de ces monuments.

Mais tout n'est pas fait pour la science, quand l'église et la chapelle ont été sauvées d'une ruine prématurée, ou d'une réparation maladroite : il ne faut pas que des monuments, souvent d'une haute importance historique, quoique d'une valeur minime en apparence, je veux parler des monuments antiques, passent inaperçus entre les mains du seul homme quelquefois qui soit en état de les apprécier, je veux parler du prêtre d'une paroisse rurale.

Une instruction abrégée sur la numismatique me semble donc le complément naturel d'un ouvrage d'ar-

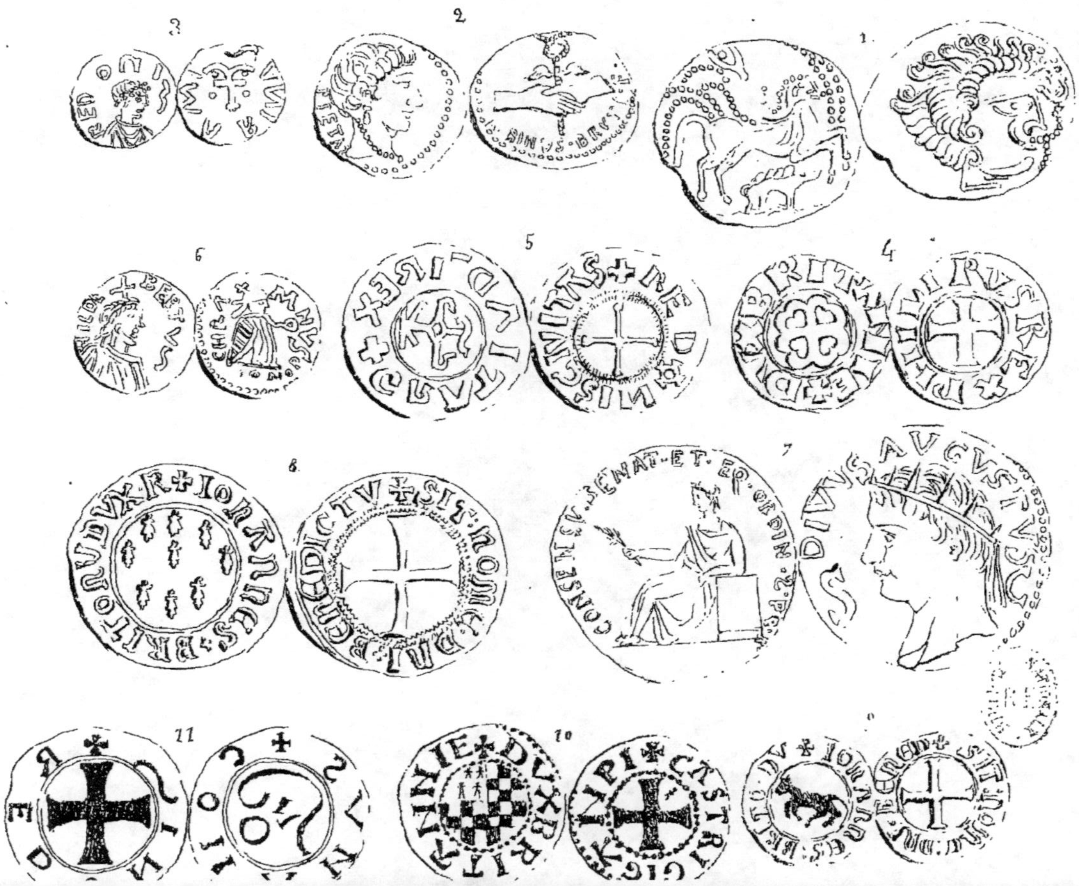

chéologie architecturale ; et comme ce traité d'archéologie est spécialement destiné au diocèse de notre département, j'aurai pour but spécial de mettre chacun en état de reconnaître et de classer les différentes monnaies antiques que l'on rencontre le plus fréquemment dans l'Ille-et-Vilaine. Les monnaies bretonnes étant les plus importantes pour notre histoire locale, j'insisterai plus longuement sur leur classification et leur attribution.

Par monnaies anciennes et du moyen-âge, on entend toute monnaie frappée depuis les temps les plus reculés jusqu'à l'an 1452, où commence, avec la chûte de l'empire grec de Constantinople, l'histoire moderne.

Les monnaies anciennes et du moyen-âge que l'on rencontre le plus souvent dans l'Ille-et-Vilaine, et qu'il est le plus utile de connaître, peuvent se diviser en quatre classes : les *gauloises*, les *romaines*, les *françaises*, les *bretonnes*.

Monnaies gauloises. — Elles sont rarement d'or pur, plus souvent d'or allié à l'argent, ou *electrum*; d'argent allié au cuivre ou *potin*; enfin de cuivre.

Elles affectent généralement la forme d'une lentille de deux centimètres de diamètre, un peu concave sur l'une des faces. Le côté bombé présente communément une tête d'un dessin très-barbare, à la chevelure épaisse et bouclée en nombreux anneaux. Sur la face concave un animal fantastique demi-cheval, demi-dragon, est tantôt seul, tantôt surmonté d'un cavalier, tantôt attelé à un char qui porte un personnage également fantastique. Entre les jambes du cheval sont tantôt des personnages, tantôt des signes et des attributs encore inexpliqués (V. fig. I).

Monnaies romaines. — D'un travail bien différent des

précédentes, elles plaisent généralement à l'œil, surtout dans les bons temps de l'art. Sous le rapport des époques, elles se divisent en *consulaires* et *impériales* du *haut* et du *bas-empire*.

Les *consulaires*, frappées sous la république par les familles (*gentes*) les plus puissantes, patriciennes ou plébéiennes, sont pour la plupart en argent fin, de la grandeur et de la valeur d'une pièce de 50 centimes à 1 franc. Elles portent, d'un côté, une tête allégorique, ou de divinité païenne; de l'autre, des emblêmes religieux ou guerriers; une victoire couronnant un trophée; un triomphateur porté sur un char à quatre ou à deux chevaux (*bige*, *quadrige*). Sur chacune des faces, ou sur l'une seulement, sont des inscriptions qui donnent le nom de la famille à laquelle appartient la pièce, ou celui d'un des personnages qui ont illustré cette famille (V. fig. II) (1).

À partir du règne d'Auguste, les monnaies romaines sont dites *impériales*. Elles portent d'un côté la tête de l'empereur, de l'autre une allégorie flatteuse pour lui, ou pour le peuple romain. Nous donnons pour exemple l'apothéose d'Auguste, faite, dit la médaille, du consentement du sénat, de l'ordre équestre et du peuple romain : CONSENSU. SENAT. (*us*). ET. EQ. (*uestris*). ORDIN. (*is*). P. (*opuli*). Q. (*ue*). R. (*omani*). (V. fig. 7).

Les monnaies impériales du *haut empire* s'étendent d'Auguste à Caracalla : c'est l'époque la plus florissante pour l'art et la pureté des métaux. De Caracalla à

---

(1) Médaille frappée par Albinus, fils de Brutus, en mémoire de son père. Tête de la piété avec PIETAS; caducée et mains entrelacées, avec ALBINVS. BRVTI. F. (*ilius*).

Théodose, les monnaies sont dites du *bas-empire*. A cette période se rapportent les monnaies des tyrans ou usurpateurs dans les provinces, non reconnus à Rome, monnaies très-barbares que l'on rencontre assez communément, et dont l'aspect se rapproche des monnaies mérovingiennes indiquées fig. III et VI.

Après Théodose, qui divisa l'empire en deux Etats, qui eurent pour capitale, l'un Constantinople, l'autre Rome, les monnaies deviennent les unes *byzantines* ou *grecques*, les autres *latines*.

Sous le rapport du métal et du module, les monnaies romaines se divisent en or, argent, bronze.

L'or et l'argent ont trois modules : le grand module (diamètre d'une pièce de 1 fr.); le module ordinaire (diamètre d'une pièce de 50 cent.); le petit module ou *quinaire* (diamètre d'une pièce de 25 cent.).

Le bronze se divise en grand bronze (diamètre de nos décimes); moyen bronze (diamètre de nos pièces de 5 centimes); petit bronze (diamètre de nos centimes, quelquefois plus petit dans le bas-empire, plus grand dans le haut-empire).

Les abréviations les plus importantes que l'on remarque sur toutes ces monnaies sont celles de : IMP. (*erator*); AVG. (*ustus*); PONT. (*ifex*) MAX. (*imus*); TR. (*ibunitia*) P. (*otestas*) ; COS. (*ul, consul*). COSS. (*ules, consules*); CAES. (*ar*); TI. (*berius*); S. (*enatûs*) C. (*onsulto*).

Monnaies françaises. — 1.re race. — Les monnaies de la première race de nos rois, dites *mérovingiennes*, sont *toutes en or* et assez rares. Elles sont de deux modules différents : le *sol d'or* et le 1/3 de sol.

De ces médailles, les unes sont frappées par le prince lui-même, et elles portent la tête du souverain ornée d'un diadême à simple ou double bandeau de perles. Le buste, qu'on voit souvent, est revêtu d'une toge amplement drapée ; le tout est d'un travail fort barbare. Autour du portrait est le nom du prince. Les autres monnaies de cette race nommées *monétaires* étaient fabriquées au nom du prince, mais sous la surveillance spéciale d'officiers royaux nommés aussi *monétaires*, qui remplacent le nom du prince, autour de la tête, par le nom de la ville où la monnaie a été frappée, et qui inscrivent, sur le revers de la pièce, leur nom ordinairement suivi du mot *monetarius*, entier ou abrégé. Nous donnons pour exemple un monétaire de Rennes et une monnaie de Childebert au revers de Chramne (V. fig. III et VI) (1).

Le revers des monnaies mérovingiennes représente souvent une croix sur son piédestal, un calice, un ange ; une victoire, avec certains signes monétaires, et le nom de la ville où la pièce a été frappée.

2.e race. — Les monnaies de la seconde race *sont toutes en argent*, peu communes, moins rares cependant que celles de la première race. Elles sont très-minces et de deux grandeurs ; le denier, qu'on trouve le plus fréquemment, dont le diamètre est semblable à celui d'un *liard* ; le demi-denier, plus petit d'un tiers.

Le signe caractéristique de ces monnaies est l'apparition du monogramme du prince, groupe bizarre des caractères principaux du nom du souverain, fort diffi-

---

(1) Cette monnaie touche encore à l'histoire de Bretagne. Chramne, fils de Clotaire, se révolta contre lui, et fut soutenu par Conobre, roi ou duc de Bretagne, en 560. Conobre fut tué à la bataille de Guérande qu'il perdit contre Clotaire ; et Chramne fut *brûlé vif* dans une chaumière voisine du champ de bataille.

cile à lire et à décomposer pour retrouver le nom. Ce monogramme est entouré de la légende *gratiâ Dei rex,* ou du nom latin du prince suivi de *Francorum rex* abrégé.

Sur le revers de ces monnaies est un petit temple, ou plus communément une croix à quatre branches égales, entourée du nom de la ville où la pièce a été frappée. Nous donnons pour exemple un Charles-le-Chauve frappé à Rennes (V. fig. V) (1).

3.ᵐᵉ race. — Les monnaies fort rares des premiers rois de cette race suivent les traditions de l'époque précédente ; seulement le monogramme disparaît, et le métal devient plus varié. Le nom du prince remplace, dans le champ de monnaie, le monogramme précédemment usité.

Après une lacune assez longue dans la numismatique de cette race, stérile espace où l'on ne trouve que quelques jalons placés çà et là et d'une excessive rareté, on arrive au type nouveau, au système tournois, dont l'origine se trouve dans les deniers frappés par l'église de Saint-Martin de Tours. Ce denier devient l'unité de la monnaie française, et est imité, avec variation de valeur, d'alliage, de signes monétaires, par les monnaies importantes de la couronne : Paris, qui frappe les *parisis ;* Arras, Bourges qui frappe les *bourgeois,* etc., et par toutes les monnaies baronnales.

Ce type varie à l'infini : un luxe d'ornementation monétaire, emprunté à la science alors florissante du bla-

---

(1) Le monogramme de Charles-le-Chauve, KROLS, dans le centre et autour des branches d'une croix : autour GRATIA DEI REX. De l'autre côté REDONIS CIVITAS ; une croix.

son, fait des monnaies de cette époque une des suites les plus nombreuses et les plus intéressantes.

Malheureusement, il nous est impossible de suivre ce type dans ses développements; nous nous bornerons à citer, comme exemple d'unité monétaire de cette époque, un denier de billon (alliage semblable à celui des anciens sous marqués), frappé par Philippe-Auguste comme duc de Bretagne, qui a tranché la question historique de la réunion temporaire de la Bretagne à la France en 1206 (V. fig. 4).

Nous ajouterons que la lettre des légendes qui a suivi, même sous les premiers rois de la troisième race, la tradition romaine, adopte peu à peu la forme gothique qui finit par dominer exclusivement pendant le xiv.° et le xv.° siècle, et est, de nouveau, remplacée par la lettre romaine, à l'époque de la renaissance.

Monnaies bretonnes. — Ce n'est que sous la troisième race de nos rois qu'apparaissent, d'une manière bien déterminée, les premières monnaies bretonnes frappées au nom des princes particuliers de cette province. Jusque-là on range parmi les monnaies bretonnes toute pièce frappée par un atelier monétaire de Bretagne.

Il est probable que les premiers souverains de la Bretagne, dont les règnes sont encore enveloppés de bien des obscurités, ont frappé monnaie en leur nom, et nous avons vu plus d'une monnaie barbare, qui, continuant la tradition de la numismatique carlovingienne, portait, avec le nom d'une ville de Bretagne et la légende GRATIA DEI REX, un monogramme qui n'est celui d'aucun des rois de France de l'époque. Mais aucune monnaie de ce genre n'est assez facile à déterminer et à attribuer, pour qu'on puisse rien affirmer à cet égard.

Une des plus anciennes monnaies, donnée comme certaine, est celle d'Eudes, comte de Rennes, décrite et dessinée dans l'ouvrage de M. Pitre-Chevalier sur la Bretagne. Encore hésite-t-on à l'attribuer à Eudes I, comte de Rennes, duc de Bretagne, de 1040 à 1047; ou à Eudes II, vicomte de Porhoët, duc de Bretagne vers 1148; c'est-à-dire que l'on varie d'un siècle!..

La monnaie que nous citons (fig. XI) est universellement attribuée à Conan III, dit le Gros, qui régna de 1111 à 1148; elle continue toujours, sous le rapport du type, de l'alliage et de l'emploi du monogramme, le système des deniers carlovingiens. On peut, en aidant beaucoup à la lettre, retrouver dans le monogramme, CONS, caractères qui font partie du nom latin du prince, *Conanus*.

La tradition du monogramme se perpétue long-temps encore; mais, comme elle n'est plus comprise par le graveur, le monogramme se métamorphose en une devise, en un dessin. Sur les monnaies d'un prince du nom de Conan, qui règne de 1156 à 1175, on trouve le mot JVS dans le champ de la monnaie. On a proposé différentes explications de ce que l'on regardait comme une devise bizarre. M. Ramé, qui s'est livré à d'importantes recherches sur la numismatique bretonne, a réuni une suite de monnaies sur lesquelles on voit le monogramme subir les transformations successives qui l'ont amené à devenir le JVS tant controversé. Sur d'autres monnaies, on trouve une croix ancrée (fig. IV), indépendamment de la croix ordinaire, qu'on voit sur le revers; c'est probablement un souvenir de ces monogrammes où la croix formait un centre autour duquel se groupaient les lettres du nom du prince (fig. V).

Sous Pierre de Dreux, apparaît, dans la monnaie

bretonne, l'échiquier d'or et d'azur de la famille de Dreux, écartelé des hermines de Bretagne, qui avaient apparu pour la première fois sur les monnaies de Geffroy, 1182, 1186.

A cette époque, le nom du duc disparaît souvent; ce n'est qu'à l'aide de conjectures basées sur le caractère des légendes, les armoiries, les ordonnances concernant la monnaie, etc., qu'on a déterminé l'attribution de plusieurs de ces monnaies, telles que celles de Pierre de Dreux (fig. X) long-temps regardée comme indéterminable. Souvent une lettre initiale dissipe tous ces doutes, telle que *I* pour *Iohannes*, *A* pour *Arthurus*.

Les doubles armoiries sont contenues dans un écusson rond ou dans un écusson triangulaire.

Les guerres de succession de Charles de Blois et de Jean de Montfort, 1341-1365, introduisirent, avec les armées françaises et les troupes de différents pays à la solde des deux princes, les types monétaires des rois de France et des plus puissants barons du royaume.

La misère alors était telle en Bretagne, dans les deux parties qui se disputaient le duché, et surtout dans celui de Charles de Blois, qu'on imita les monnaies qui avaient le meilleur cours par suite de la pureté et de leurs alliages, et on les imita à un titre extrêmement bas. Cette fraude attira sur Charles de Blois la colère du roi de France, qui le traita de *faux monnayeur*.

Après les guerres de succession, la Bretagne respire, le titre des monnaies s'améliore, ainsi que leur frappe et leur dessin. A cette époque, où fleurit le gothique, les monnaies bretonnes affectent une variété de types analogue à celle des autres monnaies royales et baronnales. L'écusson aux hermines forme toujours, pour les monnaies d'argent et de billon, la base de l'ornementation (fig. VIII). Pour les monnaies d'or, qui sont très-rares, le type le plus ordinaire est une imitation du *franc à cheval* des rois de France : le prince complètement armé, l'épée à la main, sur un cheval lancé au galop.

A cette époque apparaît, sur la monnaie de billon, l'hermine, non plus *héraldique*, c'est-à-dire, telle qu'on la voit dans les figures VIII et X, mais *passante*, c'est-à-dire au naturel (fig. IX).

Vers 1430, François I, duc de Bretagne, ayant institué l'ordre de *l'Epi*, dont le collier, formé d'épis et de nœuds d'amour, suspendait une hermine en or, les monnaies qui portaient l'hermine passante enchaînèrent cette hermine, en souvenir de l'institution de l'ordre.

Enfin, après la réunion définitive de la Bretagne à la France, on frappa en Bretagne des monnaies aux armes des deux pays, où le roi de France prenait le titre de duc de Bretagne. Après le roi François I.ᵉʳ, cette distinction s'efface, et la monnaie bretonne cesse d'exister après avoir duré près de 500 ans.

Les principales villes où fut frappée la monnaie en Bretagne sont : *Rennes, Nantes, Dinan, Redon, Saint-Brieuc, Guingamp, Tréguier, Vannes,* dont le signe monétaire est indiqué sur la monnaie ou par la lettre initiale, ou par le nom tout entier de la ville, avec les mots *civitas, castra, civis* (fig. V, VIII, X, XI).

Godefroy JOUAUST. 1846.

TABLE.

Avant-propos,
Chapitre préliminaire, pag. 1

PREMIÈRE PARTIE.

ARCHITECTURE ANTIQUE.

Chap. I. Architecture grecque et romaine, 7
Chap. II. Antiquités celtiques, 16
Chap. III. Antiquités gallo-romaines, 27
Chap. IV. Catacombes de Rome, 41
Chap. V. Des premières églises et de l'architecture chrétienne jusqu'au v.ᵉ siècle, 58

DEUXIÈME PARTIE.

DU MOYEN AGE.

Chap. I. Architecture romane ou byzantine primordiale, 65
Chap. II. Architecture romane secondaire, 70
Chap. III. Architecture romane tertiaire, 84
Chap. IV. Du style ogival primitif, 97
Chap. V. Seconde époque du style ogival, dite rayonnante, 114
Chap. VI. Troisième époque du style ogival, dite flamboyante, 124
Chap. VII. Du style de la renaissance, 133
Chap. VIII. De la peinture sur verre au moyen âge, 141
Chap. IX. Forme des autels et des fonts baptismaux au moyen âge, 156
Chap. X. Des sépultures et tombeaux au moyen âge, 169
Chapitre supplémentaire contenant des notions succinctes sur le blason, et l'explication des termes les plus usités dans l'archit. militaire, 182

TROISIÈME PARTIE.

NOTICES HISTORIQUES ET DESCRIPTIVES SUR LES PRINCIPAUX MONUMENTS RELIGIEUX DU DIOCÈSE DE RENNES.

Saint-Just (monuments druidiques), 199

Langon (ère gallo-romaine),	202
Guignen (époque romane),	209
Saint-Melaine de Rennes,	213
Livré,	222
Hédé,	224
Tremblay,	226
Rannée et Arbresec,	230
Abbaye de Saint-Sulpice,	234
Antrain (époque de transition),	239
Cathédrale de Dol (style ogival primitif),	241
Cathédrale de Saint-Malo,	267
Abbaye de Saint-Méen,	285
Abbaye de Redon,	307
La Guerche,	317
Paimpont,	321
Combourg,	326
Saint-Suliac,	328
Bâzouges-la-Pérouse (style ogival secondaire et tertiaire),	335
Saint-Aubin-du-Cormier,	342
Chapelle de Broualan,	345
Eglise de Notre-Dame de Vitré,	350
L'église des Iffs et le château de Montmuran,	368
Champeaux,	381
Eglises de Bais, Domalain, Moutiers et Gennes,	394
Bédée,	404

APPENDICE

Contenant la description de divers objets d'art appartenant aux églises du diocèse, non compris dans les notices précédentes.

Orfèvreries,	408
Châsses et reliquaires anciens,	411
Bas-reliefs,	414
Tableaux,	417
Sculptures en bois,	419
Vitraux peints,	419
Notions générales de numismatique, appliquées à la numismatique bretonne,	428

FIN.

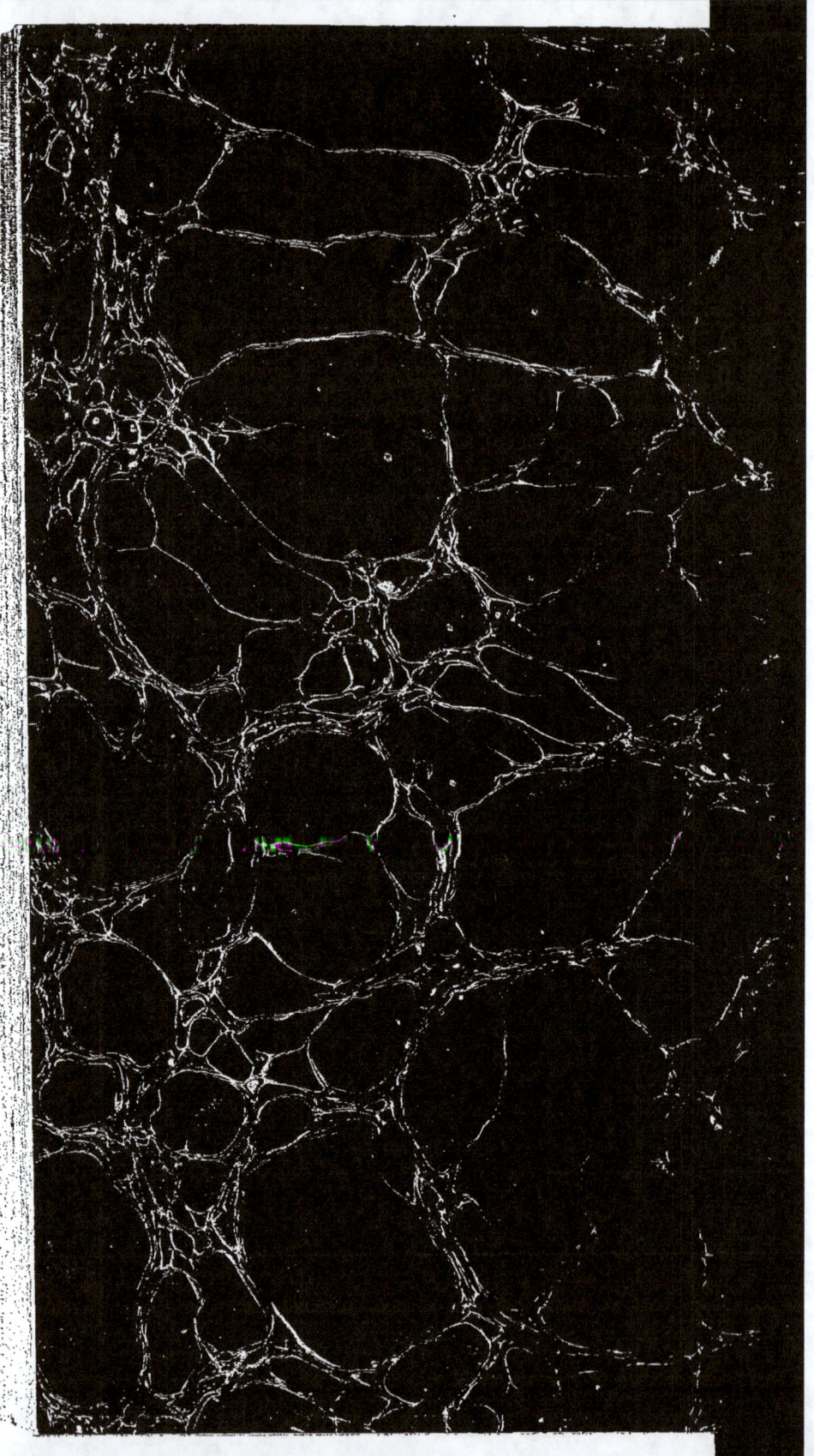

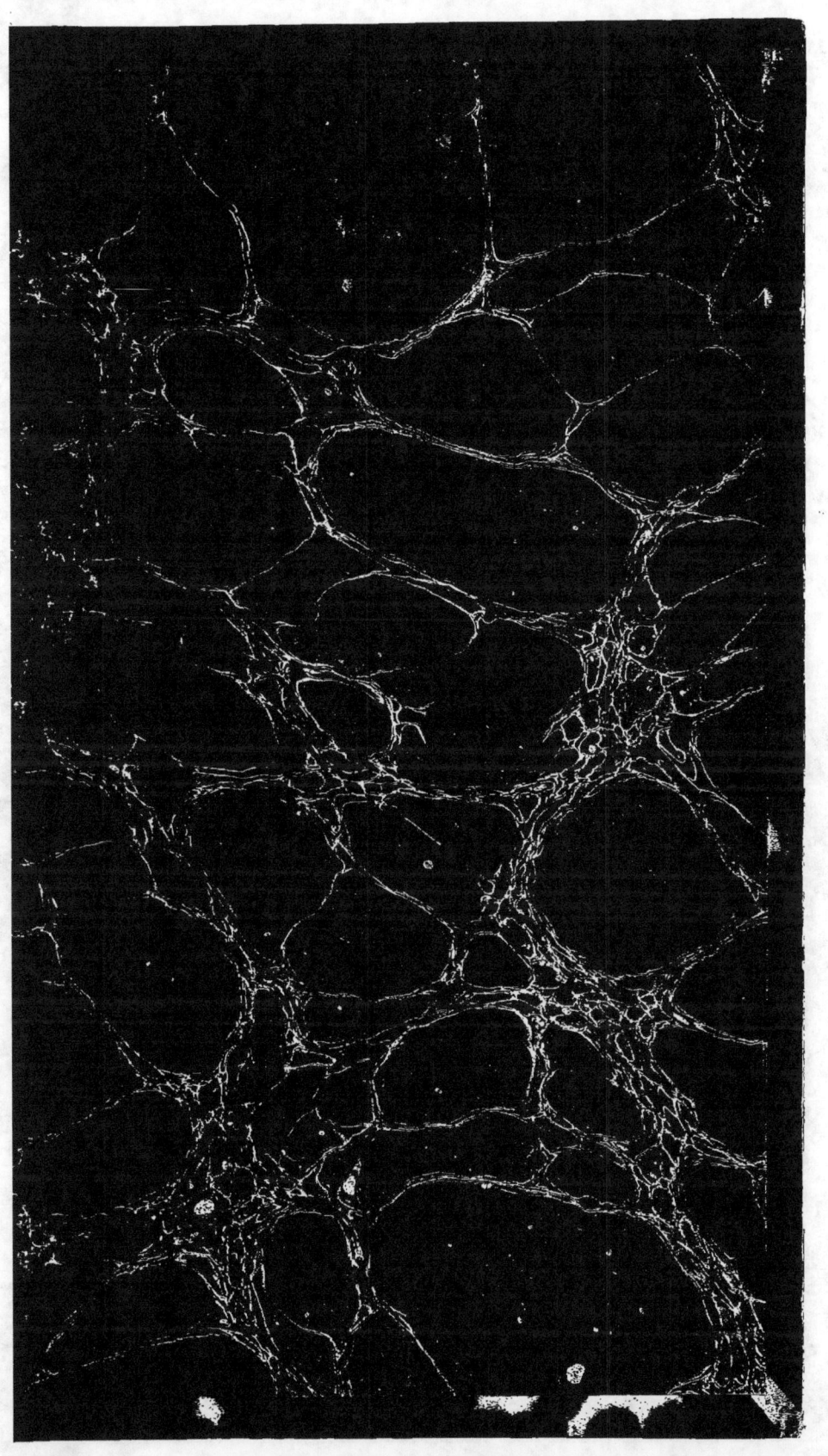

www.ingramcontent.com/pod-product-compliance
Lightning Source LLC
Chambersburg PA
CBHW060516230426
43665CB00013B/1534